士官生涯规划
与职业发展

崔正华 周 华 鲍韵驰 著

 南京大学出版社

内容提要

作者以其 30 余年的士官教育、研究经历,构建了士官职业发展指导六大体系:

士官素质能力培养体系;士官"人—职匹配"理论体系;士官专用职业测评体系;士官生涯规划教学方法体系;士官生涯规划教育实施体系;士官成长教育系列教材体系。以人—岗匹配为目的,引导士官进行职业精神、职业兴趣、职业价值观、职业个性、职业能力测评及与职业匹配探索,提升士官综合素质及成功率。

本书作为教材使用,可打破传统的"传授—接受"教学模式,以"人生发展、心灵发育、职业探索"为主线,促进士官作为"人"的成长和成熟,提供一个较为系统的人生、心理、职业发展坐标,成为士官前进的灯塔。

本书采用案例式教学,以 12 个导引案例为线索,通过情境创设,师生互动,学生领悟促使教学从"描述性"向"启发性"过渡,促进士官职业心理成长。

本书以专著为主体,形成了与专著配套的职业测评系统、教学课件系统、教学研究、交流、指导系统,士官职业生涯规划大赛系统,在教学中不断探讨,提高士官职业生涯规划教学水平。

图书在版编目(CIP)数据

士官生涯规划与职业发展 / 崔正华,周华,鲍韵驰著. — 南京 :南京大学出版社,2022.8(2023.1 重印)
ISBN 978 - 7 - 305 - 25729 - 2

Ⅰ. ①士… Ⅱ. ①崔… ②周… ③鲍… Ⅲ. ①士官—职业选择—中国 Ⅳ. ①E263

中国版本图书馆 CIP 数据核字(2022)第 091707 号

出版发行　南京大学出版社
社　　　址　南京市汉口路 22 号　　　邮　　编　210093
出 版 人　金鑫荣
书　　　名　**士官生涯规划与职业发展**
著　　者　崔正华　周 华　鲍韵驰
责任编辑　朱彦霖　　　　　　编辑热线　025 - 83597087
照　　排　南京开卷文化传媒有限公司
印　　刷　南京百花彩色印刷广告制作有限责任公司
开　　本　787×1092　1/16　印张 13.75　字数 362 千
版　　次　2022 年 8 月第 1 版　2023 年 1 月第 2 次印刷
ISBN 978 - 7 - 305 - 25729 - 2
定　　价　42.00 元

网　　　址:http://www.njupco.com
官方微博:http://weibo.com/njupco
官方微信号:njuyuexue
销售咨询热线:(025)83594756

目 录

上篇:士官制度与士官素质培养

中篇：价值观、性格兴趣引导

下篇：士官职业生涯规划

绪　论

士兵是军队的基石,高素质的士兵,是将军手中的利剑。锻造一支高素质士兵队伍,是强军之本、制胜之道、打赢之基,是贯彻落实强军目标的基础性工程。随着军队的发展及高科技在部队的运用,士官数量越来越多,士官岗位越来越多,对士官的能力素质要求越来越高。随着我军编制体制的调整改革,一些原本由军官担任的岗位改由士官担任。按照中央军委关于军队体制编制调整改革的部署和要求,全军将有数十种干部职务、数万个干部岗位改由士官担任。

从国际上看,不管是发达国家还是发展中国家,绝大多数的国家都在实行军队职业化。随着我军新一轮军改的完成,士官岗位已经明确,士官职能已经确定。士官在岗位设置、晋升渠道、培训体制、级衔制度、福利待遇、退出机制等方面都有了相应的规定。从多种要素评判,"士官"已经具有了职业的大部分要素,我们可以从职业的角度研究职业选择与匹配的问题。本书试图从士官职业特点的角度研究士官职业生涯规划。

士官是军事人力资源开发管理系统工程中一个重要组成部分。因为它不仅关系到国家和军队的未来发展,也关系到士官的切身利益。研究士官制度的发展、士官的职业特点、士官的能力素质培养、士官的职业生涯规划,是当前军队建设必须解决的重大问题。《士官生涯规划与职业发展指导》研究就是在这个大背景下展开的,在前期《士官职业化背景下的士官制度发展》《士官职业特点与培养对策》《以技能培训为特色的士官新型培养机制建立》《职业匹配理论视角下的士官职业方向选择》《信息化背景下的士官能力培养》等课题的支撑下,形成了本书的基本框架。

第一节　本书的研究内容

本书着眼于士官职业化这个大背景,以士官的职业特点为基础,通过研究,逐步形成了士官职业化背景下的士官制度发展,士官的职业特点及应树立的职业精神,士官职业方向类型及士官职业选择的特点,士官职业测评基本框架及测试系统,士官职业教育方法及配套教材等一系列的创新内容。

本书将这些观点融入其中,形成了以下六大体系。

一、立足军队发展,构建士官素质能力培养体系

士官制度始于15世纪的法国,并逐步在西方国家推广。士官一直以来是军队中一支重要力量,被誉为军中"脊梁",士官的能力素质直接决定作战效能在末端释放。

为了提高培养质量,必须从士官职业特点的高度,认清士官教育的特殊性,建立士官职业精神、素质、能力模型,找到军队士官需求的切入点。这种研究,主要以三大理论为基础展开:

(1) 现代士官职业理论

建立"指挥靠军官、训练与管理靠士官"的士官制度,是世界许多国家军队的通行做法。对士官的定位,一般认为士官是武器装备的直接操作者、部队教育训练的直接组织者、管兵带兵的一线管理者。这种职业定位确定了士官的人才类型。

在人才类型的基础上,我们注意探索士官教育路经,形成士官培养的总体目标,建立了士官生"1+3+3"的能力素质模型:即一种精神(献身国防事业的精神),三种素质(过硬的身体素质、心理素质、信息素质),三种能力(实际动手能力、管理带兵能力、教练示范能力),设计了一张士官人才成长的"路线图"。

(2) 现代"人—职匹配"理论

职业生涯管理在西方很早就成为一个相对独立的研究领域,帕森斯早期提出了"人—职匹配"理论。这种理论通过测量与评价个人的生理、心理特性以及分析职业对人的要求,使之在清楚地了解自己和职业特点的基础上做出明智的职业选择。美国心理学家霍兰德发展了这一理论,他认为:每个人都有一系列独特的特性;不同职业需要具备不同特性的人员;个人特性与工作要求之间配合得愈紧密,职业成功的可能性就愈大。

相比而言,我国职业生涯规划教育及课程体系的建立与管理研究起步较晚,学术界对此研究内容较少,理论也不够充分。近年来,国内涌现出大批针对大学生的职业生涯规划教育研究,但关于军队士官职业生涯规划教育及课程的研究还非常有限,大部分军队士官学校和地方定向培养士官学校还没有开设职业生涯规划课程,指导性的理论也与实践相脱节,教育实际效果并不明显。

在这种情况下,我们依据"人—职匹配"理论,将士官的心理素质、择业倾向和相应的职业划分为相互对应的6种基本类型,培养与岗位相适应的素质与能力,充分发挥人的最佳效能。

(3) 现代职业教育理论

按照现代职业教育重视职业技能培养的要求,形成以能力培养为核心的士官职业教育的整体优化体系。突破过去基础课、专业基础课、专业课传统的"三段制"教学模式,把能力培养贯穿于教学的全过程,使理论实践教学与能力培养双轨同步运行,相互结合,相互渗透。

研究中,坚持理论研究与专业建设实践的相互支撑;成果指导性与操作性的统一协调;经验总结与实证研究的相互融合,取得了初步成果。

二、立足军队实际,建立"人—职匹配"理论中国化体系

西方的"人—职匹配"理论,在一定程度上推动了人才在市场经济条件下的合理配置。改革开放以后,我们力图借鉴外国的职业匹配理论,但外国理论如何实现社会主义制度下的中国化,是一个亟待解决的问题。

首先,"人—职匹配"着眼于人的特质与工作的匹配,力图建立人、岗匹配的系统,却很少从这个系统之外去考虑外部对它的影响,组织需要、学校培养、个人塑造之间的影响规律等。在社会主义国家中,职业选择已不单单是个人的事,我们必须用系统论原则统筹规划。

其次,职业匹配理论重视岗位对人的特质选择,这一被动适应,在一定程度上忽视了个体

对岗位的主动适应。在社会主义国家，个人的需要必须与社会的需求相适应，个人需要服从社会需要，也是国家和社会应积极引导的。

最后，职业匹配理论承认工作的选择与职业价值观相联系，但对价值观在职业选择中的重要地位认识不够。新中国建国之后，对工人重要性的宣传，对军人价值的认可，都在一定程度上改变了人们的观念，对职业选择产生了积极影响。着眼中国实际，结合军队特点，实现"人一职匹配"理论的中国化，是本书探讨的一个内容。

三、立足人才类型，开发具有士官特点的职业测评体系

我国的职业测评起步较晚，目前较成熟的测评体系大部分由国外引进，比如霍兰德职业兴趣测验，MBTI动力理论测评、职业价值观测评等系统。这些测评主要基于国外的实践，着眼于一般职业，而士官是战场上的斗士，它是一种特殊人才，必须研究和它配套的职业测评体系。

与本书配套的研究是士官测评体系研究，研究的基本思路为：根据士官素质＋管理＋能力的综合性人才特点，结合战场实际，突出职业精神、职业价值观、职业性格、职业能力、职业发展等，形成五大板块。

1. 职业精神

① 忠诚；② 勇敢；③ 自信；④ 聪慧；⑤ 耐挫。

作为军队士官，把忠诚、勇敢、自信、聪慧、耐挫作为士官必需的心理素质，从五个方面测评，看哪些方面优势突出，哪些方面弱势明显，通过学习和训练加强。

2. 职业价值观

① 忠诚于党；② 热爱人民；③ 报效国家；④ 献身使命；⑤ 崇尚荣誉。

3. 职业性格

根据士官的职业方向实际，分为技能型、管理型、智囊型、专家型、综合型、教练型。

4. 职业能力

① 实际动手能力；② 管兵带兵能力；③ 学习思考能力；④ 计划策划能力；⑤ 组织、决策能力；⑥ 人际关系能力。

自行开发的最贴近部队实际的测评体系，可对人员的基本能力、心理健康水平、职业倾向等一系列指标进行测评，帮助管理层和自身更好地了解人格类型、动力特点，更加准确地给自己定位，从而从事更适合自己的岗位。

四、立足教学特点，探索士官职业生涯规划教育的方法体系

结合大学生实际，之前，我们开展了《大学生职业测评、咨询、规划、指导四位一体教学体系构建研究》，围绕"人岗匹配"这一人力资源配置原则，建立了一个以科学化的技术手段、专业化的咨询流程、系统化的培养设计、规范化的教学过程为主要内容的将职业测评、咨询、规划、指导融为一体的教学系统，形成了具有大学特点的职业规划教学内容、方法体系。专家认为："该成果在观点、内容、方法上有重大创新，有较高的学术价值和实用推广价值，在大学生职业选择与咨询体系构建方面达到了国内领先水平"，获湖北省第七届高等教育研究成果一等奖。我们将这些内容固化入教材，建立了富有士官特点的教学内容与测评体系。

生涯规划教育是教育部提出的面向大学生并逐步过渡到中学生的一个重要的教学要求。生涯规划教育提倡学生从兴趣、能力、性格、价值观等多个方面去寻找自己与社会的结合点，以

确定自己的职业。而定向士官培养则是在已确定士官职业这个大目标的前提下的生涯规划教育。因而,我们注意将基本原理融入士官教学实际:从价值观的角度引导学生坚定职业选择;从一生发展角度理解规划意义;从职业方向选择角度规划未来;从军队基层特点角度强调能力、素质塑造。

为加快培养军队现代化建设需要的高素质士官人才,原总参谋部、教育部确定从2012年起,面向地方高校开展依托地方普通高等学校定向培养直招士官工作。这是贯彻习近平同志强军思想,建设世界一流军队的一项重要举措。

如何依托国民教育培养军队需要的士官人才? 如何将国家的教育、教学改革思想与部队的特殊要求有机结合? 如何走出军民融合共育士官人才之路,我们在相关定向培养士官学校进行了大量的实验。

根据我们多年的研究与近期的探索,按着"国家教学改革思想与军队士官培养实际结合,国家统一的培养规格与士官培养的特点结合,现代技术、方法与军队基层实际需要结合"的思路,我们组织编写了适合定向培养直招士官特色的系列教材,《大学生职业生涯规划与士官职业发展指导》是该系列教材之一,经过五年多的使用总结、提高,形成了面向士官和士官管理教育者的《士官生涯规划与职业发展指导》。

五、立足研究成果,形成军队士官职业生涯规划教育实施体系

为了推动军队职业生涯规划教育开展,加强士官职业生涯规划研究,帮助士官明确发展目标和职业方向,塑造具有军队基层特点的职业能力和素质,促进士官职业化背景下的士官生涯规划教育。我们设计了军队首届职业生涯规划大赛,由军队相关机构组织,开展第一届士官职业规划研讨会及大赛指导教师专题培训,进行以"梦想扬帆 人生启航"为主题的第一届"启航杯"士官生职业生涯规划大赛,参考教材为《士官生涯规划与职业发展指导》,以此推动士官职业生涯规划在军队的实施。

士官职业生涯规划大赛要求士官把握以下几个方面:

(1)搞好顶层设计

宏观上把握部队需要什么样的人才,士官职业有什么特点与要求、个人的性格、能力有哪些特点,对职业生涯规划进行总体设计。对规划后工作中出现的问题,做好跟踪调查,及时发现并纠正,准确定位,尽可能地实现自我。

(2)把握目标设计

职业生涯规划的目标,要兼顾军队和个人的需要,不仅要满足现代化军队的要求,还要尽可能地提高自我满足感和自我认同感。从事一项自己专长又喜欢的岗位,不仅可以满足部队的需要,还能使自己心情愉悦,有助于更好地完成工作。这就要求士官要给自己一个准确的定位,看自己更适合从事什么类型的工作,发展为那种类型的士官。

(3)注重分类设计

士官职业化进程时间跨度大,要完全实行士官职业化是一个长期的过程,需要分阶段进行,大概需要5—10年时间。如果要真正步入正轨,并具有完备的各项制度,或许需要更长的时间。在完全职业化之前,对于不同岗位、不同级别和不同年龄层次的人,职业生涯规划的意义不同,所适用的政策和方法也就不同。对于在校学习的定向培养士官生,可以较好地进行职业生涯规划;对于已经转为士官的士兵,可以根据目前的状况进行规划;对于部分级别高、年龄

大、军龄长的士官来说,可以未雨绸缪,无论是退出现役还是继续服役,都能尽早地对自己未来的职业生涯进行规划。

六、立足士官教学实际,形成军队士官职业教育系列教材体系

目前,定向培养士官学校对士官队伍的未来发展,对士官在未来战争中的重要性,对士官培养的特殊性探讨不够。对士官,我们还停留在"志愿兵"的认知上,停留在"军队过渡性成员"的思考上,培养什么样的人的问题还没有很好解决。我们必须放在国家建设的大背景下去考虑士官队伍建设。我们必须从士官的职业特点出发,制定专门的培养方案,采取不同的培养路径,实行具有士官特点的管理模式,编写具有士官教学特点的教材。

为实现这一目的,编写了一批体现士官培养特点的教材,主要是《大学生职业生涯规划与士官职业发展指导》《大学生心理健康与士官心理素质培养》《心理学在军队基层管理中的应用》《现代信息技术在军队训练中的应用》《军事理论概览》等。编写中,按照"国家教学改革思想与军队士官培养实际结合,国家统一的培养规格与士官培养的特点结合,现代技术、方法与军队基层实际结合"的思路,我们注重引入现代教育新理念,提高士官培养层次。目前,在士官职业发展指导理论、士官心理素质培养理论、士官基层心理管理理论、士官信息素质培养理论方面取得了一些突破。实验后,取得了明显的效果。

第二节 本书的框架结构

本书分为上、中、下三篇,内容连贯、脉络清晰、前后呼应。

上篇包括1、2、3、4专题,以士官制度由来及士官职业素质培养为主题,以士官职业化为背景,以士官制度发展为主轴,探讨了士官制度的发展趋势、中国士官的职业特点、士官成长与发展规律、士官职业素质培养等问题。

第一次提出了士兵队伍建设面临四大转变:士兵向专业化转变,士官向职业化转变,士官职能向多种类型转变,士官制度向齐全配套转变。预测了士官制度未来发展的六大趋势,提出了士官职业化的对策。

第一次分析了士官的职业特点,将国外"人—职匹配理论"引入士官教学,形成了士官职业发展指导理论框架。

第一次构筑了士官职业精神、职业素质、职业能力框架,提出了士官特有的职业精神,其中"士官血性品质培养",凸显了强军还须强血性的重要性。

第一次在国内院校提出从士官职业匹配的视角研究士官成长。提出了士官发展应解决的主要问题:我是谁——自我意识的形成,我应做什么——价值观的确立;我应是一个什么样的人——心理素质的优化;我要向哪里发展——人生发展目标的选择。为士官的个体自我发展定位、个体的职业定位、个体目标实现途径定位探索奠定了基础。

第一次从未来的视角探讨士官领导能力培养,为士官成长为各层次士官长提供了一个框架,提出了对一个优秀的士官长在能力方面的要求,包括领导能力、领导行动力。每个方面又划分为三个等级:指导层次、组织层次、决策层次,每一个方面对应了士官成为领导者的不同的要求,并且专门论述领导能力和领导执行力培养。

中篇包括5、6、7、8专题,以士官职业价值观、性格、兴趣引导为主题,从士官的职业素质培养出发,对士官价值观、性格、兴趣引导及素质能力培养做了探讨,从各个方面论述了各自的概念、培养调整的原则、培养的方法。

价值观方面,了解价值观的概念及对人生的意义,通过价值观调整明确自己到底想要什么,走出价值观困惑,树立全面的价值观。了解职业价值观——选择职业时的一种内心尺度,择业时加以考虑。从职业价值观的角度引导士官生坚定职业选择,将士官职业价值观教育引入我们的视野,(过去,我们研究价值观较多,研究职业价值观较少,实际上,职业价值观在人们选择职业、形成职业认同感方面具有更重要、更直接的作用),把职业选择作为职业价值观的不断修订过程,坚信自身价值的追求过程。

在性格培养方面介绍了性格的概念,性格培养的重要性,性格培养的方法与途径从而引导士官生在士官生涯中自觉地培养自己优良的性格;通过职业测评,了解自己职业性格的类型,为自己职业的选择奠定基础;通过学习,对自己的性格特征与职业相适应程度进行分析,并根据自己选定的职业目标培养自己良好的职业性格。性格决定命运,优良的性格是人成功和幸福的基础。在一定意义上说,才能与性格相比,性格对于人的成功更具有决定作用。士官生应该在实践中逐步磨炼自己的性格。

在兴趣引导方面,介绍了兴趣的内涵及在职业选择中的作用,引导士官生探索自己的职业兴趣,通过职业兴趣测量找到自己喜欢和适合的工作。重点介绍了兴趣与职业匹配理论,引导士官生找到自己的职业方向。根据自己的职业选择,努力培养自己相应的职业兴趣。

下篇包括9、10、11、12专题,以职业选择与职业生涯规划为主题,从职业选择与匹配的角度探讨了士官职业发展问题。试图通过科学的职业测评、职业定位、生涯规划,帮助士官生寻找与其个性相一致的职业方向,并进行人生规划,达到人与职业的合理匹配。

职业选择是指个人对于自己职业的种类、方向的挑选和确定。是个人从自己的职业能力和意向出发,在社会不同职业岗位中选择其一的过程。它是人们真正进入社会生活领域的重要行为,是人生的关键环节。

士官职业选择特点与常人有很大的不同,士官的职业规划,是在一个特定职业的前提下,规划自己的发展方向;士官的职业规划,是在将士官作为一个职业或职业阶段,从一生发展角度理解规划意义;士官的职业规划,是一个从军队基层特点角度强调能力、素质塑造,完成从普通老百姓向一名士官转变的职业生涯规划。其特殊性表现在:选择牺牲——士官职业选择的必要性;选择方向——士官职业选择的特殊性;选择成长——士官职业选择的阶段性;选择未来——士官职业选择的方向性。

职业是一个人安身立命之本、施展抱负之基、成就自我之途。选择了一种职业就是选择了一种生存方式、一种生活模式、一种别样的人生。作为定向培养士官生,及时找准职业坐标,付诸积极行动,是人生成功的第一步。

第三节　本书编写的指导思想

本书主要研究士官职业制度、士官能力素质培养、士官职业生涯规划,可以作为每一个对士官制度感兴趣的人阅读。但本书主要针对定向培养士官学生、军队士官学校学生、军队现役士官、有志于加入士官队伍的大学生(以上 4 类简称士官生)个人阅读和作为学校教材,成为他们的一门必修课,帮助他们及时找准人生坐标,设计职业生涯,付诸积极行动,走出人生成功的第一步。《士官生涯规划与职业发展指导》着眼于人生的发展、着眼于个体的探索、着眼于学生的实际、着眼于素质的培养、着眼于士官的成长,力求给出一种思考的工具,帮助大家绘出一份心灵地图,确定奋斗目标,明确人生使命,到达心灵彼岸。

1. 着眼于人生的发展

以"人生成长、心灵发育、职业探索"为主线,促进他们作为"人"的成长和成熟,每个进入大学的士官生,都要解决人生发展中较为重要的四个"我":即我是什么——自我意识的形成;我应做什么——价值观的确立;我要向哪里发展——人生发展目标的选择;我应是一个什么样的人——心理素质的优化。我们在做好职业生涯规划的同时,力图为士官生提供一个较为系统的思想、心理、职业发展坐标,成为自己前进的灯塔。

2. 着眼于学生的实际

在此之前,作者做了多个课题,研究发现,自我认识是职业生涯规划的薄弱环节。调查显示,由于高中时埋头学习,将近一半的士官生不了解自己的性格,60%的士官生不了解自己的能力特长,70%的士官生不了解自己到底喜欢什么样的职业,对未来的职业方向感到彷徨与迷惘。特别是定向培养士官生,对士官职业及职业所需能力、素质要求一无所知,只是被动的学习、适应。根据这些特点,本书对价值观、能力、兴趣、性格等内容独立划分专题,加大了自我探索的分量。本书成稿之后,请士官生对全部内容进行阅读、修改、完善,力求符合他们自身的实际。同时,我们组织了多个院校专家进行会审,力求具有鲜明的时代性。总的来说,本书来源于实践,是著者多年来从事士官生职业生涯教育实际工作的经验总结。同时,结合士官生的实际情况,在内容和形式上进行了一定创新,是一套具有"专业性""实用性"和"可操作性"的士官生职业生涯规划教材。

3. 着眼于个体的探索

职业生涯规划,应全方位地渗透到士官生的教育管理中,不仅仅作为一个理念,而是通过科学、有效的途径和方法,指导他们形成适合每个个体的生涯设计方案,分解实现目标、落实步骤、采取措施,最终达到个人生涯发展目标并满足社会发展需要。这一切,关键是自我探索。本书通过大量的导引案例、课后探索、职业测评引导士官生自我探索。利用现代心理测评技术,为士官生职业发展的方向和路径提供现实可行、有根有据、逻辑清晰的解决方案,由自我测评开始,力求构建一个职业测评、咨询、规划、指导四位一体的教学体系,通过科学的职业测评、职业定位、生涯规划、就业指导,帮助士官生寻找与其个性一致的职业,达到人与职业的合理匹配,提高士官生的成功率。

4. 着眼于素质的培养

以职业为导向,以人——岗匹配为目的,进行职业兴趣、价值观、个性、能力培养。以士官生存在的"三大问题"(环境变化引起的适应能力不够,自卑心理引起的成就动机缺乏,劳动者角色意识淡漠引起的职业心理适应能力不强)为线索,将职业选择与心理素质培养融为一体,构筑一个以适应心理培养、成功心理培养、职业心理培养为主轴的心理素质培养体系。确立了四重目标:引导性目标——心理发展成熟;维持性目标——心理健康维护;发展性目标——心理素质培养;职业性目标——岗位环境适应,为职业心理素质培养构建了初步框架。

5. 着眼于士官的成长

定向士官的成长,与一般大学生不同,为了士官成长和发展的精确化、科学化、规范化,必须研究士官成长规律。士官的职业规划,是在一个特定职业的前提下,规划自己的发展方向;士官的职业规划,是在将士官作为一个职业或职业阶段,规划自己的职业生涯;士官的职业规划,是从一个从普通老百姓向一名士官转变的职业生涯规划。在规划过程中必须经常自我反省,对自己的思想、能力、气质、资历、长处和短处有正确的认识与评价,经常反思:你是否能按照部队的规定和要求统一行动,热爱集体,珍惜荣誉,扎根军营、建功立业?你能不能干一行、爱一行、钻一行,对平凡的工作发自内心的热爱,刻苦钻研,精益求精,在自己平凡的岗位上干出一番不平凡的成绩?你能不能高标准、严要求,遵守部队规章制度,抓好日常养成,成为一名合格军人?

本书是士官生朋友的良师益友,它不会告诉你必须怎么做,而是引导你主动探索,找到适合你的人生之路。引导你做到:

(1)发挥潜能——追求人生意义

人的生命的价值和尊严,从根本上来说,是创造意义而不是满足于世俗的物质需求。职业生涯管理应倡导人们拥有终身探索的事业,重在体验、探索、创造生命意义,而不只是追求实际的功利目标。一个人的成功不能用金钱判断,不能用职务衡量,正像书中所说:"成功是多元的,不能用一种模式判断;成功是自己的,不能生活在别人的标准里;成功是不断的,不能只用最终结果衡量;成功是心灵的,不能只用外在因素判断。"作为士官培养,我们要大力发掘士官的潜能,积极引导他们追求生命的意义,为个人达到理想生活打下坚实的基础。

(2)自我超越——追求人生卓越

职业生涯管理把人当作主体,看到人的主体性即自主、自为和对自然生命的超越性。一方面,每个人都应对自己进行客观地评价,认识自我、塑造自我、超越自我,追求卓越人生;另一方面,也要强调从全局的高度看待自身的发展,强调正确处理国家、集体、个人三者的利益关系,把满足利益需求建立在奉献的基础上。把奉献与满足利益需求紧密结合起来,使人能获得更普遍、更持久,多层次的发展动力。作为士官学员培养,我们要积极提倡自我超越,实现自我的最大发展,实现个体价值与社会价值的统一。

(3)扬长避短——追求个性化发展

改变单一的教育目标和任务,设置多层次、多维度、多样化的教育目标和任务,让士官生根据自己的需要、愿望、性格、兴趣、能力、爱好,自主地选择适合于自身发展的培养方向,实现自身的主体性发展,使教育由外在的强制力量转化为士官生主动追求,变"要我学"为"我要学",把教育过程与士官生个性的发展过程统一起来。让士官生发掘自己的优点,体验成功的喜悦,从而点燃上进的火花。

(4)注重平衡——追求人生和谐

职业生涯管理应避免工作与家庭隔离和对社会责任的忽视。作为士官培养,我们应开阔眼界、开阔思路、开阔胸襟,始终坚持追求理想的实现、追求知识的提升、追求人格的完善、追求心灵的和谐、追求与社会的共鸣,作为一个士官,不但要有刻苦的学习、规律的生活、正常的人际交往,多方面的兴趣,更要有为国捐躯的思想与行动。

上篇：士官制度与士官素质培养

专题一 士官制度历史

学习目的

(1) 了解士官的发展历史，以便更好地理解士官的地位和作用。

(2) 理解中国士官的职业特点，把"奉献"作为自己的职业追求。

(3) 理解"兵头将尾"的特殊性，形成自己的职业定位。

 **导引案例1**

"报告！导弹还有问题，应立即停止发射！"

就在导弹车就位的同时，数十名早已等待许久的导弹专家，立即对躺在导弹车上的导弹进行了一次细致全面的检查。紧张地检查过后，数十名专家聚拢起来，向发射总指挥汇报了检查结果，他们一致认为：导弹状态非常良好，可以发射！就在总指挥准备下达发射命令时，一名普通的士兵突然冲进指挥所大喊："报告！导弹还有问题，应立即停止发射！"众导弹专家们都面面相觑，不知道这位跑进来的士官是什么来路，竟要阻止导弹发射！发射总指挥、导弹旅旅长却并未感到诧异，而是微笑示意这位老兵继续说完。原来，这位发射技师在对导弹做最后的检查时，突然被导弹车的托架下的一个细小的部位所吸引。他觉得这个地方不对劲，于是赶紧拿出手电筒，借助手电筒的强光进行检查。

结果，他发现这个导弹托架的起竖臂竟有轻微渗油！这是一个巨大的隐患，起竖臂负责竖起导弹，此时起竖臂已漏油，那么导弹竖起来时的角度将会有偏差。这种偏差肉眼一般无法发现，所谓失之毫厘谬以千里，竖起导弹的精确度有问题，发射之后打击的目标可能就会出现很大偏差，将带来无法预知的巨大危险！在场的数十位导弹专家闻言都大吃一惊。

经过细致的检查，果然不出这位老兵所料，排气阀球形密封环上，确实有一道非常细微、肉眼很难观察到的裂纹！自此，起竖臂故障得以排除，现在的专家们纷纷竖起大拇指，对这位老兵精湛的技术发出由衷地赞叹！这位普通的老兵可不简单，他就是全军首位享受国务院政府特殊津贴的火箭军一级军士长郭亚飞！他虽是一名普通的士官，但却是导弹专家，更是一名享誉盛名的"国宝神医"！

看了这个案例，你可能觉得这个"士官"有些神秘，觉得专家士官闻所未闻。但是只要看一看中国士官的发展史，了解一下世界士官的发展史，对士官岗位的内涵就会有更多的理解。

了解世界士官发展的历史,了解中国士官发展的历史,可以使我们更好地理解士官的地位和作用,了解士官的职业特点和未来发展趋势。

第一节　外军士官制度由来

　　士官(Non-Commissioned Officer,直译为"未被任命的军官",简称 NCO),也称军士(Sergeant)。士官制度始于 15 世纪的法国,并逐步在西方国家推广。1445 年法王查尔斯七世创建了自罗马帝国以后欧洲大陆的第一支常备军。当时,在封建等级森严的历史环境下,军官主要来自于贵族,士兵来自下层社会平民,作为军官制度的一种补充,法军设立了士官制度。此后为各国广泛采用,美国的士官制度,最早可以追溯到美国独立战争年代,经过 100 多年的发展,士官在美军中的地位和作用逐渐确立了起来,并成为美军战斗力组成中不可或缺的部分。士官一直以来是军队中一支重要力量,被誉为军中"脊梁",士官的能力素质直接决定作战效能在末端释放。

　　近年在各国纷纷裁减军队员额的大背景下,士官不但没有被裁减,反而在其总兵力中的所占比重越来越大,目前英军的士官比例为 38%,法军为 37%,日本自卫队为 47%,美军更达到了 64%。

　　外军中的士官有四大职能,即思想解调器,思想心理调节者;训练督导官,基层教育训练者;熟练"机械手",装备维护的操作者;基层"执行官",士兵直接管理者。在外军基层部队中,大量的日常训练和管理工作都由士官承担。士官与士兵直接接触机会较多,对士兵的思想动态、精神状况等方面了解更及时,管理也就更具实效性,可以发挥思想"解调器"的作用。

　　外军士官是在各行各业受过专门训练的专家,是部队训练中的初级指挥员和助理教官,因而成为外军部队训练的"督导官"。美军士官可以充当从士兵至将军等多个级别受训者的教官,当然主要负责搞好对士兵的专业技术训练。

　　此外,外军士官大多是各兵种的专业技术骨干,主要负责本专业设备的技术操作与维修。这些士官就像智能"机械手"一样,使武器装备在作战训练中始终保持良好状态。

　　比如美国实行士官制度已有二百多年历史,其士官队伍已发展成为西方国家军队的典型代表。二战结束时,士官已成为美军 288 个现役步兵团中近 2.5 万个步兵班的直接指挥者,为世界反法西斯战争的胜利作出了不可磨灭的贡献。二战结束后,特别是海湾战争以来,美军对其战略战术思想、人员装备编制都进行了比较大的改革。在历次改革中,美军士官的地位和作用都得到了巩固和加强。

　　士官是美国军队的骨干,美军条例规定,士官在军队中的职责是保持部队良好的秩序和纪律,担任小单位或技术性工作的领导,以及训练士兵掌握单兵技能,是部队的直接监督者。相对一般士兵而言,士官一般服役期限较长,职业化的特点比较明确;在选拔和任用方面,中士以下的初级士官,大多从有较长服役期和表现优异的士兵中遴选,再加以短暂训练后任命,担任战斗小组组长或班长职务;要晋升到上士、一级士官长等较高的职务,则需要在完成一到两个优秀初级士官任期的基础上,到专门的士官学校接受一个长期的训练课程后,才能得到任命;一旦获得高级士官军衔,就表明该士官在所属部队拥有长期的优秀服役表现和杰出的领导能力。由于高级士官对本单位情况非常熟悉且享有较高威信,他们通常会成为营、连级甚至团级单位主官的直接助手,除了负责本单位初级士官管理外,还为指挥官的决策提供咨询。

士官和军官的工作在美军中没有截然的界限,但是一般而言,各自有不同的工作重点:军官更重视部队作战计划和管理法规的制定,士官则主要依据军官的计划和规章完成任务;军官重点加强部队整体的协调配合,以加强部队的合成作战能力,士官的工作重点则放在小单位或单兵训练上,确保合成战斗集体中每个元素都能充分发挥预设的效能。

由于士官在军队中的重要作用,其相应的待遇和保障在美军中一直很受重视。一旦获得任命,士官在军队中的政治、经济地位都会得到显著提升。晋升为高级士官的,其经济待遇会进一步提高。一级军士长、总军士长的工资福利水平甚至超过了一些中低级军官享受的待遇。随着服役年限的增长,士官在退役后也能享受到数额不等的退役金和名目繁多的补贴,并可以享受专门的退役军人低息住房贷款和政府提供的医疗保障。可以说,优厚的待遇和妥善的退役保障,使得美军士官在军中可以安心服役,士官职业化已经成为美军士官制度的一个重要特点。

美军的士官共分为两等六级,即初级士官下士、中士、上士,高级士官三级军士长、二级军士长和一级军士长。士官在美军中承担了其他大多数国家多为军官所承担的职务。按照美国的法律规定,军官属于联邦政府的公职官员,其基本职责就是为政府提供军事领导。实践证明,军队并不需要一个庞大的军官群体,而士兵又由于流动性较大等各种原因,难以形成军队的中坚力量。于是,士官就填补了这一空白。

美军中士官人数多,军龄长。据统计,美军士官人数自越战以后占各时期美军部队全员额的38%～54%。关于服役年限,各级士官不完全一样。士官多数把当兵当作终身职业,所以服役时间较长,最高服役年限可达26年甚至更长。由于军龄长,年龄也比较大,一般都超过了30岁,有的达50岁,但最高不超过60岁。上士的服役年限,最高可达18年,中士可达14年,下士一般为6年。

美军士官的教育由国防部的一名助理部长分工主管,陆、海、空和海军陆战队也各有一名副参谋长负责各自军种的培训工作。此外陆、海、空军和海军陆战队还专门设有培训士官的机构,负责拟订方针和原则,各军种都有一套完整的培训计划,从训练设施、教材到教官都非常齐全。学员的培训目标明确,方式灵活多样,学习内容系统,考核标准统一。

美军士官培训机构有以下几种:基地训练中心负责下士、中士初级士官的基本课程;士官学校负责上士、三级军士长的高级课程(内容主要是军事技术和基层领导能力),为期4个月;军种士官学校负责二级军士长、一级军士长的高级课程(内容主要是专业知识、军事技术、行政管理、后勤保障、国内形势、军人仪表、军人举止、体育课),长短不一,短则10周,长则20周。

除了以上的几种学校外,还在各军种的正规院校开办训练班,负责对初级士官进行技术训练或对军士长进行专门训练。陆军有23所院校负责这种训练,开设的课程达520多种。海军有33所,空军有8所,海军陆战队有6所,开设的课程种类很多,因课程的难易程度不同,训练内容多少不同,学员程度参差不齐,所以各院校的训练时间也不完全一致,少则几周,多则一年。所有选送入学的士官都必须符合有关服役年限,技术和行政级别等方面的规定,有的还要进行入学考试。

美军士官的晋升要求非常严格。晋升首要条件必须是同层次的优秀人员,并且必须首先获得高一级的技术级别,否则不予晋升。而要获得高一级的技术级别,则必须参加规定的训练,并经考核合格才能获得。下士要想晋升为中士,那么他首先就要获得二级的技术级别才能有被晋升的可能。一级军士长一般不提升为军官。

第二节 中国士官制度发展

在我军是指志愿兵役制的士兵。1978年3月7日,第五届全国人大常委会第一次会议讨论批准了《关于兵役制问题的决定》。决定指出,为了加速我军革命化、现代化建设,决定实行义务兵与志愿兵相结合的兵役制度。规定可以根据部队需要,本人自愿,将一部分义务兵改为志愿兵,以保留技术骨干。这就是我军士官制度的雏形。

1984年5月31日,第六届全国人民代表大会第二次会议审议通过了重新修订的《中华人民共和国兵役法》。兵役法第二条规定:"中华人民共和国实行义务兵役制为主体的义务兵与志愿兵相结合、民兵与预备役相结合的兵役制度。"每位公民,都有依照法律服兵役的义务,超期服现役满5年的义务兵,根据军队需要和本人自愿可改为志愿兵,继续服现役。从此,"志愿兵"这一士官雏形被以法律的形式确立下来。

1985年我军裁军百万,中央军委决定实行士官制度,军队的76种干部职务改由志愿兵担任。

1988年实行军衔制后,志愿兵改为军士长或专业军士,我军士官制度正式诞生。1988年通过的《中国人民解放军现役士兵服役条例》规定,现役士兵按兵役性质分为义务兵和志愿兵,志愿兵役制士兵(士官)军衔为军士长、专业军士(两个类别)。军士长是经过军事院校培训、被任命担任基层行政或者专业技术领导管理职务的士兵。专业军士是服现役满五年以上、自愿继续服现役,经批准担任专业技术工作职务的士兵。二者是独立平级关系。

1993年对《中国人民解放军现役士兵服役条例》进行第一次修改,将士官的两个独立平行的军衔(军士长、专业军士)各分四级。

1998年12月29日,第九届全国人大常委会第六次会议通过的新兵役法,对兵役制度作了重大调整,将义务兵服役期缩短为两年,并取消了超期服役,规定士官实行分六期服役制度,为士官制度改革奠定了法律基础。

1999年6月30日,国务院、中央军委发布14号令,《中国人民解放军士兵服役条例》第二次修订发布,对士官制度进行了重大改革,对士官的使用范围、数量比例、激励机制、服役期限、生活待遇、安置办法等方面进行了一系列调整。此后,我军志愿兵役制士兵称士官,"志愿兵"只在涉及兵役性质时使用。根据此条例的规定,全军和武警部队士兵新式军衔(警衔)标志于1999年12月1日起正式启用,至12月底,1988年设置的士兵军衔等级和义务兵军衔中的军士、士官军衔中的专业军士、军士长的称谓自行取消。1999年后,我军志愿兵役制士兵统称为士官。士官属于"兵"的范畴,又享受"官"的待遇:既是基层最重要的指挥员,又是一线关键的操作手;既是士兵中的"头领",又是军官的得力"助手"。

2009年,我国士官军衔由6个衔级调整为7个衔级,称谓由低至高为下士、中士、上士、四级军士长、三级军士长、二级军士长、一级军士长。士官实行分级服役制,同时减少士官数量,增加士官长数量。

士官一般从服现役期满的士兵中选拔,也有从军外直接招募具有专业技能的公民成为士官。2003年,我军首次从非军事部门具有专业技能的公民中招收士官,这是我军士官制度的又一重大改革。此前,我军士官均从服役期满或超期服役的义务兵中选改。从非军事部门具有专业技能的公民中招收士官,旨在提高士官队伍的整体素质,增强部队战斗力,以适应中国特色的军事变革。这项工作是依据士官编制的专业、分期和需求情况,直接从非军事部门招收一部分部队需要的专业技术复杂、培训周期较长且数量不足的专业技术岗位人员,特别是部队配备的新技术武器装备需要的专业技术人员。招收的专业和数量,纳入全军士官年度选取计划。凡经过中、高等职业技术学校(院)培训合格的具有相应专业的男性公民,政治合格,身体健康,年龄不超过 28 周岁(特殊专业需要或具有技师、高级技师职业资格证书的,年龄可放宽至 30 周岁),均可报名应招。基本条件是身高 162cm 以上,体重不超过标准体重的 120%〔标准体重＝(身高－110)kg〕,其他同征集义务兵的身体条件。应召入伍后,经过集训,统一分配到技术岗位工作,下达士官任职命令,享受现役军人待遇。这些士官服满第一次任命的士官服役年限后,必须服满高一期的士官服役年限。特殊情况的,经军以上单位批准可以提前退役。退役士官作转业安置,符合规定退休条件的作退休安置,本人要求复员并经组织批准的可做复员安置。入伍前是企业事业单位职工的,允许复工、复职。

2009 年 7 月 13 日,为推进士官队伍建设又好又快发展,提高履行新世纪新阶段我军历史使命的能力,中央军委向全军和武警部队颁发《深化士官制度改革方案》。

为加快培养军队现代化建设需要的高素质士官人才,原总参谋部、教育部确定从 2012 年起,面向全国 7 省(区、市)11 所地方高校开展依托地方普通高等学校定向培养直招士官工作。目前,全国共有 48 所学校担负起这项任务。依托地方普通高等学校定向培养直招士官是一项创举,必将为加快培养军队现代化建设需要的高素质士官人才队伍做出新的贡献。

第三节　中国士官职业特点

一、职业概述

职业活动是每个人社会生活中的重要组成部分,对于进入大学的怀揣梦想的大学生,选择一份适合自己的职业是事业成功的第一步。人的社会生活和工作领域是非常广阔的,职业门类极其繁多,如何选择一份理想的职业呢?对职业基本知识的了解毫无疑问可以成为我们的切入点。

(一)职业的含义

什么是职业?众说纷纭,没有一个统一的概念,从不同的角度可以有不同的理解。我们要了解职业为何物,就必须区分与职业相关的几个概念,搞清楚它们之间的关系,才能对职业有一个更透彻的理解。

工作(Job):在一个特定的组织中,由一个或者多个具有一些相似特征的人所从事的活动或者任务。简单来说,工作是指个人从事的活动或任务。通过工作,个人付出劳动以换取经济回报。所以工作对于踏入社会的成年人来说尤为重要,甚至可以看作一个人是否具有社会独立性的一个重要指标。工作不仅仅是谋生的手段,德国著名政治家、"铁血宰相"俾斯麦说:"工作是生活的第一要义,不工作,生命就会变得空虚,就会变得毫无意义,也不会有乐趣。"他送给我们年轻朋友的三词箴言非常有意思:"对于刚刚跨入社会门槛的年轻人来说,我的建议只有三个词：工作、工作和工作。"

职位（Position）：是与一系列重复出现或者持续进行的任务相伴随的一个工作单元。它是和分配给个人的一系列具体任务直接相关的一个位置，是个人在组织内从事的工作内容和所处的岗位。

职业（Occupation）：我们习惯把个人从事的工作类别，也就是社会给不同工作职位的名称称为职业。职业，是人们为了谋生和发展而从事的相对稳定、有经济收入、特定类别的社会劳动，这种劳动决定于社会分工，并要求劳动者具备一定的生活素养和专业技能；它是对人们的生活方式、经济状况、文化水平、行为模式、思想情操的综合反映。

从词义学的角度看，"职业"一词，由"职"与"业"构成，所谓"职"，是指职位、职责，"业"是行业、事业，也有人认为"职"包含着社会职责、天职、权利和义务的意思，认为"业"包含着从事业务、事业、事情、独立性工作的意思。

在《中华人民共和国职业分类大典》里，明确规定了职业的五个要素：一是职业名称，它是职业的符号特征；二是职业的对象、内容、劳动方式和场所；三是特定的职业资格和能力；四是职业所提供的各种报酬；五是在职业中建立的各种人际关系。

综上所述，所谓职业是指人们为了谋生和发展而从事相对稳定的、有收入的、专门类别的社会劳动。

在原始社会初期，并无职业可言。随着社会的进步和发展，人类在长期生产活动中产生了劳动分工，职业由此产生和发展。也就是说，社会职业存在于社会分工之中，人们的社会角色是不一样的，一定的社会分工或社会角色的持续实现，就形成了职业。

（二）职业的特征

职业是个人在社会中所从事的作为主要生活来源的工作，职业具有如下特征：

1. 社会性

社会性，即职业是从业人员在特定社会生活环境中所从事的一种与其他社会成员相互关联、相互服务的社会活动；职业充分体现了社会分工，是社会生产力发展的产物，每一种职业都体现了社会分工的细化，体现了对社会生产和社会进步的积极作用。

2. 经济性

经济性，即职业以获得现金或实物等报酬为目的；劳动者在承担职业岗位职责并完成工作任务和过程中要索取经济报酬，既是社会、企业及用人部门对劳动者付出劳动的回报和代价，也是维持家庭和社会稳定的基础。

3. 专业性

任何职位岗位，都有相应的职责要求，要求从业人员具备一定的专业技能知识；包括较长时间专业知识的学习或技能培训。

4. 稳定性

稳定性，即职业在一定的历史时期内形成，并具有较长生命周期；职业产生后，总是保持相对稳定，不会因为社会形态不同和更替而改变。当然这种稳定性是相对的，随着现代化的快速发展，特别是科学技术的日新月异，促使原有职业活动产生变化，一些新的职业应时代需求而产生，原有职业或在时代的大发展中岿然挺立，或被时代的潮流淹没。

5. 群体性

职业的存在常常和一定的从业人数密切相关。凡是达不到一定数量从业人员的劳动,都不能称其为职业。更重要的是从业者由于处于同一企业、同一车间或同一部门,他们总会形成语言、习惯、利益、目的等方面的共同特征,从而使群体成员不断产生群体认同感。

6. 规范性

从事职业活动必须遵从一定的规范,即职业规范,它主要包括人们在从业活动中应遵守的各种操作规则及办事章程、职业道德规范和职业活动中养成的种种习惯。

7. 时代性

纵观 20 世纪 90 年代以来世界各国的职业领域,几乎没有哪一个行业的职业不在发生变化:一些职业成为行业的热门职业、一些行业出现新奇职业、一些传统的职业逐渐消失。和世界各国一样,我国的职业也是动态的、发展的。由于体制的改革以及经济结构、产业结构的变化,传统的职业种类逐渐消亡,新职业不断涌现。据统计,现在每年平均有 600 多种新职业产生,同时有 500 多种传统职业被淘汰。比如,电话、传真、电子计算机技术的发展,使得诸如电报员、电报投递员等传统职业逐渐销声匿迹,但也因此有了计算机操作员、程序员、计算机销售员、计算机维修工等多种职业岗位。

(三) 职业的分类

1. 职业分类的概念及意义

(1) 职业分类。所谓职业分类,是采用一定的标准和方法,依据一定的分类原则,对从业人员所从事的各种专门化的社会职责所进行的全面、系统的划分与分类。目前世界上的职业种类已超过 42 000 种。

1995 年劳动保障部联合中央各部委成立了国家职业分类大典和职业资格工作委员会,经过四年时间编制完成《中华人民共和国职业分类大典》(后简称《大典》),并于 1999 年 5 月向社会发布。《大典》将我国职业划分为 8 个大类,66 个中类,413 个小类,1 838 个细类职业,《大典》的问世,反映了我国职业管理工作达到了一个新的高度。

8 个大类分别是:

第一大类:国家机关、党群组织、企业、事业单位负责人,其中包括 5 个中类,16 个小类,25 个细类;

第二大类:专业技术人员,其中包括 14 个中类,115 个小类,379 个细类;

第三大类:办事人员和有关人员,其中包括 4 个中类,12 个小类,45 个细类;

第四大类:商业、服务业人员,其中包括 8 个中类,43 个小类,147 个细类;

第五大类:农、林、牧、渔、水利业生产人员,其中包括 6 个中类,30 个小类,121 个细类;

第六大类:生产、运输设备操作人员及有关人员,其中包括 27 个中类,195 个小类,1 119 个细类;

第七大类:军人,其中包括 1 个中类,1 个小类,1 个细类;

第八大类:不便分类的其他从业人员,其中包括 1 个中类,1 个小类,1 个细类。

如:① 高等学校校长这一职业。它属于第一大类——国家机关、党群组织、企业、事业单位负责人;中类——事业单位负责人;小类——教育教学单位负责人。② 高等学校教师这一职业。它属于第二大类——专业技术人员;中类——教育人员;小类——高等教育老师。

③ 导游这一职业属第四大类——商业、服务业人员;中类——饭店、旅游及健身娱乐场所服务员;小类——旅游及公共游览场所服务员;细类——导游。

（2）职业分类的意义。职业分类对于国家合理开发、利用和综合管理劳动力,提高劳动者的素质,对于民族的兴旺、国家的昌盛意义重大。同时,它与职业选择、就业咨询、就业指导之间有着极为密切的联系,所以受到了社会各界的普遍关注。

① 职业分类是一个国家形成产业结构概念和进行产业结构、产业组织及产业政策研究的基础,对于社会各个行业的发展具有重要意义。

② 职业分类是开展教育指导的前提,科学的职业分类将为国家职业教育培训事业确定目标和方向,我国近年来通过的《中华人民共和国劳动法》和《中华人民共和国职业教育法》等从立法高度明确规定了国家确定职业分类,并以此指导职业教育培训工作和职业资格证书制度建设,这充分表明,职业分类在国家人力资源开发体系中具有重要的基础性地位。

③ 职业分类也是个人职业选择的需要。职业分类的发展使得从业者了解社会职业领域的总体状况,增强人们的职业意识,促使从业者不断提高职业素质。职业选择是劳动者与职业岗位互相选择、互相适应的过程,劳动者选择职业的过程也就是职业选择劳动者的过程。因此,对求职择业者来说,不了解职业的种类及其分类的依据,不了解不同职业对于劳动者素质的不同要求,是不可能做出正确的选择和决策的。

2. 产业和行业的分类

（1）产业。产业是国民经济活动最基本的类型。根据国家统计局 1985 年的划分标准,我国产业分为第一产业、第二产业、第三产业。

第一产业是指人们直接从自然获取初期产品的生产部门,其产品用于满足人们的基本生活需求,包括农业、林业、牧业、渔业、水利业。

第二产业是指运用物理、化学、生物等技术,对农产品、半成品等进行加工制造的部门,分为重工业和轻工业两大类。

第三产业是指人们为生产、生活和社会发展提供劳务服务的服务性部门,包括四大部门:流通部门、服务部门、科教文卫体育部门、机关团体。

（2）行业。行业是指从事相同性质的经济活动的所有单位的集合,行业是采用经济活动的同质性原则划分的,即每一个行业类别都按照同一种经济活动的性质划分。

我国于 2002 年颁布了新的《国民经济行业分类》国家标准。新标准将国民经济行业划分为门类、大类、中类和小类四级,共有 20 个行业门类,95 个大类,396 个中类,913 个小类。20 个行业门类分别是:① 农林牧渔业;② 采矿业;③ 制造业;④ 电力、燃气及水的生产和供应业;⑤ 建筑业;⑥ 交通运输、仓储和邮政业;⑦ 信息传输、计算机服务和软件业;⑧ 批发和零售业;⑨ 住宿和餐饮业;⑩ 金融业;⑪ 房地产业;⑫ 租赁和商务服务业;⑬ 科学研究技术服务和地质勘查业;⑭ 水利环境和公共设施管理业;⑮ 环境管理业;⑯ 居民服务和其他服务业;⑰ 教育业;⑱ 卫生、社会保障和社会福利业;⑲ 文化、体育和娱乐业;⑳ 公共管理和社会组织。

（四）职业声望

职业声望最早是由社会学家马克斯·韦伯提出,他认为社会分层应该从财富、权力和声望三个方面进行考察。所谓的职业声望是指人们对某种职业社会地位高低的看法,是社会舆论对一种职业的评价。广义的职业评价,包括该职业的收入水平、晋升机会以及对社会的贡献(意义)等因素。职业地位是现实的,也是历史的、发展的,一定时期内具有倾向性的社会舆论能够强烈地影响某些职业的社会评价,进而影响相关专业的个人需求。职业评价是人们对职业所具有的认识和态度,反映了一定社会历史发展阶段人们对社会各种职业的基本价值判断,一般表现为对职业地位和职业声望的看法。职业声望是人们对职业社会地位的主观评价,是职业生涯规划研究的重要范畴之一。

1. 职业声望的决定因素

决定职业声望高低的因素主要有四项,包括职业社会功能、职业社会报酬、职业环境条件和职业素质要求。

(1)职业社会功能。职业社会功能是指某一职业对社会的作用。它由责任、权利、义务体现出来。不同职业承担了不同的社会功能,在社会运行中发挥了不同的作用。一般情况下,社会功能大的职业社会评价较高。

(2)职业社会报酬。职业社会报酬是指任职者工资收入、福利待遇、晋升机会、发展前景等方面因素。这是一个综合的指标,价值观不同的人,会有不同的判断和认识。

(3)职业环境条件。职业环境条件是指与职业活动相关的工作环境。如技术装备、劳动强度、安全系数、卫生条件等。

(4)职业素质要求。职业素质要求是指一定的职业对任职者各项素质的要求。职业对人素质要求越高,越不能被人替代,如科学家被认为是不能替代的高层次人才,这一项一般与劳动者的受教育培训程度密切相关。

2. 职业声望的影响因素

职业声望是人们对职业社会地位的主观反应,是对职业地位资源状况,如权力、工资、晋升机会、发展前景、工作条件等方面所做出的综合的主观判断。影响职业声望高低的主要因素有:

(1)个人偏见。有人形成了对某一人或某一职业的好与恶的心理定势,缺乏客观性与全面性,只以评价职业声望的个人因素为依据来对职业进行评价。

(2)社会环境。人处于一定的社会环境中,人们对职业的评价往往被社会上出现的某类个别现象所引导,如时尚性、趋向性等。尤其是一定社会的政治和文化背景,直接左右着人们对职业的评价。

(3)舆论氛围。在一定时期内,大众舆论造成了具有倾向性认同的职业。

(4)性别差异。职业社会调查结果显示,男女对职业声望的总体评价大致相同,但在绝对分值中,则显示了性别的差异性。

(5)教育程度。受教育程度的不同,导致人们对职业声望的评价不尽相同。

(6)国家和地区。不同国别和不同地区的人们,在职业声望比较中也显示出了差异性。

3. 社会对职业声望的误导

职业声望提供的是一种导向。声望较高的职业会成为所有人奋斗的目标,而从事这些职业的人群,也将成为人们行动的参照群体。这些声望的评价对社会上求职的人来说,具有很大的指导意义。职业声望的评价受到人们的重视,还有一点就是那些处于低位者倾向于尊敬那些地位等级比他们高的人,并在许多问题上听从他们的领导。这就是管理学中领导者的非权力性影响力中的地位、知识等因素。这种现象十分普遍:对工厂中的技术工作,工人们往往是认为工程师说的对;在处理行政事务的时候,我们愿意听从领导的指挥,认为他们知道得多,有权力和智慧;在我们就医的时候,我们往往听从的就是那些专家的劝告等等。在同一行业中,我们会对职业声望较高的人的意见更加重视。

所以人们会在力所能及的范围内,尽力选择声望更高的职业,同时在追求的过程中充实自己,使自身不断靠近该职业各方面的需求,而人们向上流动的欲望,最终将推动整个社会的发展。

但这种职业声望的评价同样会导致的误区是,如果职业声望榜中包含了个人对职业的主观好恶评价的话,将会在个人择业时产生误导,造成"职业选择性失业"。当对职业声望进行评比的时候,被选者的选择态度往往受到社会上的宣传和自我的生活经历影响,甚至受到自己情绪的影响。人们总是带着已经具有的经验和视野来看待这些需要评价的职业,这种职业的评价也就会受到个人的不客观的评价。就像在二十世纪末,人们认为网络技术在不久的将来就会是世界经济的主宰,但是美国的网络泡沫经济的破裂使人们对网络技术的真面目进行了认真的思考,人们认识到网络技术的发展是需要时间,也需要完善的。这一段时间网络工程师的职业声望的变化比较大,人们对网络工程师也有不同的认识。从此可以看出,职业声望的评价也不是具有完全的准确性。

我们应该明白,职业没有高低贵贱之分,职业的选择与个人的价值判断、性格特点、能力水平相关。同时,国家需要、社会需要应该是每个人都需要考虑的问题。

二、士官的职业特点

从《中华人民共和国职业分类大典》看,军人属于第七大类,如果我们看一看未来的战争需求,将军官与士官分开探讨其职业特点更为合适。从与英国人战斗争取国家独立到阻止纳粹危害整个世界到现在为反抗恐怖主义而战的 240 余年中,美军士官队伍为保卫自由和国家经历了无数战争的考验,在这个国家最需要有人挺身而出的时候,我们总能看到美军士官的身影,其"军队脊梁"的地位和作用不断得到巩固和加强。从世界军队发展的历史看,士官制度逐步成熟,士官已经成为人们羡慕的职业,中国士官制度改革,已经使我们可以从职业的角度研究士官。中国士官制度,由于社会主义制度的特点,形成了自己独有的特点,主要有以下四点:

1. 优待性与奉献性相统一

士官捍卫的是国家生存发展这个最高利益、付出的是个人生命这个最高代价,具有高风险、高奉献、高强度的职业特点。基于此,国家和社会给予士官与之相称的地位和待遇是必要的,但士官职业的最大特点是他的奉献性,一般职业只需要劳动者付出劳动以换取报酬,而士官要随时准备付出自己的鲜血甚至生命。因此,重视士官职业精神培育,注重使命、责任和荣誉激励,是士官职业化的应有之义。同时,士官职业素养是士官履行使命任务的重要保证。这就要求士官的职业素养必须能够应对来自战场的各种挑战,以保证有效履行使命任务。士官职业素养也是维护军队形象的现实需要。习近平同志在党的十九大报告中强调,"让军人成为全社会尊崇的职业。"军人职业能让全社会尊崇,凭的就是军人良好形象和牺牲奉献精神,这就要求士官必须有良好职业素养。

2. 稳定性与流动性相统一

刘伯承元帅曾讲过:"军官的培养,是最艰苦的战争准备。"与军官一样,士官的天职是打仗,这种复杂专业能力的累积和形成必须依靠长期稳定的服役完成,必须有稳定的服役时间作保证。士官在军队各类人员中地位特殊、作用突出。强大的军队并不必然需要一个庞大的军官群体,而士兵又由于流动性较大等各种原因难以形成军队的中坚力量,这正是军队需要士官的主要原因。随着国防和军队改革不断深化发展,士官也已经成为我国军队的重要力量,实行士官职业化制度意味着士官的军旅生涯期相对稳定,但这种稳定是以士官队伍的良性竞争、选优汰劣为前提的,不是每个人都能舒舒服服干到退休。推进士官职业化,应当从服役制度上,对士官服役形式和服役年龄年限作出调整,实行开放、可选择的多种服役形式和有幅度的服役年龄年限,畅通士官进出更替渠道,使优秀士官可长期保留,一般士官能及时淘汰。今后,在士官服役方式上,可能实行义务与合同相结合的服役方式。比如,可采取三种形式:① 基本服役制。士官按照规定服役满最低年限,体现的是服役义务。② 定期服役制。规定某种士官服役达到一定年限,具有志愿与需要相结合的合同性质。③ 终生服役制。允许服役到退休年龄,其服役性质是定期服役制的延伸。士官职业化并不意味着终身制、不转业,而是更多地侧重专业化。随着这一进程的加快,士官任职的年限当然会适当增长,因为适应岗位也需要一定的时间,但这并不意味着终身制。就大部分士官而言,流动性是他们必然,大部分人只能把士官职业作为他们一生素质培养的一个重要阶段。

3. 技术性与管理性的相统一

中国人民解放军士官职责除履行士兵一般职责外,还必须精通本职业务,以身作则,协助军官做好思想政治工作和行政管理工作,在完成各项任务中发挥骨干作用。目前,士官长职责描述为"负责部队日常军事训练及管理教育工作"。设立士官长将会为士官队伍成长提供更广阔的空间,士兵们可以拥有更多样化的发展途径,他们的工作范围不再局限于驾驶室和发射席,更有可能成为各级军官的得力助手,协助军官展开各种行政事务。

除士官长外,解放军各军种几乎所有专业技术岗位,特别是关键性技术岗位,如装甲、导弹、通信、雷达和舰艇、战机维护等的实际操作手绝大部分都是由士官担任。这部分士官的作用绝不仅仅局限于专业技术领域,他们同样对士兵负有教育管理工作责任,使他们成为加强部队基层建设的新生骨干力量。目前解放军大部分建制班的班长一职也由士官承担,这些士官更具有明确的管理职责。所有,士官兼有技术与管理双重责任。

4. 兵与官相统一

士官具有官与兵的双重含义,虽然带着一个"官"字,实际上就是普通士兵,他们必须生活在基层,按普通一兵的标准要求自己。我军设立的士官长并不是军衔,而是一种职务。士官长依然是一个兵,但可能会负责军官所承担的一些职能任务,如组织部队日常军事训练、管理教育等工作,这一举措将大大拓宽士官的发展空间。所以,士官既要重视强化"兵"的意识,使之甘当普通一兵;又要重视强化"官"的意识,让他们当好兵头将尾。士官处在军官和士兵的中间位置,是联系军官和士兵的桥梁和纽带,是基层"两个经常性"工作的中坚和联结点,充分发挥好他们在连队经常性思想工作中的主体作用,是提高基层经常性思想工作落实质量的重要保证。与干部相比,士官在做好经常性思想工作中有其独特的优势。一是与战士心理上的相融性。士官和士兵年龄相近,经历相似,有共同语言,相互间心理易沟通,做工作易被战士接受;二是了解战士真实思想的准确性。士官身处兵中,战士的一举一动、一言一行都在其视野之中,因此,观察问题直接,发现问题、掌握战士思想变化准确;三是解决问题的及时性。士官一般都具备一定的分析处理问题的经验和能力,在干部少、精力难顾及、分散执行任务时,能够及时弥补干部看不到、想不到、听不到、做不到的工作;四是思想工作具有广泛的渗透性。基层士官队伍数量大,分布广,能有效地结合连队阶段性工作任务的完成和广大战士的思想反应,把经常性思想工作和管理工作渗透到广大战士之中,贯穿于各项工作任务的全过程;五是密切官兵关系的协调性。士官能在干部和战士之间发挥上传下达、承上启下的作用,多做穿针引线的工作,有效地避免和消除官兵之间的误会和矛盾。

> ➤ 专题小结

（1）在世界军队建设的历史上,士官一直是军队中一支重要力量,被誉为军中"脊梁",士官的能力素质直接决定作战效能在末端释放,取得现代战争的胜利越来越依赖士官队伍的建设。

（2）"兵头将尾"说明士官是承上启下的一支重要力量,优待性与奉献性相统一、稳定性与流动性相统一、技术性与管理性的相统一、兵与官相统一对每一个立志成为士官的人提出了更高的要求。

（3）在火箭军,一支不可或缺的高级士官队伍,用智慧和担当托举大国长剑飞天。火箭军第一批士官长上任时,提出,要立起"兵"的脊梁,树起"官"的思维,担起"长"的职责,发挥"参谋、助手"作用。这为我们士官培养提供了一个思路:脊梁是"兵"的,思维是"官"的,职责是"长"的。

> ➤ 复习与探索

读了以下报道,你有何体会?

"兵头将尾"又"火"了
—— 第72集团军某旅合成一营公开选拔"王子汉班"班长的一段经历
本报记者 赖文湧 通讯员 何 飞 江樾铭

看着案头厚厚一沓士官骨干递交的"王子汉班"班长竞选申请书,第72集团军某旅合成一营教导员林天德欣喜之情溢于言表。

"要知道,就在去年底,营里还有不少老士官请辞班长职务。"林天德告诉记者,此次一连选拔"王子汉班"班长,全营竟然有40多名骨干报名参加。

缘何会有这一冷一热的前后变化? 带着疑问,记者来到该连一探究竟。

"'王子汉班'从烽火硝烟的战争年代走来,先后参加大小战斗130余次,是个英雄辈出的荣誉集体。"指导员王冬告诉记者,去年9月,"王子汉班"班长、下士梁锦宽作为优秀士兵被保送入学,班长一职出现空缺。

作为荣誉连队的尖刀班,选谁当"王子汉班"班长不是小事。一连党支部原本希望让连队一位能力突出、素质全面的老士官来担任,没想到这位老士官婉拒,连队只好让该班副班长暂时代理班长,待有合适人选后再作安排。

无独有偶,另一个连队另外两名上士班长也接连提出了辞职申请,明确表态不愿再担任班长。"兵头将尾"为何成了"烫手山芋"? 王冬介绍说,他们通过集体座谈、个别交谈,剖析梳理了老士官请辞班长职务的背后原因——

不少人反映,现在当班长压力太大,班里但凡出事都得由班长担责,不愿临退伍还落个"晚节不保";有的老士官坦言,自己已结婚生子,家庭琐事牵扯了不少精力,难以全身心投入工作;

有的认为，连队列装新装备，信息化程度高，自己学起来很吃力，难以服众；还有的开始考虑"后路"，感到现在地方就业压力大，想有更多的时间学点一技之长……

"老士官最在意的，还是价值体现和组织关怀。"正在连队蹲点的该旅旅长陈建活感到，要解决老士官不愿当班长这个问题苗头，必须充分激发他们的内在动力，强化其大局意识、奉献意识、责任意识。

为此，该旅综合施策，打出了一套"组合拳"，着力让班长岗位成为人人竞争的"香饽饽"，激励老兵们在班长岗位上再立新功——

思想教育。给官兵讲清"兵头将尾""军中之母"在基层建设和未来作战中的重要作用，引导班长骨干增强荣誉感和责任感；依托旅电视台，每周制作播放一期优秀班长宣传片，让优秀班长事迹上灯箱、进网站，营造典型吃香的浓厚氛围。

减压减负。建立容错纠错机制，依法依规处理矛盾问题；免除部分班长的兼职，让他们轻装前进。

储备人才。明确班长骨干人才培养路线，开展"一专多能"和岗位互换，让班长交叉换岗练指挥、提高一级练谋略、上下联动练战法；建立高级士官后备人才库，拓展人才上升通道，为优秀班长做好成长路径规划，有针对性地组织职业技能培训。

真情关爱。为班长休假探亲开通"绿色通道"，及时帮助他们解决家庭实际困难；修缮士官公寓，解决已婚中高级士官随军家属就业安置、子女就医入学等现实难题；组织班长骨干到地方学习驾驶等军地两用技术，解除他们的后顾之忧。

一系列行之有效的暖心措施，不断激发老士官干事创业的内生动力。这不，"王子汉班"班长公开选拔通知刚一发布，全营就有40多名士官骨干递交了申请书，其中包括之前那几名提出辞职的班长。

选拔考核现场，从基础体能到实战技能，从营史解说到思想教育，从如何教学组训到怎样召开班务会，8类12项考核课目在4天内连贯实施，40多名班长骨干同台竞技，展开激烈角逐。不仅如此，他们还设置了"点赞台"，让全营官兵根据候选人平时的德才表现进行民主测评。

经过层层角逐胜出并最终获得班长任命的一连下士李昭辉不由感慨："想当班长，不容易；想胜任荣誉班的班长，更是难上加难，真得十八般武艺样样精通才行！"

点燃荣誉之火，照亮精武之路。"王子汉班"班长选拔，在全旅掀起了火热的练兵热潮。在该旅近日组织的实弹战术考核中，课目总体优良率较去年同期明显提升。

（节选自中国军网2020年4月23日）

专题二 士官制度发展趋势

学习目的

（1）了解士官职业化的进程，将自己融入军队改革大潮之中。

（2）了解士官制度未来发展趋势，提高自己对未来要求的适应性。

（3）理解士官职业适应的内涵，根据士官职业特点对自己的理念、态度、习惯、行为做出相应的调整与适应。

"兵王"王忠心

火箭军某旅一级军士长王忠心，当兵 29 年，熟练掌握操作 3 种型号导弹武器，精通 19 个导弹测控岗位，先后执行重大军事任务 28 次、参加实装操作训练 1 300 多次，没有下错一个口令、做错一个动作、连错一根电缆、报错一个信号、记错一个数据、按错一个按钮，演绎了一名士兵的传奇。先后被二炮评为十大砺剑尖兵、十大优秀士官、十大好班长标兵，被总部表彰为全军爱军精武标兵、两次受到习近平主席亲切接见、5 次作为主席团成员在全国人民代表大会主席台就座。从军 30 年，他次次出色完成重大任务，成长为导弹部队响当当的技术"大拿"。在火箭军部队，像王忠心这样身怀绝技的专家型士官还有一大批。这支不可或缺的高级士官队伍，用智慧和担当托举大国长剑飞天。

案例讨论：

（1）你认为，王忠心属于那个类型的士官人才（工匠型专业技能士官、专家型专业技术士官、复合型指挥管理士官、谋略型专业参谋士官）？

（2）从自身情况分析，你想成为哪一类士官？

（3）在改革强军的大背景下，你希望怎样规划自己？

第一节 士官职业化

党的十九大报告站在新的历史起点上，立足新时代特征，对坚持和发展中国特色社会主义伟大事业在理论上作出了新的科学概括,明确了中国特色社会主义进入了新时代的历史方位,提出了习近平同志新时代中国特色社会主义思想的创新理论。

2010年4月,中央军委颁发的《2020年前军队人才发展规划纲要》指明,以推进中国特色军官职业化为牵引,从分类管理、职业发展、培养开发、考评选拔等方面,对未来10年军事人才政策制度改革创新作了框架设计,标志着我军正式踏上军队职业化制度改革的进程。党的十八届三中全会通过的《中共中央关于全面深化改革若干重大问题的决定》,其中关于深化国防和军队改革的部分中明确指出,以建立军官职业化制度为牵引,逐步形成科学规范的军队干部制度体系。由此可见,全面实行军官职业化势在必行。在军官职业化的大前提下,士官职业化也已提上日程,这些制度的实施,会对整个军队带来翻天覆地的变革。

在国防和军队建设方面,习近平同志立足新时代的历史方位,系统总结五年来取得的历史性成就和发生的历史性变革,就国防和军队建设提出一系列重要思想,明确指出党的新时代强军目标,深刻阐述了全面推进国防和军队现代化建设的战略部署,实现了党的军事指导理论的与时俱进,构成了新时代中国特色社会主义思想的"军事篇",为新时代走中国特色强军之路、建设世界一流军队、实现强军伟业提供了锐利的思想武器。

重视人才竞争在世界军事竞争中的地位,是习近平同志的一贯思想。习近平同志在中央军委改革工作会议上强调,要"开发管理用好军事人力资源,推动人才发展体制改革和政策创新,形成人才辈出、人尽其才的生动局面"。

这次改革,从士兵队伍建设的角度看,将面临四大转变:

一是士兵向专业化转变。通过改革,士官的比例逐步加大,士兵结构发生变化,有利于调整训练结构和方法。士官制度改革后,士官人数在士兵队伍中所占比例大幅增加,未来我军士官人员在我军总数量230万中将达到90万左右,士官在其中占据的主导地位可想而知,士官将发挥越来越大的作用,因此,士官的能力素质直接决定作战效能在末端释放。

二是士官向职业化转变。当前,不管是发达国家还是发展中国家,为了打赢未来高技术战争,都在探索如何使自己国家的军队走出一条适合本国情况的职业化道路。从未来的高技术战争需要看,我国也需要一支有本国特色的职业化军队。随着士官制度改革的不断推进,我军士官职业化已是大势所趋,未来在中国也将会看到一支职业化的士官队伍,这对于今后更好地发挥中国军队在国际舞台上的作用至关重要。从国际上看,不管是发达国家还是发展中国家,绝大多数的国家都在实行军队职业化。比如,俄罗斯在不断改革中也实行了军队职业化。尤其是在普京担任总统期间,俄罗斯军队的职业化进程已经逐渐走向完善和成熟。因此,随着新一轮军改的推进,使掌握高技术的士官人数在士兵中所占比例越来越大,使我军士兵队伍整体的专业技术水平逐年提高,大大提高军队的整体战斗力。

三是士官职能向多种类型转变。过去,我军的士官大部分作为技师培养,这是我军士官曾经存在的一些不足。建立"指挥靠军官、训练与管理靠士官"的军士长制度,是世界许多国家军队的通行做法。2015年我军空军就有首批士官长上岗。目前,很多单位通过实施"士官长制度",不仅让士官长参与日常管理、带兵训练,在训练筹划、立功受奖、士官选取、骨干调配等重大决策上也有"话语权"。

四是士官制度逐步向齐全配套转变。随着新一轮军改的完成,士官岗位已经明确,士官的职能已经确定,士官在岗位设置、晋升渠道、培训体制、级衔制度、福利待遇、退出机制等方面都有了相应的规定,士官作为一个职业已现雏形。通过这次改革,进一步完善士官制度以及士官体系,使部队向着职业化军队发展模式迈出了重要的一步。

从多种要素评判,"士官"已经具有了职业的大部分要素,我们可以从职业的角度研究职业选择与匹配的问题。

第二节　士官制度未来发展

士官职业化可能带来的一系列变革,目前有关士官职业化的具体制度措施还未出台,有关其带来的变化还未可知。不过,鉴于国外的士官职业化趋势,我们有着丰富的经验可以借鉴,并且我国对于士官职业化的构想也已有了框架,因此,关于士官职业化究竟是什么,具体怎么实施,对士官建设带来那些变化,已初具雏形。从目前的情况看,可能带来以下变化。

一、进一步加大高级士官比例,适应未来高科技作战需求

随着高技术武器装备列装部队,要想使这些武器装备充分发挥出性能,就需要一大批具有专业技能的士官人才来熟练使用它们,而我军现在急需这样一批人才。在这次士官制度改革中最突出的一点,就是在士官队伍中增加了高级士官的编配比例。这一方面保留了部队现有的一大批掌握高新技术的专业人员,使他们能够延长服役期限。另外,在这次的改革中也规定,把地方高等院校毕业生作为未来选拔士官的重要群体,这将使我军掌握高技术的士官比例进一步增加,可以有效提高高技术武器装备的使用效率,缩短武器装备向战斗力转化的时间,使我军在国际舞台上的地位得到进一步提高。

二、进一步增加士官服役年限,完善训练体制转变

士官职业化,顾名思义,是以在部队服役作为一种职业,服役期间享受各种优惠待遇,退役后得到基本的生活保障。由于实行职业化后,人员规模压缩,专业分工明确,相应地带来士官服役年限延长。但服役年限延长并不意味着士官职业变成了"铁饭碗",只要有个岗位就可以一劳永逸。现役人员相对稳定,"入口"和"出口"都会收紧,实行"小进小出",同时提高"入口"的门槛,只有能力素质达到一定程度才能进来。同时,对在岗人员的考核评价机制会更加完善,很大可能实行淘汰机制。

这次士官制度改革,是为了破解我军训练上面临的一些难题,主要体现在训练方面。军费投入不断加大,但训练效费比却不是十分理想。义务兵的服役期限是两年,在这两年的时间里,很多的资源都被用于基础训练,但两年的训练结束后就要马上退役,这样一来就成了军队每年都要进行大范围的新兵训练,把财力和精力都花在了低层次训练上,所以整体训练水平没有达到更高的要求。这次士官制度改革是人民解放军向职业化军队发展模式靠拢的有益尝试。可以促进士官队伍向专业化发展,完善士兵队伍结构,有经验的高技术士官将发挥更大作用,有效改变技术岗位人员流动频繁、新兵训练等低层次培训环节所占比例过大、耗资费时的局面。

三、进一步调整士官职能分类,丰富士官岗位

推进士官职业化的关键是提高士官的素质能力,对从事各个岗位工作的人的综合能力和专业素质提出了更高的要求,岗位会划分得更细更科学,也就要求在岗人员有更强的专业针对性。

士官在美军中地位特殊、作用突出,素有"指挥靠军官,管理和训练靠军士"的说法。士官是实施部队管理、教育和训练的桥梁,其非官非兵的特殊地位使其成为军队中官和兵之间不可缺少的纽带,成为基层部队真正的带兵人,是士兵的直接管理者、教育者和领导者。在美军的编制总员额中士官最高峰时达到了64%,现在大约在56%左右。在初级和高级士官之上还设有各军种总士官长,他的任务是对各军种长官(军种参谋长)负责,提供士兵的意见,以利于军兵种长官在拟订计划时做出更正确的判断。在美军的营一级或更大规模的部队中都有一名一级军士长作为该单位的总军士长,作为营长与士兵、士官间的联络员。这名优秀的一级军士长对军官指挥部队的成败极为关键,这一点在美军的营一级部队中尤为突出,因为在营里总军士长对该部中的20—30名高级士官的情况了如指掌,通常情况下,营的总军士长在部队服役的时间比其他任何人都长,在事务处理上要有更多的经验,对营长指挥和使用部队可以提供更为专业的意见。

过去,我军士官职能单一,单一的技师职能,使优秀士官的作用难以充分发挥。在新一轮改革中,我军将设置多种岗位,以发挥士官的作用。新成立的火箭军部队大量武器装备由士官操作使用维护,日常战备训练主要靠士官具体组织实施,为此,火箭军围绕锻造能战、胜战的高素质士官人才方阵,研究制订了工匠型专业技能士官、专家型专业技术士官、复合型指挥管理士官"三型"人才培养工程实施计划。提出了士官的"三型",使其职能分类更加细化。这支不可或缺的高级士官队伍,用智慧和担当托举大国长剑飞天。目前,火箭军第一批士官长上任,提出,要立起"兵"的脊梁,树起"官"的思维,担起"长"的职责,发挥"参谋、助手"作用。

随着部队改革逐步深入,为进一步优化机关力量编成,形成与"精干化、一体化、小型化、模块化、多能化"配套的人员结构,军队又为旅机关部分科室增加士官参谋的编制。这些士官大都在基层摸爬滚打许多年,是各个专业的行家里手,士官参谋必将在机关业务部门中发挥不可估量的作用。随着军改的深入,将会有更多的士官担任新的职务。

四、进一步完善培训体制,健全三位一体的新型军事人才培养体系

开展军事职业教育是改善士官知识结构、提高岗位能力、促进职业发展的重要途径,作用越来越凸显。信息时代高新技术迭代发展、战争形态加速演变和武器装备发展加快更新都对军人的职业素养提出了越来越高的要求。对个人而言,靠院校学习、部队实践远远不够,还需要日积月累地有力补充和自我教育。中央军委《关于深化国防和军队改革的意见》明确提出,要健全军队院校教育、部队训练实践、军事职业教育三位一体新型军事人才培养体系。军事职业教育作为战略部署被写进党和军队的重要文件。2017年8月,中央军委印发《军事职业教育改革实施方案》,我军军事职业教育改革正式启动。"健全军队院校教育、部队训练实践、军事职业教育三位一体的新型军事人才培养体系",这一战略决策将军事职业教育更加突出出来,将部队训练实践纳入新型军事人才培养体系,是我党我军关于培养军事人才的一次重大创

新,回答了新形势下"怎样培养军事人才"的时代性课题,为我军人才建设的基本路径和改革方向提供了根本遵循。

我军士官职业教育,既不同于外军职业军事教育,也不同于地方职业教育,是特指面向全军士官在岗有组织的、自主的现代继续教育。开展军事职业教育完善了军事人才终身教育体系,搭建了军事人才全流程、全周期的学习大平台,为士官终生职业发展奠定了基础。

五、进一步完善现役士兵职业技能鉴定制度,不断提升士官军事技能水平

日前,国家和军队多部门联合下文,发布新修订的《中国人民解放军现役士兵职业技能鉴定规定》,对推行多年的士兵职业技能鉴定工作进行了全面规范。一系列鼓励岗位成才的新举措,成为广大士兵学习成才的新动力。通过鉴定考核获取国家认可的《职业资格证书》,成为广大士兵奋斗的小目标。

将士官专业全部纳入职业技能鉴定范围,士兵技能划分为初级技能(五级)、中级技能(四级)、高级技能(三级)、技师(二级)、高级技师(一级)5个等级。士官的技能等级与选拔晋升将直接挂钩,意味着每一名士官都有从初级士官晋升到高级士官的发展通道。士兵职业技能鉴定,是按照国家职业技能标准和军队考评标准,对士兵的岗位任职能力进行等级考核和认定,考核合格后颁发国家认可、军地通用的资格证书。这项工作于1995年试点起步,2004年总结推广,2010年部署展开,目前已在全军31个通用专业和海军、空军、火箭军13个特有专业推开,共设立鉴定站2 200个,每年参加鉴定的士兵30余万人,先后有230余万人取得职业资格证书,充分调动了广大士兵爱军习武、岗位成才的积极性,提高了士兵队伍整体素质,也为士兵退役后就业创造了有利条件。

六、进一步设计士官晋升渠道

一些外军有比较完备的士官选拔、晋升、培训、使用、福利待遇和退伍退休安置法规,他们明确规定了士官的职责、地位和任务。高级士官的权力和待遇与低级军官大致相同,但是士官的服役期限较长。由于士官相对稳定,有些甚至可以在基层干到退休,因此他们是基层部队的老资格和当然的军事技术骨干,因而对部队建设、提高战斗力和加强战备有很重要作用。他们的使用涉及面很宽,即可以在各级领导部门服务,也可以在基层连队里服务。在各级领导部门工作的士官,通常负责向部门长官提供有关士兵方面的情况,充当长官的士兵顾问。在基层连队工作的士官是初级军官的得力助手,负责组织单兵和小分队训练,并协助军官进行行政管理,对士兵进行教育,对违反制度的士兵进行处罚等。我军在军改过程中,士官的岗位设置、晋升渠道、福利待遇、退出机制等与职业配套的制度将会越来越完善,从而建设具有中国特色的士官队伍。

"猛将必发于卒伍",选好用好士官是大势所趋,军改的深入,将为中国军队建设和民族复兴选拔更多的猛将。

一代士官的责任诠释了一支军队的使命,一代士官的成长推动着一支军队的转型。我们相信,广大士官奋斗的小目标,必将成就中国军队的大未来。从这个角度说,我们每个人都应树立人生目标,规划自己,并为自己的职业目标努力学习、不断奋斗。

第三节 士官职业适应

士官的职业适应是士官对士官职业认知和职业实践的基础上，对自己的理念、态度、习惯、行为的调整与适应，主要包括岗位适应、知识技能适应、人际关系适应、工作态度适应。

一、岗位适应

年轻人容易将事情看得简单而理想化，在跨出校门之前，都对未来充满憧憬，据了解，很多士官生不能适应新环境，大多与其事先对新岗位估计不足、不切实际有关。当他们按照这个过高的目标接触现实环境时，许多所谓的"现实所迫"让他们在初入部队时就走了弯路，以至于碰了壁还莫名其妙、不知所措。往往会产生一种失落感，感到处处不如意、事事不顺心。因此士官生在踏上工作岗位后，要能够根据现实的环境调整自己的期望值和目标，为自己做一个良好的职业规划，明确自己的职业目标是什么，自己该扮演什么角色，该怎样强化自己的职业，并且在这个行当上钻研下去，自然就能得到较好的发展。

二、知识技能适应

刚毕业的士官生可能有知识有文凭，但是经常会出现这样的情况：刚刚工作的士官生什么都不会。因为在学校里的时候，我们比较注重的是学习理论知识。然而到了职场上，更注重的是动手能力和累积的经验。因此，我们要投入到再学习中，逐步掌握实际工作中的知识技能。学习不但是一种心态，更应该是我们的一种生活方式。

当前，实力和能力的打拼将越加激烈。谁不去学习，谁就不能提高，谁就不会去创新，谁就会落后。同事、上级、竞争对手都是老师。谁会学习，谁就会成功，就能使得自己职业岗位的智能更加完善。学习增强了自己的竞争力，也增强了单位的竞争力。

三、人际关系适应

与象牙塔里单纯的人际关系不同，踏入了职场，人际关系也相应地复杂了起来。刚走上工作岗位的士官生最容易犯的毛病是过于高傲。把姿态放低一点，恰当的礼貌往往会赢得好感。无论对领导还是同事，无论喜欢还是讨厌，都要彬彬有礼。对待年长的同事，因为他们有很多工作经验值得你学习。同时，在单位里，努力工作，适当表现自己，最大限度地得到领导和同事的认可，是必须的，在论功行赏时应展现一个新人的宽广胸怀，赢得职场人缘。千万不要居功自傲，任何领导都讨厌自己的下属居功自傲，擅作主张，更没有人能忍受自己的下属对自己指手画脚。

四、工作态度适应

现在，企业招聘员工时，一个重要的趋势是企业在考察知识、能力之外更重视考察工作态度、学习能力、文化适应等内容，特别是工作态度。为什么会出现这种情况呢？在现代企业的竞争中，越来越多的企业认识到企业最需要有责任感的人才。某企业总裁有一段精练概括："想干与不想干，是有没有责任感的问题，是德的问题；会干与不会干，是才的问题。"其实，不会干不要紧,只要想干,就可以通过学习、钻研、努力达到会干;会干,但不想干,工作肯定做不好。企业最希望拥有能够胜任工作的人。胜任所代表的不仅是能力,更重要的是道德、人品、责任感、积极性、进取心等职业素养。某在线招聘小组负责人运用5项态度与性格标准来筛选新应征的员工。他们说:"结果好极了。""我们有史以来招聘的最好员工就是这批新员工。"他们认为"招聘过程中很重要的一点就是要区分哪些方面是可以培养的,哪些方面是很难改变的,"他们解释说,"到我们25岁时,我们的个性在很大程度上已经确定了。改变一个人的态度与人际关系技巧要比改变其技术及业务知识储备难得多。"他们重视的"5大性格模式"包括:严谨自律性、开放性、亲和性、外向性、情绪稳定性。

作为士官生,到了部队,有了好的态度,才会发愤图强,去实现自己设定的一个又一个小目标,大目标。个人的态度不是天生就有的,态度是在长期的生活环境、教育和社会实践中逐渐形成的,是一个从无到有、从简单到复杂、从不稳定到稳定的过程。无论从个人成长的角度还是工作的角度,我们都应该在学校中培养自己良好的工作态度。态度是一种观念,更是一种行动。如果没有好的工作态度,你一定不会成为人才,即使你今天是人才,明天未必是人才。

➤ 专题小结

(1)中国士官制度改革,发生了三大转变:一是士官向专业化转变;二是士官向职业化转变;三是士官职能向多类型转变。不但有传统的技能型、管理型士官,也出现了专家型、参谋型士官。士官职业化是未来军队建设的一个大趋势,随着新一轮军改的完成,士官岗位已经明确,士官的职能已经确定,士官在岗位设置、晋升渠道、培训体制、级衔制度、福利待遇、退出机制等方面都有了相应的规定,士官作为一个职业已现雏形。通过改革,进一步完善士官制度以及士官体系,使部队向着职业化军队发展模式迈出了重要的一步。

(2)目前士官已成为中国军队专业技术的重要力量。全军几乎所有专业技术岗位,特别是关键性岗位,如装甲、导弹、通信、雷达和舰艇、战机维护等的实际操作手,均由士官担任。建立"指挥靠军官、训练与管理靠士官"的制度,大大拓宽了士官的发展空间,提高先进装备的运用水平,强化军事技能、作战、管理经验传承、延续和开拓,提升军队的职业化程度,拉开了我军军事人才建设和使用深化改革的大帷幕。

(3)士官的职业适应是士官对士官职业认知和职业实践的基础上,对自己的理念、态度、习惯、行为的调整与适应,主要包括岗位适应、知识技能适应、人际关系适应、工作态度适应。

➤ 复习与探索

以下是我们整理的关于军官职业化趋势的分析,你认为对士官职业化有何借鉴意义?

2010年4月,中央军委颁发的《2020年前军队人才发展规划纲要》指明,以推进中国特色军官职业化为牵引,从分类管理、职业发展、培养开发、考评选拔等方面,对未来军事人才政策制度改革创新作了框架设计,标志着我军正式踏上军官职业化制度改革的进程。

军官职业化会带来那些变化,笔者认为最起码有以下三个:

1. 军官队伍规模压缩,军官队伍结构优化

实行军官职业化,必然制定合理的员额编制,确保岗位既不缺人,也不超编。这对于军官来说,在某一特定岗位工作的稳定性增强,更加有利于制定个人长期的职业规划。对于单位来说,由于人员相对稳定,更加便于有针对性地进行人才培养。

2. 军官岗位划分更细,专业性更强

推进军官职业化的关键是提高军官的素质能力,因为,实行人员精简后必然对从事各个岗位工作的人的综合能力和专业素质提出了更高的要求,岗位会划分得更细更科学,也就要求在岗人员有更强的专业针对性。在这种情况下,军官如果能够对自己的职业生涯有了较好的规划,就会更好地胜任自己的职位。

3. 军官服役年限延长,竞争激烈程度加大

军官职业化,顾名思义,是以在部队服役作为一种职业,服役期间享受各种优惠待遇,退役后得到基本的生活保障。由于实行职业化后,人员规模压缩,专业分工明确,相应地带来军官服役年限延长。但服役年限延长并不意味着军官职业变成了"铁饭碗",只要有个岗位就可以一劳永逸。现役人员相对稳定,"入口"和"出口"都会收紧,实行"小进小出",同时提高"入口"的门槛,只有能力素质达到一定程度才能进来。同时,对在岗人员的考核评价机制会更加完善,很大可能实行淘汰机制,如果能力素质不能胜任,或者在其位不谋其政,仍然有可能被淘汰。这给军官的职业规划带来了很大的机会。因为服役年限延长使得军官可以制定一个较长远的目标,同时在一个较长的时间跨度内去修订完善和实现这个目标。也因为军队的"入口"更加严格,人员整体素质大幅提升,在职军官不得不对自己的能力提升有一个规划,以防止自己被淘汰。

专题三　士官成长与发展

导引案例3

张侃序言节录

张侃（国际心理科学联合会副主席）曾为本书作者崔正华的另一部著作《心理学在军队管理中的应用》作序，节录如下：

青年士兵处于人生的青年期，这个阶段最大的特点是人处在心理成熟的关键期、人生目标形成的关键期、价值体系确立的关键期。这一时期对人一生的成长意义最大，只有研究人的心理特点和成长规律，加强心理素质培养，才能造就一代新人。本书对心理素质的概念、层次结构进行了初步探讨，对与青年心理素质培养关系密切的心理发展理论进行了初步研究，对青年极为关心的心理疏导理论给予了较为系统的总结。提出了青年心理素质培养中较为重要的四个"我"：即我是什么——自我意识的形成；我应做什么——价值观的确立；我要向哪里发展——人生发展目标的选择；我应是一个什么样的人——心理素质的优化，力图提供一个较为系统的心理素质培养方案，这种探索也是十分有意义的……

掩卷深思，我们仿佛听到他们在心理学应用方面探索的步伐。注意研究当代士兵的思想、心理和行为特点，真正关注士兵的成长，士兵的心理素质的培养，塑造他们崇高的道德修养、强烈的成就动机、顽强的环境适应能力，对士兵的成长是十分有有益的。

读张侃序言节录，使我们深深感到：士官阶段是人生发展的重要时期。它是士官心理成熟的关键期、价值体系确立的关键期、心理素质优化的关键期、人生追求形成的关键期，四大任务，毕其功于一役。帮助士官生成长，是军队管理教育工作者的任务，也是士官自我发展的重要方面。

案例讨论:

(1) 读过张侃的序言节录,你认为你的人生阶段最大的特点是什么,有什么困惑?

(2) 从自身情况分析,你想解决哪些问题?

(3) 在改革强军的大背景下,你希望怎样发展自己?

第一节　士官发展阶段的特殊性

一、处于心理成熟的关键期

士官初期的心理发展正处在迅速走向成熟,但又尚未达到成熟水平的最重要阶段。从心理发展水平上看,他们的知识水平、思维能力虽然都达到了成人应该达到的标准,但在心理发展的基础方面,比如价值观念、适应能力,还带有很大的稚嫩性和盲从性,特别是对社会的看法常带有不可忽视的片面性。即使在处理日常生活时,由于受阅历、经验等条件的限制,也表现出一定程度的幼稚。而这种幼稚又是在士官本人自认为成熟的前提下产生的。客观上的"幼稚"和主观认识上的"成熟"形成巨大的反差。从心理活动的指向上看,既有积极的一面,又有消极的一面。主要表现在,富于理想而又易脱离现实;热爱学习而又易在不顺利时悲观失望;富有朝气又易感情冲动;思维活跃而又易于以偏概全。某些出入军营的士官生总觉得"士官工作受苦受累,士官生活枯燥无味"。如果能用成熟的心态正确看待士官生活,即使生活中有些不如人意之处,也会从磨炼意志的积极方面,对待学习的苦累、感受枯燥无味,从而产生"士官生活,有滋有味"的感觉。

二、处于价值体系确立的关键期

士官初期,随着生活经验的增加,逐步形成了关于自己与他人及社会关系的比较系统全面的判断标准,初步建立了自己的价值观念体系。应该说明的是,这种"体系"的建立,是在本人、家庭、社会影响和学校教育的共同作用下形成的。随着环境的变化,他们越来越感觉到这种"体系"与军队这一环境中团体及他人的"体系"有着很多相似之处,也有着很多不同之点。他们需要对以往的"体系"进行重新审视,以便形成经过自己探求、具有自身特性的价值观,并使之系统化。走在人生"十字路口",难免有些彷徨、困惑,这是其特点之一。其二,价值取向通过对个人行为的方向性、目的性调控来支配人的行为,而日常的行为、感受反过来又影响价值取向。能否自觉地在日常行为中向先进学习,感受积极的校园文化,不断调整自己的价值观这也是对士官的考验。处于"十字路口"的士官应该清醒,要及时地为自己找到正确的方向。

三、处于心理素质优化的关键期

迈入军营的士官,由于其特定的环境,特定的人生经历,其心理成熟的过程也呈现出与其他同龄人不同的特点。作为战场上的军人,应该有与常人不同的心理素质,以适应战场环境。研究这些特点,寻找士官心理成熟的特殊途径和促其成熟的办法,是本人和管理教育者共同的责任。

在士官心理素质培养中,应形成一个人优良心理素质目标,使人自觉地向这个目标前进,产生将心理素质完美的激情,其主轴应是战场适应心理培养、军队成功心理培养、士官职业心理培养,帮助士官完成从地方向军营的转变、从学生向士官人的转变,以心理素质培养为突破口,提升士官综合素质。

四、处于人生追求形成的关键期

据我们的问卷调查,带着梦想走入军营的每一个人都试图回答"我将走向何方"这一问题。这是每个士官生必须回答的问题。这一问题的关键是自我发展问题。跨入军营求"进步",实现家人的嘱托、个人的梦想,对每一个士官都是极具诱惑力的,但是又不是每一个人都能找到与自己与社会相吻合的发展目标的。在苦苦的探求中,最终可能出现如下四种不同的情况:

(1)找到发展目标而立志完成者。这种人化解了发展危机,信心百倍,朝着既定的目标前进。

(2)发展危机尚未完全化解而仍在自我追寻者。这种人在苦苦追求,最终可能朝两个方面发展。

(3)发展危机无法化解而陷入困境者。

(4)自己无主见,未来一切悉由他人安排或玩世不恭者。

心理学家把这四种类型分别称之为定向型、未定型、迷失型和早闭型,并把这种心理过程称为"自我统合"。"自我统合"过程中所产生的危机感称为"统合危机"。士官生涯是人生中十分重要的一个阶段。在这一阶段,大多数人必须为一生未来做选择和准备,所以这一时期的发展危机就自然特别严重。为适应与化解发展危机,个人必须按自己的条件去统合,必须按国家的需要去统合。统合而能够定向者,其危机解除;未定型及迷失型两种统合状态者,仍处于发展危机之中,故而统合危机是士官入伍后必须经过的心理困境。问题是统合危机未必人人都能化解;定向型统合的境界,更非个个均可达到。达不到就可自自产生方向迷失,演变的结果可能变为退缩,可能陷入堕落,也可能在适应困境时学到某些不当的所谓异常行为。这后一种结果是我们非常不愿意看到的。因而,每一个士官生都应充分认识自己的特点,充分认识自己的兴趣、个性、能力、价值观,走出一条符合自己实际的统合之路。我们的管理者、教育工作者,也应该认识这一阶段对士官的特殊性和重要性,进行个人发展方法的教育和引导,帮助士官生找到符合自己的发展方向,扬起理想的风帆。

第二节　士官发展应解决的主要问题

根据上述的四种情况,主要解决四个"我":我是谁——自我意识的形成、我应做什么——价值观的确立;我应是一个什么样的人——心理素质的优化;我要向那里发展——人生发展目标的选择。

1. 我是谁——自我意识的形成

自我意识,即个体对自己身心活动的一种看法和认识。社会心理学把青年期称为"自我的发现"时期。青年时期是一个人自我意识突出发展的时期,而士官初期又是人的青年时期最为重要的阶段。在这一时期,一方面因为生理和心理的成长,个体认知能力的提高,士官及士官生的自我形象评价和自我角色预期会出现一些波动;另一方面,随着个人地位和角色的改变,自我设计与自我实际发生冲突,从而加深了自我意识的迷惘和困惑。因此,加强对士官自我意识发展的引导,有利于士官的顺利成长。自我意识在个体身上形成以后,随着年龄的增长,自我出现了分化,出现了主观的我和客观的我,理想的我和现实的我等形式,导致自我概念难以形成,自我形象不能确立,给个体的内心带来冲突、不安和焦虑。这时,个体就会产生自己是谁的自我困惑。我究竟是怎样的一个人? 变得不认得自己,也不了解自己了。为解除困惑,个体会竭力寻求自我认识的统一,探索我究竟是谁,我拥有什么样的能力,希望达到什么样的目标? 这时比较容易从现实的角度看待自己的期望与实际的差距。从这一角度看,自我意识的矛盾和同一是自我发展、自我探索的动力,是士官这一时期需要解决的问题。

2. 我应做什么——价值观的确立

士官前期阶段,是价值观形成的关键阶段。习近平同志在党的十九大报告中明确指出:"要以培养担当民族复兴大任的时代新人为着眼点,强化教育引导、实践养成、制度保障,发挥社会主义核心价值观对国民教育、精神文明创建、精神文化产品创作生产传播的引领作用,把社会主义核心价值观融入社会发展各方面,转化为人们的情感认同和行为习惯。"士官应将社会主义核心价值观融入自己的生活,确立自己的价值观。并在这种价值观的指引下,树立正确的职业价值观,形成对各种职业价值的基本认识和基本态度,树立以人的生命信仰的完满实现为主旨的现代职业精神。

人生观是人们对于人生目的和意义的根本看法和态度。它回答的基本问题是"人为什么要活着?""怎样的人生才有意义?""人的一生应该怎样度过?"人生观的内容很复杂,人生的目的、人生态度和人生评价是人生观结构的基本方面。人生观的形成有关键的时期,但贯穿于人的一生。价值观是人生观的重要组成部分。一个人对人生的看法正确与否,是由价值观决定的,所以价值观在人生观形成中起着关键性的作用。

迈入军营的士官,首先要对自己过去形成的价值体系进行审视,因而了解一下价值观的一般问题十分必要。需要说明的是,我们这里所说的价值观是指个体所遵循和信奉的价值观,它有别于作为社会意识形态构成部分的具有普遍意义上的价值观(当然有很多相同点)。这里的价值观是指个体以自己的需要为基础,对事物的重要性进行评价时所持的内部尺度。由于个体行为表现的方向及努力的程度,直接决定其推动或妨碍社会发展,因而研究个体的价值观及其形成十分重要。个人的社会实践,对于满足自身需要的程度,是人所认识到的自身价值。个人的社会实践活动,对于满足社会需要的程度,则表现为社会价值。

人的价值,一方面意味着个人在社会生活中的地位,即尊重和需要等方面的满足;另一方面意味着个人活动对社会的意义、对社会的责任和贡献。两者是辩证统一的。我们强调自身价值与社会价值的统一性,也提倡个人为社会和集体事业的献身精神。人的价值观,是通过个体社会化的过程而形成的。作为大学,通过教育作用于每一个人,从而使他们在成长过程中获得某种价值观。人的价值观的形成,也只有与社会相联系才能意识到自己的力量,认识到自己对社会所做出的贡献,并以此为依据来评价自己的生活意义和价值。

3. 我应是一个什么样的人——心理素质的优化

良好的心理素质是当代士官综合素质的组成部分,士官初期阶段,是一个人心理迅速走向成熟而又尚未完全成熟的阶段,这个阶段表现为心理的脆弱性与摇摆性,当生活、学习、人际环境等因素发生变化时,许多人表现出不适应,甚至出现心理障碍等问题,严重影响了自己生活和学习。因此,正确认识士官的心理发展阶段和心理状况,并进行有效的疏导和调整,对今后的学习和生活都将产生重要的影响。从实际情况看,士官人际交往不适的困惑心理,军队生活压力造成的焦虑心理,缺乏自信心的自卑心理,都或多或少地影响着士官,心理素质的优化处在一个关键时期。同时,未来的发展又为士官提出了更高心理素质的要求,按照"我应是一个什么样的人"的要求优化心理素质是士官的一项必修课。

4. 我要向那里发展——人生发展目标的选择

进入军队,前途选择并没有结束,职业选择处于重要时期。其中一个重要选择是确定人生目标。有人说:世上没有懒惰的人,只有缺乏目标的人。一个人有了目标,内心的力量才会找到方向。一个人无论他现在有多大的年龄,真正的人生是从设定目标开始的,以前只不过在绕圈子而已。作为士官生有什么样的目标就会有什么样的人生。现在,许多人对自己的未来没有一幅清晰的画面,他们有改变自己的欲望,却没有明确的奋斗生目标,因而无法用一生的目标去鞭笞自己,去激励自己。

哈佛大学的调查表明,一个心中有目标的普通人,会成为创造历史的伟人;一个心中没有目标的人,只能是个平凡的职员或是一个生活在社会底层的人。一个成功的,判断准确的策划,可以令人一生充满幸福,战胜空虚的蚕食,摆脱无意义的生活,让成功路上的罗盘牢牢地掌握在自己的手中。

第三节 士官发展定位

士官发展定位包括三层定位:个体的自我发展定位,个体的职业定位,个体目标实现途径定位。

1. 个体的自我发展定位

士官生处在一个重要的人生阶段,新目标的确立,实际上是人生目标的确立。我们只有站得更高,向社会、向历史、向未来、向生活的各个方面放眼展望,才能把握住恰当的目标,促进自己全面发展。

当前士官生自我发展意识增强,面对众多发展方向与各种选择,许多士官生感到迷惘,处于盲目跟从状态,没有确定的目标。确定人生的发展目标是士官生急需解决的问题,在确定目标时,要注意以下三个结合:

(1) 个人的奋斗目标必须与社会需要相结合。国家的发展为士官生成就事业提供了广阔舞台,国家的发展也有赖于士官生贡献自己的聪明才智。士官生只有把自己的奋斗目标与我国社会的现实需要相结合才有意义,只有使个人的奋斗目标与国家的奋斗目标相一致才会获得人生最大的成功。我们要审时度势,掌握国家、军队发展趋势,选择需要的职业方向。

(2) 个人的奋斗目标必须与自身特点相结合。人们的个体有差异,能力有高低,长短优劣各不相同。确定目标必须从自己的实际出发。士官生必须全面分析自己的长处和短处,充分扬长而避短。要清醒地认识自己,切不可人云亦云、毫无主见,也不可盲目从众、追逐潮流。个人奋斗目标只有与自己的兴趣、爱好、性格、相符,才会产生强大的动力和持久的耐力;只有与自己的专业、能力、基础相关,才会具备坚实的基础和实现的可能;只有与自己的优势相配,才能充分发挥自己的潜能。

(3) 个人的奋斗目标必须与现实可能相结合。社会需要和自身特点反映了社会和个人的基本需求,但要把这种需求转化为现实可能性,就要努力创造实现目标所应具备的基本条件。

社会条件不是我们能够控制的,但我们要适应其发展,不断调整自己的目标;自身条件是可控的,我们要把长远目标分解成若干阶段性目标,使长远目标在一系列近期目标实现的积累中逐步得以实现,我们还要制定"途径"目标、选择适合自己的发展道路。长期目标可以使前景清晰、动力持久;近期目标则使效益明显、效果直接;途径目标则可以使道路明确,头绪清楚。只有同现实可能相结合,奋斗目标才是真实的和可实现的。

2. 个体的职业定位

职业定位是个人对未来职业的规划,是个人职业生涯规划的核心,职业定位直接决定着一个人的职业发展。目前很多士官生并不明白"学什么""为什么学",有人仅仅为一纸文凭而学习,为一张学位证而欢呼。看似目标明确,实际是无目标。这种无理想、无目标的盲目被动学习,使学生在校期间不仅感受不到太大的压力,也丧失了学习的动力。如果士官生初入职就能对自己未来的职业进行很好的设定,就会加强学习和实践的目的性和针对性,可以根据选定职业的特点和目标岗位的需求,获取相关的知识,培养相关的技能,提高相应的素质。还可以根据社会的发展,适时进行自我调整,从而更好地为将来的就业做好相关准备。当然,职业生涯规划要根据自己的实际,根据社会的需要确定合适的目标;不能流于形式,定后束之高阁;更不能定位过高,过于理想化。

3. 个体目标实现途径定位

职业规划要写在纸上,融合在学习中,落实在一步一步的前进道路上。1953 年,某大学进行了一次有关人生目标的研究调查。研究人员向参与调查的人们问的第一个问题是:"你有人生目标吗?"对于这个问题,10%的人确认有目标。研究人员又问了人第二个问题:"如果你们有目标,那么,你们是否把自己的目标写下来呢?"这次,总共只有 3%的人回答是肯定的。20年后,大学的研究人员在世界各地追访当年参与调查的人,他们发现,当年白纸黑字把自己的人生目标写下来的那些人,无论从事业发展还是从生活水平上看,都远远超过那些没有这样做的同龄人。这 3%的人所拥有的财富居然超过了余下的97%的人的总和。可见把目标记录下来并努力付诸行动是事业成功的关键。如此看来,如果我们既把目标写下来,又有切实可行的配套措施,还有清晰的实现蓝图,那么,我们离成功可能就更近,描绘自己的职业蓝图,就是要确定自己职业发展的路线,是直达目标,还是"曲线救国"? 要对自己的发展绘制一个路线图。有的专业,可以直达目标,有的专业就要"曲线救国"。只有设计一个最佳的路线,才能达到预期的目的。选择了捷径好路,就易于进入职业发展的快车道,否则,就会耽搁在路上。而且没有一个职业发展的路线蓝图,就会走错路,走弯路、走回头路。

▶ 专题小结

(1) 士官成长前期,处于心理成熟的关键期、价值体系确立的关键期、心理素质优化的关键期、人生追求形成的关键期,要解决士官心理发展中的"四个我":即我是谁——自我意识的形成;我应做什么——价值观的确立;我要向哪里发展——人生发展目标的选择;我应是一个什么样的人——心理素质的优化)。这四个问题的正确回答,关乎士官的成长,按照心理发展阶段理论,青年阶段的健康成长,对今后发展意义重大。

(2) 士官发展,要建立了四重性目标:以"健康"为依据的士官心理健康维持性目标;以"成长"为核心的士官心理发展指导性目标;以"成才"为目的士官心理素质发展性目标;以"幸福"为本源的士官心理引导性目标。力图为自己提供一个较为系统的成长培养方案。

（3）士官发展定位包括三层定位：个体的自我发展定位，个体的职业定位，个体目标实现途径定位。

➢ **复习与探索**

俞敏洪曾经发表过一个关于"树"与"草"的励志演讲，很有价值，值得我们停下脚步来品味一下：

"人的生活方式有两种，
第一种方式是像草一样活着，
你尽管活着，每年还在成长，
但是你毕竟是一棵草，
你吸收雨露阳光，
但是长不大。
人们可以踩过你，
但是人们不会因为你的痛苦，而他产生痛苦；
人们不会因为你被踩了，而来怜悯你，
因为人们本身就没有看到你。
所以我们每一个人，
都应该像树一样的成长，
即使我们现在什么都不是，
但是只要你有树的种子，
即使你被踩到泥土中间，
你依然能够吸收泥土的养分，
自己成长起来。
当你长成参天大树以后，
遥远的地方，人们就能看到你；
走近你，你能给人一片绿色。
活着是美丽的风景，
死了依然是栋梁之材，
活着死了都有用。
这就是我们每一个同学做人的标准和成长的标准。"

专题四　士官职业素质培养

学习目的

（1）了解士官职业素质培养总体要求，以便主动地培养自己的职业素质。

（2）理解士官的职业精神培养的目的、意义，主动铸造自己的职业精神。

（3）了解士官职业素养培养要求，在实践中培养自己的职业素养。

一次关于士官应具备何种素质的讨论

作为一名士官,应该具备哪些条件,才可能长期在部队服役呢,几个老战友坐在一起,展开了激烈的争论。

士官甲:我觉得,作为一名职业化军人,首当其冲的是忠诚。如果一个人,即使能力再强,没有对党和军队的忠诚,整天想着与职责无关的事,不会受欢迎,更谈不上发展。

士官乙:在职业化的大背景下,对士官的综合能力素质要求更严格。我觉得,士官能力素质应有"必备能力素质"和"核心能力素质"构成,"必备能力素质"主要包括政治素质、科学文化素质、军事技能素质、心理素质、职业素质等等;"核心能力素质"主要包括:岗位专业知识、装备操作能力、装备维护能力、管理带兵能力、组织训练能力等等。

士官丙:我觉得重要的是担当。在我看来,担当更多的是一种责任。电影《泰坦尼克号》中,在船即将沉没的时候,船长走进了船长室,最后和船一起沉没海底。这是一位船长的最后的坚守,也是一位船长生命的履职担当。

听了大家的讨论,你有什么感想?

第一节　士官职业素质培养总体要求

职业素质是劳动者对社会职业了解与适应能力的一种综合体现,其主要表现在职业兴趣、职业能力、职业个性及职业情绪等方面。影响和制约职业素质的因素很多,主要包括:受教育程度、实践经验、社会环境、工作经历,以及自身的一些基本状况(如身体状况)等。一般说来,劳动者能否顺利就业并取得成就,在很大程度上取决于本人的职业素质,职业素质越高的人,获得成功的机会就会越多一些。

一、现代职业的素质要求

现在职场所看重的不仅仅是一个人的专业,而更强调会做人,会做事。做人包括做一个好下属,做个一好同事;做事就是要不断学习提高业务技能,做个好职员。你选择职业,职业也选择你。一方面求职者根据社会需要、个人意愿、能力、个性特征,选择适合自己发展的职业或工作岗位;另一方面,职业或工作岗位也对求职者进行选择,不同职业对求职者的知识、能力、性格等心理品质等有不同要求。

二、现代职业素质培养方法

就广义而言,世间所有的人,古今中外,无一例外,都走着一条职业人的道路。当您以后走上社会时,都要寻得一个岗位,从事某个职业,都成了一个社会的职业人。因此,我们应该从人生早期就要为将来成为一个合格的职业人做准备。

1. 提升职业品质

职业品质,是指人在职业行为、工作作风方面表现出来的思想、认识、态度和品质等。提升职业品质的过程,也是帮助他们逐步实现社会化的过程,这是提高人职业素质的关键所在。来自哈佛大学的研究表明,成功因素中的85%取决于积极的职业态度,15%才是本人的职业技能。从这个角度看问题,我们认识到社会人力资源的开发已为就业者的职业品质注入了新的内涵。用人单位对应聘者的职业品质需求从某种角度讲,对我们发展有着很好的导向作用,诸如积极的人生态度、开拓创新精神、沉着应变能力、团队合作精神、敬业精神等,许多职业已向就业者提出了更高要求。

2. 培养职业理想

人的素质能在日常的生活习性中得以展现和流露,习惯也是个人素质的真实写照。所以,培养自己的职业素质就必须从日常的生活细节及点滴做起,看过汪中求先生写的《细节决定成败》的人都知道细节的重要性。

3. 培养职业兴趣

这是一个职业素质锻炼的平台,为我们提高专业素质及其他素质提供了良好的实践机会。我们要把握好每次这样的机会,不要害羞,不要胆怯,不要怕丢面子,在训练中要做到"胆大、心细、脸皮厚"。

4. 体验和改进职业价值观

无论是否从事与专业相关的工作,这都是很好培养职业素质的机会。只要你树立"职业神圣"的观念,你就会从你从事的每项工作中得到自己想要的职业素质并加以培养。同时,你也能从实践中改进自己以前不足的职业素质理念,不断地培养自己、提高自己,使自己的职业素质得到不断的升华。

三、士官职业素质培养总体要求

士官是一个特殊的职业,战场对士官的职业素质有特殊的要求。习近平同志关于培养有灵魂、有本事、有血性、有品德新一代革命军人的战略思想,从四个维度勾画了新一代革命军人应有的样子,深刻揭示了当代革命军人必备的政治信仰、专业能力、精神特质和道德情操,体现了社会主义核心价值观和当代革命军人核心价值观的本质要求,反映了强军兴军对铸魂育人的鲜明导向。

士官的职业素质主要包括职业精神、职业价值观、职业素养、职业能力。

职业精神主要表现在战斗精神,核心是一不怕苦、二不怕死的精神。习近平同志说:"我担任军委主席后,第一时间就强调了军人要有血性,我说的血性就是战斗精神,如毛泽东同志所说,具有一往无前的精神,压倒一切敌人而绝不被敌人所屈服。"

职业价值观应该体现在:忠诚;奉献;责任;正直;勇敢、进取等方面。这一部分表明士官的道德特质。

职业素养表现在一往无前的心理品质、坚不可摧体能品质,军人则更强调情感(对国家民族的忠贞)和意志(克服困难、战胜对手的勇气和决心)。职业素养指的是一个人的基本或潜在特质。这种特征包括精神、生理、情感三个部分。

(1)精神特征包括:意志力;自律;主动性;判断力;自信;理解力。

(2)生理特征包括:健康;体格健壮;专业的军事仪态。

(3)情感特征包括:自我控制;平衡;坚定。

职业能力是士官履行职责的能力,这里主要指实际动手能力、管兵带兵能力、教练示范等能力、有灵魂是根本,体现的是对军人的政治要求,就是要信念坚定、听党指挥,这是对新一代革命军人第一位的要求;

有本事是核心,体现的是对军人的能力要求,就是要素质过硬、能打胜仗,军队战斗队的性质决定能打仗、打胜仗是我军的根本职能,是党和人民对军队的根本要求;

有血性是关键,体现的是对军人的精气神要求,就是要英勇顽强、不怕牺牲,没有血性的人不配做军人,没有血性的军队注定要打败仗;

有品德是基础,体现的是对军人的品质要求,就是要情趣高尚、品行端正。

作为士官,我们要注重在灵魂上"补钙",在本事上"升级",在血性上"淬火",在品德上"提纯",始终做到政治靠得住、风浪击不垮、战场打得赢,切实肩负起强军兴军的历史使命。

第二节　士官的职业精神培养

一、我国需要塑造现代职业精神

职业精神是人们在对职业理性认识基础上的职业价值取向及其行为表现,是对职业理念、职业责任、职业使命的认识、理解与相应表现出的行为。职业精神是一个人在工作中的职业道德、理想、态度、责任、作风等的综合表现,职业精神是单位发展的需要,是竞争的需要,也是个人生存的需要。古今中外,职业精神一直为人类所推崇。这不仅仅是因为职业精神有益于单位,同时更重要的是这种精神还有益于我们自己。有了这种精神,单位就会发展、个人就会进步。总之,职业精神是一个人工作的立身之本,是一个单位发展的立业之魂。

社会主义职业精神是社会主义精神体系的重要组成部分,其本质是为人民服务。我国是一个缺乏商业组织传统的社会,对于我国的几乎所有的劳动者来说,工作前从未接受过任何关于如何成为一名职业化员工的培养和训练,对于在职场中应有的工作态度,工作意识和工作技能知之甚少。正是缺乏各行各业职业精神的塑造,许多员工认识不到自己与公司之间一荣俱荣、一损俱损;不懂得如何处理职场关系,如何理解上级意图,员工之间,个人与公司间潜在冲突便会有愈演愈烈的趋势。从而造成员工不主动控制成本、缺乏主动性和创造性、对公司的成败荣辱置身事外、工作积极性不高、情绪低落等等。职业专家指出,从现代职业生涯发展理论的角度来解读,正是这些隐形的、精神的因素决定着职业行为、工作效率和工作品质。职业精神事实上就是一种对职业的深情投入、一种专注度,这将在很大程度上决定一个人的职业水平和职业成就。只有爱岗敬业、沉醉其中时,方能敬业乐业;只有不断钻研、沉淀积累后,才能有所创新,获得成功。职业精神作为一笔宝贵的精神财富,对企业、社会军队、和整个国家发展的推动作用自是不言而喻。因此,无论时代如何变迁,提倡职业精神都不会过时。

二、现代职业精神的特色

随着西方工业革命的兴起,价值观念也发生了一些变化。一种尊崇职业甚至赋予职业神圣意义的职业观念逐步形成。在他们的理解中,职业是天职,所以职业是神圣的、美好洁净的、不容推脱必须完成的;职业是天职,那么就应该以虔敬、勤奋、忠诚、主动、追求卓越等高尚的人类精神来对待工作,而那些懒惰、疏忽、萎靡不振、不履行道德操守的所有工作表现,都将会受到谴责和惩罚。这种职业精神对于西方企业和个人的成功,起到了不可忽视的推动作用。这种真正地热爱工作、将自己的生命、热情和自我实现都融进工作的职业观是人类的共同精神财富。改革开放之后,在一段时间里我们一部分人出现了缺乏生命追求和人生动力的情况。随着改革的深入,一种新的职业精神逐步出现,并且在中国传统文化的土壤中,在社会主义建设的实践中逐步生根,社会主义职业精神不同于其他社会制度下的职业精神,它是社会主义精神体系的重要组成部分。人们的社会生活分为三大领域,即家庭生活、职业生活和公共生活。社会主义职业精神就是职业领域内社会主义精神的特殊要求。这种职业精神的主要特色是:

1. 将职业与生命信仰融为一体

现代职业精神就是以生命信仰为基石的职业观,它不仅把工作当作人生的使命,而且将工作与生命信仰的实现完全融为一体,在工作中体验爱、美、和谐、意义与永恒。我国改革开放正处在一个重要的历史阶段,实现中华民族的伟大复兴,需要伟大的精神来支撑。西方市场经济的发展是靠资本主义精神来推动的,而我国发展市场经济,同样需要相应的精神来支撑和推动。如果仅仅靠经济的增长、靠对发达国家经济表象的借鉴是不能真正获得有力的精神资源的。在这个历史的关口,时代要求我们的课题之一就是树立和塑造现代职业精神。社会主义职业精神提倡各行各业的从业者,放眼社会利益,努力做好本职工作,全心全意为人民服务、把生命、信仰与从事的职业有机结合。

2. 将职业与自我实现融为一体

自我实现是人们为了满足自己的生存、享受和发展的需要,自己设定目标并通过实践实现目标、发展才干、实现自身价值的社会实践活动过程,是人发展的主体能动形式。我们提倡以人为本,提倡尊重人、依靠人、发展人,由于人具有能动性和自觉性,因此任何人的职业实际上都具有自我实现的性质,都是自我实现过程的一部分。在计划经济条件下,人们的自我实现意识并不明确和强烈。社会主义市场经济的建立使人的自我实现问题日益凸现出来。市场经济强化了人们的自主意识市场经济强化了人们的自我发展意识。但是,这种自我发展只有与职业融为一体才能实现。这时,人们不仅把职业作为谋生的手段,还融入了自己的理想和信念,不断寻求自我价值实现的方法和途径。

3.将职业与自我超越融为一体

我们可以把工作当作"职业",也可以把工作当作"事业",还可以把工作当作"志业"。当作"职业",是谋生的手段,遵循职业的规范就是一个好的职员;当作"事业",是谋生与兴趣的结合,会让人无限地投入,乐此不疲;而作为"志业",则是带有无限情感的色彩,会让人愿意奉献自己的一切,包括生命。一个人的生命有三层含义,即生理生命,内涵生命,超越生命。成功需要超越:超越他人,超越自我。没有这么一种执着与钻劲,即使是天才,也无法达到超越。超越自我不仅是一种重要的人生态度,也是一种积极的工作态度,是我们工作高绩效和生活高质量的重要保证。但是,超越自我并不是强调只注重个人的成长与进步,而忽视单位的生存与发展。因为,单位是我们成就事业的舞台,我们的成功与单位的成功密不可分。只有单位整体发展了,我们才能得到发展。单位是我们自我超越的舞台,因此,每一位职业人士必须树立与单位共赢的思想和观念,任何脱离组织去追求个人成功的,很难成为大赢家。与单位共赢,应该成为每一个人的奋斗目标。倘若一个人的职业同时是他的志业,会自然体现出最高的职业精神:不计较酬报、不在乎功名,所做的一切,只为追求一个完美的境界。在这样的境界之中,他会发现自己生存的意义,感受到活着的幸福和自我满足。

三、士官应具备的职业精神

习近平同志主持军委工作以来,多次强调指出:和平时期,决不能把兵带娇气了,威武之师还得威武,军人还得有血性。必须加强战斗精神培育,教育引导广大官兵大力发扬我军大无畏的英雄气概和英勇顽强的战斗作风,保持旺盛革命热情和高昂战斗意志。

三军统帅的告诫,普通百姓的关切,指向同一个时代课题:革命军人要有血性,时刻准备为祖国和人民去战斗。没有血性的人不配做军人,没有血性的军队注定要打败仗,这是历史的昭示,也是现实的警告,我们不可不察!

血性,兼具阳刚、正直之美,没有血性的兵不是合格的兵,军人的血性本色是无数革命先烈创造的传奇和荣光。任何一个国家、一支军队,要由大向强,或是走向强大,首先必须有忠诚使命、血性拼搏、敢于担当的人。实现强军目标,培养有血性、敢担当的新一代革命军人是当务之急。

血性,是军人的脊梁,是胜利的基因。历来被兵家所推崇。孙武提出"夺气""攻心"为上,左宗棠认为"打仗以胆气为贵",刘伯承元帅强调"狭路相逢勇者胜",这些都是军人崇尚血性的表现。如果我们把军人比作一把利剑,那么军人的血性就是那锋利的剑刃。充盈了血性的军人,剑气逼人令敌胆寒,剑锋所指所向披靡,而丧失了血性的军人,如同卷刃之剑,挥之易折斩而不断。

军人的灵魂与血性,是思想深处的信念,是贯穿人生三层楼即身心灵的视野和价值。人生一层楼是小我,即肉身的生存与机能;人生第二层楼是大我,即为使命和事业献身的长情大爱;人生第三层楼是真我,即高维万物一心连接天地能量的无我素直。

这里,有个杨靖宇的故事耐人寻味,东北抗日联军将领杨靖宇,第一路军总司令,抵抗到最后剩自己一个人。日本人对杨靖宇特别佩服,甚至把他神化了。但杨靖宇身边出了一个又一个叛徒,最终置杨靖宇于绝境。

最后有一段赵廷喜(第四个叛徒)与杨靖宇的对话。赵廷喜说:"我看还是投降吧,如今满洲国不杀投降的人。"赵廷喜哪里知道,岂止不杀,如果杨靖宇投降,日本人还打算让他出任伪满洲国军政部长,利用杨靖宇的影响制服东北抗联。只剩自己一个的杨靖宇沉默了一会儿,对赵廷喜说:"我们中国人都投降了,还有中国吗?"这句话真是震人心魄。冰天雪地之中,四面合围之下,杨靖宇用周身沸腾的血性和整个生命,极大地表现出中国人惊天地、泣鬼神的人性。今天之所以还能有中国,就因为有杨靖宇这样的共产党人,在最黑暗、最困难、最无助、大多数人万念俱灰的时候,仍然在用他们的灵魂,用他们的血性,支撑着中华民族的脊梁。

上述职业精神,包括对职业责任和职业使命的认识与理解,也包括职业观念、职业态度、职业情感、职业作风的认识与理解。总之,这些是构成职业精神的基本内涵。作为在校的士官生还不可能理解士官职业精神的全部,但对以下几个方面应重点把握并在学校中注意养成。

1. 奉献精神

军人这一称谓总是和牺牲奉献连在一起的。作为军人,如果没有牺牲精神,就没有战场上冲锋陷阵的搏斗与厮杀,就没有死的壮烈和生的呐喊。从金戈铁马的古代战争到显示核威力的现代战争,军人的牺牲构成了一幅幅悲慨豪壮、动人心魄的历史画卷。然而,军人的奉献不仅仅是在流血的疆场。在安居乐业的和平年代,仍有这样一群军人,他们扎根在荒无人烟的丛林里,跋涉在空气稀薄的高原上,坚守在风寒暑热的哨所中,与野猪为伴,与山鸟为邻,在祖国九百六十万平方公里的土地上,这样的军人有成千上万。他们远离了城市喧嚣,割舍了人间亲情,在天涯,在海角,在雪线以上,在荒岛之间,挺立起他们那庄严肃穆,孤独而美丽的身躯。

2. 使命(责任)精神

使命多比喻为重大的责任。一个人既受命而承担了重大责任,就应该敬畏使命,真正把使命作为一个非完成不可的任务,真正把使命作为自己孜孜不倦的追求。受领使命不怀疑,执行使命不抱怨,敬畏使命不消极,落实使命不懒散,完成使命不含糊。敬的是使命的责任,畏的是使命的神圣。敬畏确立信心,敬畏产生力量,敬畏明晰方向。敬畏是完成使命的前提,反之,缺乏这种意识,一开始就把使命当作儿戏的人,是绝对不可能圆满完成使命的。使命精神就是要避免找借口推卸责任,视工作为生命的本能,把工作做到最好。心怀使命将使你赢得一切,使命精神体现了一个人以做事业的态度对待职业,把自己的职业当成自己的事业,认真对待每天的工作,认真做好每件工作的每个环节,在完成任务的基础上,多一些创新的意识和创新的实践,把自己个性魅力注入工作当中,通过工作展现自己的魅力。使命精神与责任意识密切相连。使命与责任是一对双胞胎,使命的完成相当一部分归因于是否愿意主动承担自身的责任。责任心不仅体现在使命的成败,也决定着人生的成败,它是一种意识,一种动力,能够激发勇气克服困难,发挥超常的作用。有责任心的人,不论处在什么样的职位,什么样的工作,其工作和人生都是快乐而成功的,而没有责任心的人,处在任何位置,也只能在计较和抱怨中遗憾完成自己的人生。

3. 主动(进取)精神

一家公司挑选一位管理人员,经过考核,旗鼓相当的有6人,总经理发话:他要一个个地"面谈"。第一个叫去与总经理面谈的小伙子在走进总经理室时,看见一把扫帚横在地上,他因为急于要见未来的上司,便对那扫帚视而不见,一步跨了过去。后来的几个人都和第一个人大同小异。只有最后一个人从容地把地上的扫帚拾起来,轻轻放到一边。最后的结局大家已经清楚:这位拾起扫帚的应聘者成功了。

对于总经理来说,横在地上的这把扫帚其实是一件测试应聘者综合素质的"道具"。因为最后这位应聘者不但懂得要做好自己的分内事,而且懂得对于分外事也应当妥善处理,他的文明程度高过其他人,所以他成功了。

这个案例从一个侧面说明了一个人的主动精神无时无刻不在影响着一个人的思维、态度和行为,只有主动做好每一件看似平常的小事,才能使自己成为一个受欢迎的人,一个有所作为的人。主动就是不用别人说就会出色地完成任务。它指的是随时准备把握机会,展现自己高于他人要求的工作表现,以及拥有"为了完成任务,必要时定会有所突破"的智慧和判断。主动不需要任何借口和理由,主动是要自动自发地去完成任务。

服从命令是军人的天职,但在瞬息万变的现代战场上,在没有办法得到上级命令的前提下,军人应该在上级总意图的指导下,发挥主观能动性,捕捉一瞬即逝的战机,为战争的胜利作出应有的牺牲。

4. 敬业精神

敬业是职业精神的重要实践内涵,是一个人对自己所从事的职业的尊敬和热爱。敬业本质上是一种文化精神,是职业道德的集中体现,是从业者希望通过自身的职业实践,去实现自身的文化价值追求和职业伦理观念。职业精神所要求的敬业,承载着强烈的主观需求和明确的价值取向,这种主观需求和价值取向构成从业者实践活动的内在尺度,规定着职业实践活动的价值目标。白求恩大夫的行为体现了敬业以及对工作极端负责任、对同志和人民极端热忱的职业精神;雷锋"钉子"精神的内涵则是正确对待平凡的工作岗位,默默无闻地钻研和奉献。《致加西亚的信》一书中,罗文身上体现的是军人的职业精神,其精神内涵就是高度的责任感、敬业和忠诚。

《致加西亚的信》的梗概是:美西战争爆发后,美国必须马上与西班牙反抗军首领加西亚将军取得联系。加西亚将军隐藏在古巴辽阔的崇山峻岭中——没有人知道确切的地点,因而无法送信给他。但是,美国总统必须尽快地与他建立合作关系.怎么办呢?

有人对总统推荐说:"有一个名叫罗文的人,如果有人能找到加西亚将军,那个人一定就是他。"于是,他们将罗文找来,交给他一封信——写给加西亚的信。罗文如何拿了信,如何在3个星期之后,徒步穿越一个危机四伏的国家,将信交到加西亚手上,这些细节都不是我们现在需要关注的,我们强调的重点是:罗文接过信后,并没有问:"他在哪里?""我怎么送到?"而是立即采取行动,全心全意去完成任务——"把信送给加西亚"。

这是一种强烈的敬业精神——对上级的托付,不讲价钱,不讲条件,不讲困难,用自己的全部身心去完成任务。作为士官生我们所需要的不仅仅是学习书本上的知识,也不仅仅是聆听他人的种种教诲,而是更需要一种敬业精神的培养与领悟。敬业精神是现代社会所倡导的,也是所有单位生存所必需的。

5. 勤业精神

古人说"业精于勤"。职业精神必须落实到勤业上。毛泽东在《纪念白求恩》一文中对"勤业"给予了充分的肯定和高度的评价。他指出"白求恩同志毫不利己专门利人的精神,表现在他对工作的极端的负责任,对同志对人民的极端的热忱。"白求恩同志"以医疗为职业,对技术精益求精,在整个八路军医务系统中,他的医术是很高明的。这对于一班见异思迁的人,对于一班鄙薄技术工作以为不足道、以为无出路的人,也是一个极好的教训。"勤业,一个很重要的方面是树立精益求精的作风,中国道家创始人老子有句名言:"天下大事必作于细,天下难事必作于易"。意思是做大事必须从小事开始,天下的难事必定从容易的作起。海尔总裁张瑞敏说过,把简单的事做好就是不简单。伟大来自平凡,往往一个企业每天需要做的事,就是每天重复着所谓平凡的小事。一个企业有了再宏伟、英明的战略,没有严格、认真的细节执行,再英明的决策,也是难以成为现实。"泰山不拒细壤,故能成其高;江海不择细流,故能就其深。"可以毫不夸张地说,现在的市场竞争已经到细节制胜的时代。不论是从企业的内部管理,还是外部的市场营销、客户服务,细节问题都可能关系到企业的前途。很多人决不缺乏聪明才智,缺的就是对"精细"的执着。做事就好比烧开水,99℃就是99℃,如果不再持续加温,是永远不能成为滚烫的开水的。所以我们只有烧好每一个平凡的1℃,在细节上精益求精,才能真正达到沸腾的效果。从点滴做起,以认真的态度做好工作岗位上的每一件小事,以认真负责的心态对待每个细节,烧好每一个平凡的1℃,才能最终达到成功的目的!

6. 勇敢精神

中国历史上,无数英雄人物以自己的实际行动谱写了大勇之师,铸就了中华民族的勇敢精神。抗日战争、解放战争、抗美援朝战争无不有英雄的血迹。新的历史时期,我们要发扬光大。

7. 坚毅(坚韧、刚毅、果断)精神

坚毅是一种坚持、是一种战场上百折不挠的精神,是对终极目标的高度关注,是最终取得胜利的法宝。坚毅品质是近十年来心理学领域的研究热点,它与个体成就显著正相关,能较好地预测军人在部队中的表现。影响坚毅品质形成的主要因素有体验、兴趣、认知与行为以及努力外化的习惯等。我们认为,积极探索"军(军事训练)心(心理训练)"相结合的军事训练模式,将坚毅品质心理训练有机融于军事训练并贯穿于体能训练全程,同时注重坚毅品质心理训练与技战术训练及完成重大军事任务相结合,并尝试在军事训练中增设坚毅品质心理训练专项,能够培养官兵勇敢、坚定、顽强等优良心理品质,在全面加强练兵备战的过程中锻造高素质专业化新型军事人才,从而更有效地提升军队战斗力,完成新时代党和人民赋予军队的使命任务。

第三节　士官职业素养培养

随着高技术在军事领域的广泛应用,现代战争与历史上的任何一场战争的样式、规模、强度等诸方面都发生了深刻的变化。战争的残酷性和复杂性不仅对军事战略、战役、战术及技能等提出了高要求,特别是对军人的素质要求更高。素养是由思想、品德、知识、能力、体力、心理等各种要素构成的统一体,在现代战争中,每个军人只有具备很高的素质和能力,才能承受艰苦复杂多变的作战负荷,充分发挥军事技术、战术水平,最终赢得战争的胜利。对士官来说,当前特别要注意以下三种素养的培养。

1. 英勇顽强的精神品质

士官人才并不是操纵武器的机器,他们是战争的主体,并且战斗在军事活动第一线。

当战争成为更高层次上知识、能力、智慧、意志的较量的时候,它要求我们的士官将人文知识内化,升华为信仰、忠诚、荣誉、责任等核心价值观,外化为英勇无畏的精神品质和一往无前的战斗气概。在交战双方物质力量均等的情况下,以优秀的人才素质凝聚而成的精神力量战胜对方。尤其是在心理战、舆论战、信息战等新型战争形态中,对其软杀伤的有效的防御就是建立起内心的铜墙铁壁——坚不可摧的意志。

2. 一往无前的心理品质

现代高技术战争和高技术条件下的军队建设,对军事人才心理素质的要求不仅越来越高,而且十分全面。军事人才只有头脑清醒、具有自我控制能力,才能保持理智的正常性,达到不惑的境地。具有较高心理素质的军事人才,在任何情况下,都应是胜不骄傲,临危不乱,逢难不惧,遇激不动,处变不惊,坚定沉着,保持稳定的情绪。

残酷的战场环境,对军人形成了较大的压力,没有一定的生理和心理训练是难以承受的,通过强化体能训练,可以达到增强身体素质和心理承受能力的目的。海湾战斗 42 天有 38 天狂轰滥炸,甚至可以在 14 小时之内实施三次大空袭,日平均空袭飞机 2 000 架次以上,最多时高达 3 000 架次,进行了 100 小时连续地面作战,已将士兵持续高强度的身体负荷和精神紧张表现得淋漓尽致,没有一定的心理承受能力是无法坚持的。

3. 坚不可摧体能品质

在军人的诸项素质中,体能素质是人一切素质的基础,是现代战争军人必备的素质之一。随着当代科学技术的飞速发展,高科技武器装备广泛应用于现代战争,它不仅大大改变了战争的基本样式,也使得现代战争更加激烈和残酷,战争的节奏大大加快,战争的强度大大增强,对军人体能的要求不但没削弱,反而变得更严、更高、更专、更精。在战争中,官兵体能素质的高低将直接关系着对抗双方力量对比的强弱。海湾战争中,多国部队除了依靠精良的高技术武器外,其较高的训练水平、高质量的官兵体能素质是战胜伊军的重要因素;而伊军手中也不乏高技术武器装备,但由于官兵素质太低无法正确使用,导致了战争的失败。实践证明,高技术的武器装备必须要由具有高素质军人使用,才能发挥其应有的效能。现代高技术战争,比以往任何形式的战争都更加复杂,其作战范围、发展速度、激烈程度是以往任何战争所未曾达到的。这就要求军事人才的身体健康状况和体魄必须达到一定的强度,能够在各种恶劣的条件下生存和战斗,能耐得住饥渴、抗得住疲劳、经得住战争中各种紧张激烈作战行动的考验,并能够忍受得住伤痛等等。军人在高技术战斗中所需要的速度、力量、耐力、柔韧与灵敏等体能素质是军人在高技术战争条件下的不可或缺的基本素质。

实行士官职业化,讲的是专业、靠的是素质、比的是本事。翻开首届全军践行强军目标标兵风采录,从血性担当砺就空中尖刀的新一代空军飞行员王玉林,到情系强军梦倾心铸利剑的导弹专家谭清泉,从矢志强军逐梦深蓝的"时代楷模"海军 372 潜艇官兵群体,到为铁甲插上信息化翅膀的新型指挥员满广志等,无不是立足战位精研苦练,成为本专业本领域"王牌"和精英。

> **专题小结**

(1) 士官的职业素质主要包括职业精神、职业价值观、职业素养、职业能力。

职业精神体现的是对军人的政治要求,就是要信念坚定、听党指挥,这是对新一代革命军人第一位的要求。主要表现在战斗精神,体现的是对军人的精气神要求,就是要英勇顽强、不怕牺牲。

职业价值观应该体现在:忠诚;奉献;责任;正直;勇敢、进取等方面。

职业素养指的是一个人的基本或潜在特质。这种特征包括精神、生理、情感三个部分。

职业能力主要指实际动手能力、管兵带兵能力、教练示范等能力。

（2）职业精神，包括对职业责任和职业使命的认识与理解，也包括职业观念、职业态度、职业情感、职业作风的认识与理解，这些是构成职业精神的基本内涵。

（3）职业素养是由思想、品德、知识、能力、体力、心理等各种要素构成的统一体，在现代战争中，每个军人只有具备很高的素质和能力，才能承受艰苦复杂多变的作战负荷，充分发挥军事技术、战术水平，最终赢得战争的胜利。

➤ 复习与探索

李旭阁中将著书《原子弹日记》，披露首次核爆种种秘闻

（节录，节摘自国防时报排头兵 2019—10—21 17：36，作者：孙晓飞）

"2012 年，是中国人民解放军建军 85 周年。恰巧，二炮原司令员李旭阁中将也刚好迎来他的 85 周岁。将军卧病在床，但他的新书《原子弹日记》却轻盈地走向了读者，凭借故事背后的力量，震撼了千万读者的心。这是一本什么样的书？将军和原子弹之间有什么需隐藏 40 年之久才得以公开的惊天秘密？带着这些疑问，记者敲开李旭阁司令员的家门，试着揭开往事一角，让共和国功臣李旭阁中将和原子弹之间的神秘过往，得以呈现。"

"……中将的夫人耿素墨告诉记者这样一件事：1986 年，'两弹一星'功臣邓稼先罹患癌症去世后，他的夫人许鹿希悲痛得无法自拔，不仅原封不动摆放着邓稼先生前家里所有物品、书籍和纸条，而且她开始做一件事情，追踪当年到过核试验爆炸中心的'两弹一星'功臣的身体状况。时间不知不觉过去十几年，当首次核试验的主要指挥者和核科学家一一去世后，她发现，他们中间的不少人都是因为身患肿瘤而逝的。在许鹿希统计的名单里，只有李旭阁是所有到过首次核试验爆心人员中的'漏网之鱼'。但 2001 年 4 月，李旭阁也在解放军总医院被确诊为肺癌。'他们那些人，无一幸免！'耿素墨说。"

"采访完毕，耿素墨代替李旭阁将军送给记者一本《原子弹日记》。离开李旭阁将军家，天气还是那么冷。把《原子弹日记》捧在怀里，似乎感觉温暖许多，我想，也许是书里有上亿度的核爆能量；也许是书里有李旭阁将军和那批民族脊梁炽热的报国情怀。而这些，不但会温暖我，也会温暖一个民族，直到未来。"

李旭阁司令员是国家原子弹办公室主任，中国第一颗原子弹爆炸的重要参与者之一，也是毫无畏惧地穿上防护服，戴上防毒面具，登上直升机，飞抵核爆现场的第一人，一直在爆心上空盘旋了 10 多分钟后，完成了所有观察和拍摄，才安全返航。伫立直升机前，留下了一张照片，也留下了中国军人的勇气和豪情。

笔者曾当面听李旭阁司令员对我说：我们一起参加核试验的人，大多因肺癌去世了，如果我不是因肺癌去世，我们就不算"全军覆没"，这种革命英雄主义精神使我震撼。

当年首次核试验的主要指挥者和核科学家明知核辐射的严重性，但明知山有虎，偏向虎山行，这种壮志豪情，为我们留下了什么？

中篇：价值观、性格兴趣引导

专题五　士官价值观及其调整

导引案例5

专家讲课后的讨论

大礼堂里,专家的讲课引起了大家的共鸣:武器的高科技化,战争的现代化,对军人的要求越来越严,标准越来越高。培养一个核动力潜水艇水兵、一个远程导弹发射员,一个特战队队员等,需要多少经费,需要多长时间,这些人已经不是普通的军人,而是高精尖的科技人才,是军事技术方面的专家,现代战争越来越需要这些专家和科学家去打。

接着,专家话锋一转:在我国,把当兵当成终身职业的人少之又少,据一项统计,仅有1.7%的士官服役到34岁以上,绝大多数士官在其职业生涯黄金时期都要退出现役,对军队战斗力的生成影响极大。

课下讨论中,大家议论纷纷,有人说,服役时间短,主要是过去我军编制高级军士岗位太少;有人说,主要是社会对士官职业认可度太低,制约个人对士官职业的选择;有人说,是我们的职业价值观需要不断调整,以适应军队的发展。

大家的讨论,让人深思:让更多的人选择士官作为自己的终身职业,需要制度上的完善,全民国防意识的不断提高,但是,作为士官生本身,坚信自身价值的追求,通过职业价值观的不断修订坚定自己的士官职业选择也是十分重要的。过去,我们研究价值观较多,但研究职业价值观较少,实际上,职业价值观在人们选择职业、形成职业认同感方面具有更重要、更直接的作用,从军队当前的情况看,士官职业价值观教育问题必须进入我们的视野。

职业价值观是个人追求的与工作有关的目标。亦即个人在从事满足自己内在需求的活动时追求的工作特质或属性;它是个体价值观在职业问题上的反映。

价值观是人们在考虑问题时所看重的原则和标准,是人们内在的驱动力。因此,价值观在人们的生涯发展中往往起到极其重要的、决定性的作用,甚至可能超过了兴趣和性格对个人发展的影响。

职业价值观对职业目标和择业动机有着决定性的作用。如果一个人追求的是自我价值的实现,那么他就会选择那种最能发挥自己特长的职业;如果一个人只是一味地追求名和利,那在选择职业时,他就会优先考虑目前所选取职业的地位和经济收入,而没有从长远考虑。

国外有人提出职业选择上的"限制与妥协"理论。该理论认为,人们在遇到环境限制时,在职业选择上通常最先放弃的是兴趣,其次是社会地位,最后是性别角色(即人们传统上认为适合男性或女性担任的职业)。但对中国人的调查表明:他们最后放弃的是社会地位。"社会地位""兴趣"或"性别角色"在人们心目中的重要程度,体现了社会群体的价值观。由于个人是生活在社会群体当中的,所以文化价值观很容易为个人所采纳,从而对个人的生活产生影响。

每个人都有自己独特的价值观,而且不论喜欢与否。重要的不是去评判这些价值的对错,而是去考量它们给自己的职业发展带来的影响,并适时作出调整。

士官生处在建立和形成个人价值观的生涯探索期,有一些犹豫是必然的,重要的是对自己职业价值观进行不断地思考和探索。

本专题重点在于引导士官生对自己的职业价值观进行不断的探索,从职业价值观的角度引导士官生坚定职业选择。

第一节　价值观概述

一、价值观的含义

价值观,是指一个人对周围的客观事物(包括人、事、物)的意义、重要性的总体评价和总体看法。它形成一系列基本的信念,这些信念按在心目中的主次、轻重的排列次序形成一个体系,是决定人行为的基础。价值观是人生的基石,是成功的前提,是行动的准则,拥有正确的价值观意味着一个人可以在大是大非的问题上做出正确的抉择,使之指向一定的目标或带有一定的倾向性。

作为现代士官生,只有拥有正确的价值观,才能健康地成长,才能为社会做出贡献,才能达到真正的成功。这种"成功法则"其实是中国社会几千年来一直提倡和推崇的。例如,《大学》中说:"古之欲明明德于天下者,先治其国;欲治其国者,先齐其家;欲齐其家者,先修其身;欲修其身者,先正其心;欲正其心者,先诚其意。"这段话点明了树立正确的价值观("正心"和"诚意")对于为人处世乃至建功立业的重要性。

价值观是一种内心尺度,它凌驾于整个人性之上,支配着人的行为、态度、观点、信念、理解等,支配着人的自我认识、自我定向、自我设计等,也为人自认为正当的行为提供充足的理由。我们这里考察价值观,一是探讨如何在大学阶段调整自己的价值观,二是探讨在职业选择和职业生活中,优先考虑哪种价值观,三是探讨如何以价值观为指导树立正确的职业理想与职业精神。

二、价值观的特性

价值观是后天形成的,是通过社会化培养起来的。家庭、学校、所处工作环境等对个人价值观念的形成起着关键的作用,其他社会环境也对其有重要的影响。在形成过程中,价值观具有以下特性:

1. 主观性

价值观是个人对一般事物的价值进行评价时所持有的内部标准和主观观念。这种主观观念受每个人的先天条件和后天环境的影响,都带有个体不同的烙印,由于人生经历不尽相同,每个人的价值观的形成也会受到不同的影响。因此,每个人都有自己的价值观和价值观体系。在同样的客观条件下,具有不同价值观和价值观体系的人,其动机模式不同,产生的行为也不同。

2. 选择性

价值观是经过选择获得的。它是一个人反复比较、权衡的结果,这种选择必须是自由的而不是被迫的;是从可选择范围内进行的,选择时必须同时具备其他可选择的内容;是经慎重考虑后的选择。

3. 稳定性

价值观是人们思想认识的深层基础,它形成了人们的世界观和人生观。它是随着人们认知能力的发展,在环境、教育的影响下,逐步培养而成的。人们的价值观一旦形成,便是相对稳定的,具有持久性。价值观是个体具有的一种相对持久的信念,个体用这个信念可以判断某种行为方式或结果状态的好与坏、适当与不适当、对与错等等,这种较稳定的信念可使个体的行为稳定地朝向某一目标或带有一定的倾向性。

4. 社会历史性

个人价值观是习得的,是长期社会化的结果,不同的社会环境和文化背景使人们形成了截然不同的价值观,因此价值观总是对时代精神的反映,价值观总是与时代的脉搏相呼应。

5. 发展性

价值观在特定的环境下又是可以改变的。由于环境的改变、经验的积累、知识的增长、态度的改变,人们的价值观有可能发生变化;随着人们各方面的成熟、对社会问题理解的加深,各种需要和目标都在发生变化,价值观也在发展变化。

6. 导向性

价值观是人们行为的最基本的内部指针,对行为具有强烈的导向功能。个体价值观的形成,除了选择以外,还体现了个体特定的喜爱和赞赏,并按该选择行事,把它作为生活方式反复履行,因此它是指导各种行为的标准,对行为决策起着指导作用。

7. 系统性

价值观不是孤立地、单个地存在着的,而是按照一定的逻辑和意义联结在一起,按一定的结构层次或系统而存在的。

三、价值观与士官成才

职业价值观在士官成才中具有举足轻重的地位,一个没有正确职业价值观指导的士官,很难在士官的岗位上做出重要贡献。作为士官,正处在职业价值观形成的关键期,树立正确的价值观,对于个人成长、职业选择、社会适应、人生发展都具有十分重要的作用。价值观是个性的核心,对个体行为具有导向作用,影响人们对行为方式、手段和目的的选择。士官的人生价值观是其素质形成与提高的"心理过滤器",任何教育信息被接受、认同和内化,都必须通过个体心理的识别和过滤。"过滤"意味着有选择地取舍,选择的依据来自主体的需要和价值取向。士官的人生价值观是其对人生价值的稳定、综合、持续的看法或取向,是士官价值观念体系中的核心内容,是士官成长的根基。树立正确的职业价值观,对于士官具有特殊的意义,应该从以下三个方面权衡与考虑。

1. 从人生价值的本质及其衡量标准看待士官职业

人生在世,都有个价值问题。有人说人生价值是在享乐的秤盘星上,谁享受得多,谁的人生价值就大;也有人说,人生价值与职位的高低成正比,谁的职位高,谁的人生价值就大;还有人说,人生价值体现在对金钱的拥有上,谁的钱多,谁的人生价值就大等等。然而,更多的人则认为,人生价值不在职位的高低,金钱的多少,而在于奉献,谁对国家和人民作出的贡献大,谁的人生价值就高。

那么,究竟哪一种说法正确呢?这首先要弄清楚什么叫人生价值。

所谓人生价值,就是人的社会价值,它包括两个方面的内容,一方面指个人对社会的责任和贡献,另一方面是社会对个人的尊重和满足。在人生价值中,贡献与索取是辩证的统一,人人都作贡献,才能保证人人都有所索取。只有每个人都努力为社会作贡献,社会才能有足够的物质财富满足个人的需要。如果人们不讲贡献,只讲需求,都去向社会索取,那么这座大厦就会倒塌。另一方面,每个人降生到世间,总是以前辈创造的物质财富作为自己生存的条件,同样道理,他也必须给下一辈人创造出更多的物质财富。如果每个人来到社会只是索取,而没有贡献,那么社会就不能延续下去。如果每个人的贡献正好与他的索取相等,那么人类社会就会停滞不前。只有贡献大于索取,人类社会才会发展。

作为士官职位,即不能获得更多的钱财,也很难达到更高的职位,但是,士官对未来国家的贡献,是任何一个岗位所不能比的,作为军队的脊梁将托起军队远航的风帆。

2. 从士官的岗位特点看士官职业

由于个人的身心条件、年龄阅历、教育状况、家庭影响、兴趣爱好等方面的不同,人们对各种职业有着不同的主观评价。从社会来讲,由于社会分工的发展和生产力水平的相对落后,各种职业在劳动性质的内容上,在劳动难度和强度上,在劳动条件和待遇上,在所有制形式和稳定性等诸多问题上,都存在着差别。再加上传统的思想观念等的影响,各类职业在人们心目中的声望地位便也有好坏高低之见,这些评价都形成了人的职业价值观,并影响着人们对就业方向和具体职业岗位的选择。

通常评价一个职业,可以从三个方面评判:第一,发展因素,包括符合兴趣爱好、机会均等、公平竞争、工作有挑战性、能发挥自身才能、工作自主性大、能提供培训机会、晋升机会多、专业对口、发展空间大等等,这些职业要素都与个人发展有关,因此称之为发展因素。第二,保健因素,包括工资高、福利好、保险全、职业稳定等等,这些职业要素与福利待遇和生活有关,因此称之为保健因素。第三,声望因素,即在社会的知名度、受人尊敬的程度等等,这些职业要素都与职业声望地位有关,因此称之为声望因素。

从以上因素来看,无论在军队锻炼对自己的发展、工资、福利、待遇,还是社会上对军人的尊崇,士官职业都是一个不错的职业。特别是军队要求士官是一个技术+管理+素质的全面人才,不是每一个人都能成为一个优秀的士官,这种个人素质与士官岗位匹配的自豪感,只有优秀士官才能感受到的,至于经过部队的磨炼,对人生的发展具有的重要意义,只有过来人才能理解,当兵热、士官热从一定角度说明了这一问题。

3. 从士官的职业对人生的发展看士官职业

革命军人不同于一般的社会成员,牺牲和奉献往往要比一般社会成员大得多。军中有句名言"怕死不当兵,当兵不怕死",军人一穿上军装,就以打仗为职业,以武器为伴侣。在战场上,"死神"随时威胁着每个人,如果没有牺牲精神,是难以经受残酷战争考验的,更不会为国捐躯。在和平时期,军人执行军事训练、战备执勤、维护社会安定、抢险救灾等任务,也同样面临着生与死的考验。在生与死的抉择面前,毫不犹豫地把生的希望让给了别人,把死的危险留给了自己。正是种环境,造就了军人特有的品质,而这种品质,往往使军人终身受益,很多人参军入伍,就是从"锻炼"的角度去思考,从人生发展的角度去选择。从当前的实际来看,许多调查显示,人们的职业价值观越来越重视发展因素,而对保健因素和声望因素的重视程度则因人而异,差别较大。

第二节 价值观调整

一、价值观分类

价值观是一个多元化的复杂系统。该系统包含许多成分,每个人或多或少都具有各种成分,只是强弱相对不同、主导价值观不同。学者和专家从不同的侧面提出了不同的分类方法,以下是常见的两种分类方法:

1. 斯普郎格的分类

德国哲学家斯普郎格提出了六种类型的价值取向:经济的、理论的、审美的、社会的、政治的和宗教的。这一理论影响很大,心理学家 G. W. 奥尔波特等人据此编制了《价值观研究量表》,用于测量和研究价值观。下面是六种价值观取向的人的特点:

经济型:强调有效和实用,追求财富,具有务实的特点,对有用的东西感兴趣。

理论型:具有智慧、兴趣广泛、求知欲强,富于幻想,重视用批评和理性的方法去寻求真理。

审美型:追求世界的形式与和谐,以美的原则如对称、均衡、和谐等评价事物。

社会型:强调对人的热爱,热心社会活动,尊重他人价值,利他和注重人文关怀。

政治型:追求权力、影响和声望,喜欢支配和控制他人。

宗教型:认为最高的价值是统一和整体,相信神话和命运,寻求把自己与宇宙联系起来。

斯普郎格的分类及据此编制的《价值观研究量表》,可用于测量和研究价值观,从而树立适合社会的职业价值观。

2. 米尔顿·洛克奇的分类

美国社会心理学家米尔顿·洛克奇将价值观分为两大类:终极性价值观和工具性价值观,每一类由18项价值信念组成。终极型价值观:一种期望存在的终极状况,偏重人对于生命意义及生活目标的信念,他是一个人希望通过一生而实现的目标。工具型价值观:偏爱的行为方式或实现终极价值观的手段,偏重人对生活手段的想法及行为方法的信念。洛克奇编制的"价值调查表"用来测量工具性价值观和终极性价值观中诸因素的相对强度。

他提出了两类价值系统:(1)终极性价值观,内容有:舒适的生活、兴奋的生活、成就感、世界和平、美的世界、平等、合家安宁、自由、幸福、内心平静、成熟的爱、国家安全、享乐、拯救灵魂、自尊、社会承认、真正的友谊、智能;(2)工具性价值观,内容有:有抱负、心胸宽广、有才能、快活、整洁、勇敢、宽恕、助人、诚实、富于想象、独立、有理智、逻辑性、钟情、服从、有教养、负责任、自控。"价值观调查表"中,每种价值后都有一段简短的描述。施测时,让被测者按其对自身的重要性对两类价值系统分别排列顺序,将最重要的排在第1位,次重要的排在第2位,依此类推,最不重要的排在第18位。该量表可测得不同价值在不同的人心目中所处的相对位置或相对重要性程度。这种研究是把各种价值观放在整个系统中进行的,因而更体现了价值观的系统性和整体性的作用。米尔顿·洛克奇的分类,有助于我们进行价值观调整,从而确立科学的价值观。

二、价值观调整

很多士官生价值观没有明确,没有分析过什么是对自己最重要的,只是人云亦云,跟着潮流走,结果给自己的人生带来很多困扰。为了拥有一个高品质的人生,我们必须要明确和调整好自己的人生价值观,使自己拥有真正想要的生活方式。那么,我们如何明确和调整价值观呢?运用米尔顿·洛克奇的分类调整好自己的价值观,对于士官生成长具有十分重要的意义。

1. 分清终极性价值观和工具型价值观

有人认为一生中对他很重要的是家庭、朋友或金钱。而这三项都不是一种感觉,它们都属于工具型价值观。任何人一生中所追求或逃避的都是一种感觉。我们所要的不是家庭、朋友、金钱等这些外在的表面事物,而是这些事物所能带来的感觉。你所要的可能是家庭给你带来的爱、幸福、快乐;朋友给你带来的关心、肯定、协助;金钱给你带来的安全、自由等等的感觉。这种背后的感觉,我们称之为终极型价值观。这两类价值观有着非常重大的区别,而很多人并不了解,所以他们的人生过得非常没有方向,享受不到快乐。其实,我们所追求的不是这些表面的东西,而是这些东西背后所带给我们的一种感觉,而大多数人都是在穷其一生去收集那些大大小小的"工具",以为拥有了这些"工具"就等于是幸福、快乐、成功,却忽略了内心真正的需求。很多人终其一生都是在追求金钱、住房、汽车,由于这些无法达到,就觉得不如意、不幸福,以至于走向颓废,找不到成功的感觉。实际上,感觉是一种终极的心境,而金钱、住房、汽车只是达到这种心境的工具而已。工具只是阶段性的事物,它与幸福、快乐并不能画等号。"工具"缺乏的"蚁族"一样觉得快乐、幸福,朝气蓬勃地去追求理想,关键在心境。其实,我们可以积极主动地拥有我们想得到的那些终极型价值观,把追求心灵的幸福与快乐、国家安全与富强作为自己的目标,而不被一些蛊惑人心的外在事物所迷惑,就可以获得心灵的自由与和谐,就可以找到自己事业的立足点。当然,工具型价值观和终极型价值观二者应是相辅相成的。在达到终极价值的过程中,我们需要通过工具型价值观修炼自己。同时,我们也不能完全排斥工具型价值观,某些工具型的价值观,如诚实守信、勤俭节约等,虽然不能直接达到心灵满足的感觉,但对自我和社会有益。

2. 定义好自己的价值规则

价值规则,通俗地讲,就是对价值观的定义,即个人对价值观的认识,它可能成为一个人的行为准则。人的一生,到底什么原因让我们经常觉得不愉快?这些负面情绪从何而来?事实上,这些情绪就来自于那些我们自己所设定的规则。这些规则就是我们对价值观的定义,比如，一个人追求成功，那么他对于成功的定义是什么呢？也就是他认为什么事情发生时，才觉得成功？这就是"成功"这一价值观的规则。两个人可能会拥有同一种价值观，但是他们对于这一价值观的定义即"价值规则"未必一定相同。比如，对于成功，有的人的价值规则是要挣到1 000万元才等于成功，而有的人却认为只要每天活得健康、快乐就成功了。这是对同一个价值观的两种完全不同的定义，也可以说是完全不同的信念。在这一价值规则的指导下，这两个人的生活会一样吗？每个人对每种价值观的规则都有所不同。你对价值观所定的规则越简单，越容易达成，那么就越容易符合你的价值观而得到你想要的感觉，你的人生也就越容易幸福快乐。同时你的价值规则也尽量不要受他人或被其他外在力量所掌控。在我们的生活中，若对一些重要的价值观所定下的价值规则太过苛刻，使得我们很难达成，甚至永远都无法达成，那么这些规则也就成了我们人生中的包袱与限制了，需要进行修正或调整。

　　某人对自己追求的价值观定义如下：

　　成功：毕业十年内赚到500万，有房有车无房贷。

　　成就感：自己努力，别人肯定，领导喜欢，达到目标。

很显然，第一条太严格而无弹性，10年达不到就找不到幸福的感觉，这是一个常人难以达到的目标，也是一个可能永远达不到的"成功"。第二条在肯定自己努力的同时，把对成就感的评价交给了他人，自己很难掌控，因此可能很难找到成就感。

　　从这个例子，我们可以感受到：对价值观所定的规则愈简单，愈容易达成，那么就愈容易符合你的价值规则而得到你想要的感觉，你的人生也就愈容易幸福快乐，我们切不要作茧自缚，把自己关在痛苦的笼子里。要学会在过程中拥有，使你在快乐中一步一步达到目标，每时每刻都享受幸福。你的价值规则也最好尽量不要受他人或外在所掌控，意即必须要他人对你做些什么才能让你有某些感觉，因为你要随时都能完全掌控他人的行为并非那么容易。幸福的决定权要掌握在自己手中。

　　3. 树立多元的成功观

　　士官生树立多元的成功观应注意以下四个方面：

　　（1）成功是多元的，不能用一种模式判断。我们往往用一种标准衡量成功，这是"伟人成功学"，每个人的成功都是个性的、独特的，我们要走出自己成功的道路，结合自己的特点，活出自己的人生。成功之路有许多条，成功的定义也有许多种，只要在理想的指引下，真正做了自己想做的事，真正实现了自己的人生价值，就是一种成功，就应该为此感到自豪和快乐。一元化的成功标准会让许多人失去正确的奋斗方向，而应主动选择最适合自己的成功道路。

　　（2）成功是自己的，不能生活在别人的标准里。不要总是去羡慕别人的成功，不要总拿别人的成功复制自己，你最需要的是把自己的生活过好、工作做好，把自己的道路走好。成功就是不断超越自己，就是"做最好的自己"。一个成功的人，是能不断完成自己目标的人。成功是一个广泛的话题，用事业有成或金钱来衡量一个人是否成功已经不被许多现代人所接受，每个人都有自己的观点，但成功的人一定是可以不断完成自己目标的人。我们不要去和别人比，这样很容易让我们偏离自己的目标，到头来空自后悔。我们只需按照自己的计划一步步行动，当完成了一个个目标时，我们已经是一个走向成功之路的人了。

　　（3）成功是持续的，不能只用最终结果衡量。成功是一个过程，我们不能只注意结果而不注意过程，毕竟成功需要相应的环境与条件，今天的努力可能会成为明天成功的条件。也不要忘记，成长与成功密切相连，成长是一个寻找自己的过程，是让自己的心灵有一个空间去向某一个目标伸展的过程。成功在人生当中可能只是昙花一现，但是成长是一个持续的过程，成功很大程度上依靠外在和别人对你的评价，但成长却是内在的，你可以真实地感受内心的愉悦，一旦成功，你可能会担心失去，但如果你成长了，就没有任何人可以剥夺，有时失去成功的速度比退潮还快，但是缓慢的成长却可以让你充满自信。如果我们这个社会能够把人生成长的过程作为一种成功的标志，那么我们每一个人都可以是成功者。那么成功的定义也将不再那么狭隘，成长的过程也将会是一种成功。

（4）成功是心灵的，不能只用外在因素判断。曾经风靡一时的成功学，其核心观点在于认为成功是一种客观现象，有规律可循、有方法可依，搜集成功的实例、分析成功的过程、总结其中的规律，就能得到具有普遍意义的成功方法，只要重复这个方法，就必然有特定的成功结果出现，亦所谓"复制"。但是，现在蔚然成风的"心灵学"似乎有着与之极为近似的思考模式，只是把"成功"替换为"幸福"，将外在的追逐转换为内在的探寻。只要你依循而为，幸福似乎触手可及。有人问了这么一个问题：孔子是否成功？孔子的时代是春秋乱世，他的成长背景是平凡而穷困的，它没有达到当时显赫的位置，也没有我们现在所推崇的"重大成果"。如果孔子算成功的话，他只是在一切不利因素的考验之下，激发了生命的潜能，展现出"人"的完美典型。他的言论以及具体行动，并无神秘色彩，因而是人人可以向往与师法的，并且只要持之以恒，也将产生让人满意的效果。如果这种内心充实的人生模式可看作成功，那么，它是心灵的。"成功学"的流行反映了现代人对财富、地位的渴求，"心灵学"的出现则映射出人们对内在幸福、身心和谐的关切。从"成功学"到"心灵学"，这将是当代社会心理的一个重大转向，也是我们可以借鉴的。

第三节　职业价值观

一、职业价值观的定义

职业价值观是职业人生的方向标，它的确定无论是对个人还是对社会都至关重要。职业价值观是一个人对各种职业价值的基本认识和基本态度；它表明了一个人通过工作所要追求的理想是什么：为了钱，为了权力，还是为了一种情感关系等等；它是人们在选择职业时的一种内心尺度。职业价值观包括正确的职业价值取向、科学的职业理想、合理的职业价值目标和科学的职业发展观。它对促进我们个人的全面发展和未来职业发展都具有重要作用。职业价值观是影响人员职业选择的核心心理因素，对这一问题的深入探讨对于引导人们转变择业观念，树立正确的职业价值观尤为重要。职业价值观作为价值观的重要成分之一，表现出内涵的丰富性、层次的多样性、个体体验的差异性等特点，是一种非常复杂的心理现象，与人的需要、目的、态度、信仰等有着广泛的联系。职业价值观受到文化价值观与社会价值观影响，是一般价值观在职业生活中的投射。

二、职业价值观分类

每个人在工作时，都有自己在乎的部分，这就是个人的职业价值观。它对于我们面临职业选择或选定未来一生的目标时,具有很大的影响力。从1951年开始,就有许多学者投入"职业价值观"的研究当中,目前可归纳出以下十五种基本的职业价值观:

(1)利他性:工作的目的或意义就是提供一个机会,让自己为他人或社会尽一份心力。

(2)美的追求:致力使工作或这个世界更具美感,更有艺术品位。

(3)创意的追求:不墨守成规,欣赏与众不同和别出心裁,追求工作的创造性。

(4)智慧的激发:工作的目的或价值在于提供独立思考、学习成长和找寻规律的机会,通过调研、思考来解决问题。

(5)独立性:看重以自己的方式或步调来开展工作,工作时不希望被过多的干涉或指导。

(6)成就感:能看到自己工作的具体成果,这些成果能得到自己内心的认可,或者得到别人的赞赏,并因此获得精神上的满足。

(7)声望:做这份工作的目的或意义是提高个人身份或名望,这种声望是来自于他人的敬佩,而非来自权力与地位。

(8)有管理的权力:指挥别人做事,通过组织赋予的权力来统筹、分配、组织、监督工作进度及其他员工。

(9)经济的报酬:看重经济回报,希望获得优厚的酬劳,使个人有能力购买他所想要的东西。

(10)安全感:看重工作能提供安定生活的保障,工作很稳定,即使经济不景气时也不受影响。

(11)工作环境:看重工作环境,包括舒适的物理环境,更包括融洽、和谐的精神环境,期待个人身体、心灵在舒适的环境下工作。

(12)与上司的关系:看重能与主管、领导平等、融洽地相处。

(13)与同事的关系:能与志同道合的伙伴一起愉快的工作。

(14)变化性:看重工作丰富多样的变化性,让人挑战不同的工作内容。

(15)生活方式的选择:工作和生活是平衡的,工作不会影响到生活质量。

当然,我们不能期望用一个固定的标准把人的职业价值明确而具体的划为哪一类,因为价值观往往是一个系统。同时,随着形势的发展,人们的职业价值观也在不断发展。

三、士官职业价值观调整需把握的几个原则

士官职业价值观不仅是士官价值观的重要组成部分,而且是极其活跃、极不稳定的部分,随着社会的发展而不断变化。我们在不断修正自己的价值观的时候,要把握以下四个重要的方向:

1."功利"向"发展"转变

功利性价值观首先考虑的是个人利益,很少考虑社会需要,追求的是职业的舒适、安逸、实惠、稳定、经济收入的高低,避艰苦、避风险,在职业追求上,受利益驱动的影响,过于追求经济利益,而忽略远大的职业理想,忽视个人的发展,缺乏系统而长远的职业规划。对职业的认识在很大程度上依然停留在谋生的低层次阶段上,未能从人生发展的意义去思考、去规划。而作为士官职业的特点,是对人全面发展的促进,只有时时考虑自己长远的发展,在士官岗位上不断磨炼自己,才能成为一个合格的士官,进而成为国家的栋梁。

2."个人"向"社会"的转变

一个人只有将个人的成才与社会需要紧密结合起来,满足社会需要,才能成为受社会欢迎

的人。如果忽视了从宏观与社会的角度了解自己的职业在社会中所处的位置及未来发展的趋势,这种职业的特点及对从业人员特质的需要,就很难从真正意义上把个人特质同社会的需要、职业的需求相匹配,找到个人与社会的结合点。

作为士官生,应该把服从社会需要、成就事业放在第一位,以实现在士官岗位上的个人—职业—社会的成功匹配,达到人与职业、人与军队的和谐发展。将自己的职业生涯和军队的整体发展结合起来,在追求整体和谐的基础上来规划自己的职业生涯,努力使自己具有为军队服务的思想境界,使自我发展和军队发展相统一,个人价值和社会价值相统一。

我们接触过一些入伍的大学生,由于过分强调自我实现,把个人兴趣、爱好、发展等个人功利因素放在第一位,对理应包含其中的社会价值缺乏必要的考虑,忽视择业的社会责任感。由于没有对军队、对职业的理性认识,必然缺乏良好的职业社会价值观,导致他们既不能很好地认识军队,也不能很好地认识自己。造成自己在发展中受阻。这种不良的职业价值观既影响了社会人力资源的成功配置,也深刻制约了个人在职业上的自我实现。

重视个人价值而忽视社会价值,奉献意识淡漠,国家观念缺乏,必然导致职业价值观念的混乱。我们应该清楚,社会主义市场经济倡导的主流价值取向是在不否定个人价值的前提下,仍要弘扬为国家、为民族的振兴而奉献青春、奉献社会。

3.“金钱”向“意义”的转变

越来越多的人认为有意义的工作正逐步取代金钱成为成功的标准。钱是生存的工具,但是现在许多人想从工作中得到比金钱更多的东西。一个菲律宾人说:金钱可以买到一幢房子,却买不到一个家;金钱可以买到药品,却买不到健康;金钱可以买到娱乐,却买不到幸福;金钱可以买下一个教堂,却买不到天堂。现代人虽然仍然认为金钱重要,但更看重能在工作中得到成长,体现他们的价值,确立他们的领先地位。他们想要充满激情地工作。他们对意义的追求表明今天人们想从工作中得到更多。世界正由“生存”价值转向“自我表达”的价值。活出生命的意义来,成为当代人的梦想,这也应该作为士官人的追求。

4.“安逸”向“奋斗”的转变

过去,许多人对士官职业追求趋于短期化、保守化,把它看作一份安逸、稳定、高薪的工作,在这种思想的支配下,有些人不愿吃苦受累、不愿去基层和落后的地方。而现在,那种甘于吃苦、乐于奉献、为人民服务的崇高的职业追求已逐步在人们心中扎根。士官职业越来越受到社会的青睐。

作为当代士官,应该把“奋斗”作为自己的职业追求,这种“奋斗”不仅仅是个人的奋斗,也更多的包括为军队建设、为国家富强的奋斗。

➤ 专题小结

（1）价值观是一个人对周围的客观事物的意义、重要性的总评价。这种评价在心目中的主次、轻重的排列次序,就是价值观体系。价值观和价值观体系是决定人的行为的心理基础,是世界观的核心,是驱使人们行为的内部动力。它支配和调节一切社会行为,涉及社会生活的各个领域。

（2）我们必须要明确和调整好自己的人生价值观,使自己拥有真正想要的生活方式。事实上,只要我们明确了价值观的定义,深刻地思考过价值观的顺序之后,应该怎样做决定、方向如何,就很明确了。

（3）我们必须对成功做出正确的诠释,应该知道:成功是多元的,不能用一种模式判断;成功是自己的,不能生活在别人的标准里;成功是持续的,不能只用最终结果衡量;成功是心灵的,不能只用外在因素衡量。

（4）职业价值观是人价值观的重要组成部分,是影响个体职业选择与生涯规划的主要因素,能够有效地预测在将来的工作中能否获得工作满意感。价值观测量有助于了解自己的职业价值观。

▶ 复习与探索

（1）拓展案例

有价值的人生

天空蓝得醉人,海面风平浪静。时间还是上午,一个渔夫悠闲地坐在海边,一边抽烟,一边凝视着大海,身旁是他的渔船。他看起来满足而自在,心中了无牵挂。这时,一个大富翁走了过来。

富翁说:"这么好的天气,你为什么不出海打鱼呢?"

渔夫说:"我已经出过一次海了,捕到了好几条大鱼。"

富翁说:"那你为什么不多捕一些呢? 时间还早呀。"

渔夫反问道:"我为什么要捕那么多呢?"

富翁说:"看来你不懂得规划自己的人生。你每天多花一些时间去捕鱼,有钱了去换一条大船,然后雇一些帮手,这样你就可以捕到更多的鱼,赚更多的钱,买更多的船,拥有船队。到时候,你不必把鱼卖给鱼贩子,而是直接卖给加工厂,你所获得的利润会更多。"

渔夫说:"你的设想好像很有意思。但是,我要那么多钱干什么呢?"

富翁说:"有钱还不知道怎么花吗? 最起码你可以造一幢豪华的海滨别墅,悠闲自在的享受日光浴了。"

渔夫笑着说道:"你说得很有道理。但是,我现在不是已经在享受日光浴了吗?"

俗话说:"人各有志。"这个"志"表现在职业选择上就是职业价值观,它是一种具有明确的目的性、自觉性和坚定性的职业选择的态度和行为,对一个人职业目标和择业动机起着决定性的作用。请你谈谈在职业选择上的"志"是什么。

（2）活动练习:价值观想象

① 假如我有一百万,我_____

② 我曾听过或读过最好的概念是_____

③ 我想改变世界的一件事物是_____

④ 我一生中最想要的是_____

⑤ 我做得最好时是当我_____

⑥ 我最关注的是_____

⑦ 我最常会幻想的是_____

⑧ 我想我父母最希望我_____

⑨ 我一生中最大的喜乐是_____

⑩ 我是＿＿＿＿＿＿＿＿＿＿＿＿＿＿＿＿＿＿＿＿＿＿＿＿＿＿＿

⑪ 对我了解的人认为我是＿＿＿＿＿＿＿＿＿＿＿＿＿＿＿＿＿＿

⑫ 我相信＿＿＿＿＿＿＿＿＿＿＿＿＿＿＿＿＿＿＿＿＿＿＿＿＿＿

⑬ 假如我只有二十四小时生命,我会＿＿＿＿＿＿＿＿＿＿＿＿＿

⑭ 我最喜爱的音乐是＿＿＿＿＿＿＿＿＿＿＿＿＿＿＿＿＿＿＿＿

⑮ 最能和我一起工作的人是(可有多项)＿＿＿＿＿＿＿＿＿＿＿

⑯ 我的工作必须给我＿＿＿＿＿＿＿＿＿＿＿＿＿＿＿＿＿＿＿＿

⑰ 我给我子女的忠告会是＿＿＿＿＿＿＿＿＿＿＿＿＿＿＿＿＿

⑱ 最好的电视节目是(可有多项)＿＿＿＿＿＿＿＿＿＿＿＿＿＿

⑲ 我暗地里希望＿＿＿＿＿＿＿＿＿＿＿＿＿＿＿＿＿＿＿＿＿＿

⑳ 在学校里我做得最好时是当＿＿＿＿＿＿＿＿＿＿＿＿＿＿＿

㉑ 假如在大火中我只能保存一样对象,那将会是＿＿＿＿＿＿＿

㉒ 假如我能改变自己一样东西,那将会是＿＿＿＿＿＿＿＿＿＿

专题六　士官性格及其培养

刘邦与项羽

两千多年前的乌江边,霸王项羽怀着壮志未酬的悔恨之情倒了下来,那边的胜者刘邦终于在这一刻结束了楚汉分割天下的局势,打下了这片得之不易的江山。乌江畔流传着霸王的慷慨悲歌。

刘邦与项羽,在历史的烽火台上演绎着可歌可泣的楚汉战争。然而,刘邦最终战胜了项羽?绝不是偶然,而是必然的。

刘邦与项羽在年少时,刘邦几乎可以冠上"不学无术"的名头。刘邦根本不读书,也不肯参加一般的劳动,只是沛县一个小小的亭长,而项氏家族世代为将,项羽少年熟读兵书,在楚汉战争初期屡战屡胜。

两人性格有很大分别,刘邦生性洒脱,貌如长者,善于广纳博众。项羽发怒的时候,"千人皆废",而关键时刻又优柔寡断,与几次绝好除去刘邦的机会失之交臂,最典型的例子当数"鸿门宴"上的"项庄舞剑,意在沛公"。而刘邦善于把握机会,并能随机应变。

刘邦手下猛将如云。刘邦自己也说:吾可用人杰。而项羽却中反间计,气死了谋士范增,失之左膀右臂!

当然,刘邦也有几次差点误入歧途,死里逃生。但刘邦毕竟目光长远,采纳了正确的意见,范增曾对项羽分析:沛公居山东时,贪财,好色;今入关,财物无所取,妇女无所宰,此其志不在小。刘邦克服了致命的缺点,向目标更近了一步。

刘邦入关中时,便"约法三章",不复秦朝暴政,无为而治,这也是汉朝初期推行的"无为政策"。

项羽确实会打仗,也确有英雄气概,项羽引兵渡河作战,破釜沉舟,只留下三天粮食,别的东西都被烧了,以示决心。这种悲壮情怀,相信刘邦是没有的。但有人评论,这只是将军的勇猛,坐在龙椅上的人只需任用这种所向披靡的将军,而无须自己也去像他们那样冲锋陷阵。项羽起事以来,一直用杀人来解决问题。可以想象当时天下的老百姓早已痛恨秦朝杀人的暴政,自是民心所向宽厚的刘邦了。

项羽越战越孤立,到骇下之战,已是四面楚歌。项羽到乌江边的时候身边只剩二十六骑。当然即使被汉军追杀,西楚霸王一行人仍是杀得勇猛,锐不可当。项羽在生命的最后时刻觉得愧对江东父老,拒绝渡江,确实死得英雄。只是项羽至死也不明白自己为什么会输给"明明不如自己的刘邦",高呼:"此天亡我,非战之罪!"

案例讨论:

(1) 你认为,刘邦与项羽各自的优势与不足是什么?

(2) 从这个案例中,试分析才能与性格在人成功中各占有什么地位。

(3) 从这个案例中,你得到那些启示?

从这个案例的讨论中,我们可以悟出很多道理,最起码可以看出:

(1) 性格决定命运,优良的性格是人成功和幸福的基础。

(2) 在一定意义上说,才能与性格相比,性格对于人的成功更具有决定作用。

(3) 人的性格可以在实践中逐步培养。

纵观古今中外历史,有人提出"性格决定命运",这是有一定道理的。士官生人生观、价值观、世界观已经初具规模,每个人的性格在成长的近二十年里已渐渐成型。从我们踏入军营的那一刻开始,社会已把我们当作成年人看待,给予成年人的责任、负担以及信任。但事实上,这个时候,士官生性格仍然处于需要雕琢、修剪状态。生活中,我们应该掌握自己的命运,不断修炼自己,培养优良的性格。

本专题与你一起探讨性格的内涵、性格培养的重要性以及培养的途径;重点介绍与职业选择密切相关的职业性格,引导大家利用职业性格测量方法,更好地了解自己,从而确立适合自己的职业目标。

第一节　性格概述

一、个性的概念

性格是人个性的一部分,要想了解性格,首先需要了解个性的含义。

心理学上,个性是指一个人的整个精神面貌,即具有一定倾向性的心理特征的总和。主要包括:

1. 个性倾向性

个性倾向性是人的个性结构中最活跃的因素,它是一个人进行活动的基本动力,决定着人对现实的态度,决定着人对认识对象的趋向和选择,决定着人奋斗的方向。它以人的需要为基础、以人的世界观为指导,主要包括需要、动机、兴趣、理想、信念、世界观等。

2. 个性心理特征

个性心理特征是个体在其心理活动中经常地、稳定地表现出来的特征,指人的多种心理特点的一种独特结合,他是人与人区别的一个显著标志,主要是指人的能力、气质和性格。其中能力指人顺利完成某种活动的一种心理特征。气质,是指个人生来就有的心理活动的动力特征,表现在心理活动的强度、灵活性与指向性等方面,具有明显的天赋特点,基本上取决于个体的遗传因素。

性格是指一个人对人、对己、对事物(客观现实)的基本态度及习惯化了的行为方式,性格的本质特点是态度体系与行为方式的有机结合。

武汉琴台大剧院的节目已经开始了,俄罗斯杂技团的精彩演出倾倒了观众,剧场中几乎座无虚席,舞台上演员的热情奔放和观众席上的鸦雀无声构筑了一幅和谐的画面。工作人员关闭了剧场入口,以维持剧场的秩序。有四个晚到的观众被挡在入口处。他们以不同的方式表达了自己的想法,采取了相应的处理方式。

A 与检票员争执起来,力图强行进入。

B 跑到楼上去找另一个检票口,力图寻找捷径。

C 心想,先到小卖部转转,中场休息再进去,就去了小卖部。

D 口喊"真倒霉,好不容易看一回,还这么不顺利",转身回家。

从四个人的表现我们可以分析他们的性格特点:

A 直率热情、易激动,心境变化快。

B 活泼好动,反应迅速,注意力容易转移。

C 安静、稳重,情绪不外露,忍耐力强。

D 孤僻、自卑,多愁善感。

从这个案例我们可以看出,每个人对同一件事都有自己特定的态度,形成了自己习惯化了的行为方式。

二、性格的特征

性格是人对现实的态度和行为方式中较为稳定的个性特征,是个性的核心部分,最能表现个别差异,具有复杂的结构。从人整个行为的表现看,人的性格不仅表现在做什么、追求什么、拒绝什么的活动动机和目的上,也表现在怎样做、怎样实现自己所追求的目的、怎样实现自己的愿望或理想的活动方式上。它是态度与行为的有机结合。对人影响较大的性格特征主要包括以下几个方面:

1. 对社会、集体、他人方面的性格特征

这些特征主要表现在自尊心、集体主义、热情、关怀、正直、坦率等,以及与此相反的一些性格特征,如自卑感、缺乏同情心等。每个人的活动都是在集体中进行的,如果这方面的性格不完善,就会在集体活动中无所适从,对将来的工作也会产生负面效应,这是一个重要的性格特征,将决定自己在社会中如何立足。

2. 对劳动、工作或学习方面的性格特征

这些特征表现在以什么态度对待劳动、工作与学习,如何工作与学习。如个人在学习中是否认真、是否刻苦,将直接影响学习效果;是否勤奋、有没有责任心和义务感,将直接影响工作效率。有的大学生对自己担负的工作做得井井有条、整洁而有次序;有的大学生消极、冷漠、懒散、马虎,完成作业草率,做事杂乱无章。在这方面的性格特征中,创造精神非常重要,这种精神使学生朝气蓬勃,具有追求与钻研问题的求知欲。缺乏这种精神的学生则表现出怠惰、消极、得过且过、精神萎靡等特征。

3. 对自己的性格特征

这些特征包括谦虚谨慎与骄傲自满、自尊与自卑、自信与自馁、大方与羞怯、自我批评与自我放纵等。这方面的性格中重要的是大学生能否对个人做出比较恰当的自我评价,大学生能否清醒而准确地认识自己的优点和不足,能否客观地看到自身和他人的差距。这方面的消极评价,将导致成功心理的缺乏;积极的评价可以使自我积极地调整,以更高标准要求自己,以更积极的态度投入社会。

4. 在行动中表现出来的性格特征

这种特征指能根据一定的原则自觉地控制自己的行为,并采取适当的手段克服障碍时所表现的特征。它包括多个方面,如自觉性与盲目性、独立性与依赖性、果断与优柔寡断、坚定与懈怠、自制与放任、沉着与鲁莽、勇敢与怯懦、纪律性与散漫等。

5. 性格的理智特征

指人在理智活动,如记忆、想象、思维等等认识过程中表现出来的态度及行为方式上的特点。理智与非理智,在认识与行为上有很大差别。如在感知方面,有的人细致入微,有的人粗心大意;有的人属于分析型,有的人属于综合型;有的人主动、较少受环境的干扰,有的人被动、易为环境所左右等。

性格特征在一个人身上不是孤立存在的,而是一个统一的整体。性格一旦形成就不易改变,这是性格一贯性、统一性的表现,同时,性格又是在长期的实践中形成的,并且可以通过实践逐步改变,这就为性格的培养提供了依据。因此,大学生对自己的主要性格特征要有所了解,根据自己性格的现状,因势利导,培养优良的性格,调控和改造不良的性格。

三、士官生应具备的性格

在士官生性格修养中,应形成一个人优秀性格的目标,使人自觉地向这个目标前进,产生将性格趋于完美的激情。士官生性格培养的几个着重点是:

1. 自信

自信是指个体对自己持一种积极肯定的态度。自信是成功的第一秘诀,凡有成就、有影响力的人物身上,都表现出强烈的自信。自信心是心理素质中最基础最核心的东西。二战三巨头中美国罗斯福很早半身不遂,行走不便;英国首相丘吉尔,少年时说话口吃,表情木讷;斯大林出身卑微。他们都凭着自己的能力,成了一国军队的最高统帅。一个人的成功与否,关键是相信自己、规划自己、塑造自己、发展自己。美国西点军校一位校友说了这么一句话:"若想在自己内心建立信心,即应像洒扫街道一般,首先应将相当于街道上最阴湿黑暗之角落的自卑感清除干净,然后再种植信心,并加以巩固。"

美国总统罗斯福小时候脆弱胆小,在学校课堂里总显露一种惊惧的表情,他呼吸就好像喘大气一样,如果被喊起来背诵,会立即双腿发抖,嘴唇也颤动不已,回答问题,含含糊糊、吞吞吐吐,然后颓然地坐下来。由于牙齿的暴露,使他也没有一个好的面孔。像他这样一个小孩,自我的感觉一定很敏感,常会回避同学间的任何活动,不喜欢交朋友,成为一个只知自怜的人。

然而,罗斯福虽然有这方面的缺陷,但却有着奋斗的精神———一种任何人都可具有的奋斗精神。事实上,缺陷促使他更加努力奋斗。他没有因为同伴对他的嘲笑而减低勇气,他喘气的习惯变成了一种坚定的嘶声,他用坚强的意志,咬紧自己的牙床使嘴唇不颤动而克服他的惧怕。凡是他能克服的缺点他便克服,不能克服的他便加以利用。通过演讲,他学会了如何利用一种假声掩饰他那无人不知的暴牙,以及他那打桩工人似的姿态。虽然他的演讲中并不具有任何惊人之处,但他不因自己的声音和姿态而自甘失败。他没有洪亮的声音或是威严的姿态,他也不像有些人那样具有惊人的辞令与口才,然而在当时,他却是最有力量的演说家之一。

由于罗斯福没有在缺陷面前退缩和消沉,而是充分、全面地认识自己,在意识到自我缺陷的同时,能正确地评价自己,在顽强之中抗争,不因缺憾而气馁,甚至将它加以利用,变为资本。在他晚年,已经很少人知道他曾有严重的缺陷。在挫折与困难面前,胜利的天平总是向自信的一方倾斜。

2. 坚毅

世上凡有成就的人必定是强者,一切成就与懦夫无缘。在学习和事业面前,只有那些性格坚强、一往无前、不怕挫折、不怕牺牲的人,才有希望达到成功的彼岸。诺贝尔是个亿万富翁,逝世之后建立了举世瞩目的"诺贝尔奖",奖励那些为人类做出重大贡献的科学家、文学家等,但很少有人知道他为了一项发明与死神搏斗的故事。

诺贝尔在发明液体炸药时,为了控制恶性爆炸事故,他敢于和死神搏斗。在一次一次的控爆实验中,他的几个助手和弟弟被炸死了,他的父亲被炸成半身不遂,他自己常常死里逃生,但他还是坚持实验。以至于当时瑞典政府和邻居都称他是"炸神",纷纷前来抗议,勒令他停止实验。诺贝尔没办法,就用一条大船,开到大湖的中央去做实验。终于有一天,一声爆炸以后,诺贝尔血肉模糊地从实验室爬了出来,他狂喊"我成功了! 我成功了!"他为自己掌握了控爆技术而激动得根本忘了受伤和流血……就这样,他发明的炸药,为以后的开矿、修路奠定了基础。

可以这么说,诺贝尔的成就是他用坚强不屈的性格换来的。其实,何止诺贝尔,凡是为人类做出重大贡献的科学巨匠、艺术大师莫不如此,他们的成功都离不开其坚强的性格。坚强与自信像一只大鸟,它会驮起我们上进和腾飞。

3. 进取

拥有进取心,是人生成功必备的心理素质之一。进取心不仅仅是主动去做应该做的事,应该说,进取心是一种"不满足"之心。进取心与"贪婪"是不同的,贪婪是一种对个人利益的不厌追求,进取心则是一种对事业、对人生成功的不断追求。有一篇报道中说了这么一句话:"拥有同样的阳光、空气和水,未必都能长成参天大树,如果没有破土而出的渴望和勇气,永远是一颗深埋泥土中的种子"。个人进取心是一种激励我们前进的、最有趣而又最神秘的力量,它存在于我们每个人的生命中,就像我们自我保护的本能一样。正是进取心和意志力———这种永不停息的自我推动力,激励着人们向自己的目标前进。这种内在的推动力从不允许我们"休息",它总是激励我们为了更好的明天而奋斗。可以说,进取心这种伟大的激励力量,会使我们的人生更加美好、更加崇高。作为士官生,首先,要有"永不满足感"。人生就像爬山一样,你必须有达到山顶的雄心壮志,否则,永远过不了"十八盘",无法爬到顶端。如果你感到"不满足",总有探索的欲望,就可能发现许多可以发展的机会,这些可能性起初似乎是一些模糊的"梦想",但这些"梦想"恰恰由"不满足"而来。可见,"不满足"———梦想———目标———行动———坚持,这一连续过程造就了人类伟大的成功。"不满足"的激情,产生改变现状的进取心,激励我们去追求完美。这既是人们争取成功的最终动力源泉,也是人类进步的奥秘。"进取"能激励人们从弱者变成强者,从失败走向成功,从苦难走向幸福,从贫穷走向富裕。

4. 责任

责任心是指个人对自己、他人、家庭、集体、国家和社会所负责任的认识、情感和信念,以及与之相应的承担责任和履行义务的自觉态度。责任心与义务不同,责任心是非强制性的,是主体内部持有的一种自觉的主动的态度。士官生的责任心可分为国家责任心、社会责任心、学校责任心、家庭责任心和自我责任心五个部分,也可粗分为自我责任心、他人责任心、社会责任心。

首先,自我责任心是基础,它构成了主宰、支撑整个生命的成长,是获取幸福人生的决定因素,倘若缺失了这些因素,人的其他部分的成长和发展就会受到影响和限制。由此可见,人的生命的完整性决定了责任心培养的统摄性,具有了责任心的性格,你就会收获一个金色的人生。我们应当立足于人完整生命的塑造培养自我责任心。一位企业高管说:"一名新员工在一家企业的前程,基本上可在第一个月看出端倪,而其背后的依据就是他对工作的责任心。"事实上,国外已有大量研究证明,使用责任心测量可以较好地预测绩效。在西方发达国家,大部分的企业都使用责任心测验作为管理者甄选、录用、安置员工的依据。这就说明,现在企业在招收新人时,已不再将能力作为唯一标准,而更看重其对工作的责任心,他们认为,能力是可以培养出来的,而责任心则是习惯养成的。有责任心意味着有自信、有条理、有上进心、可依赖、爱思考、追求成功、能够自律。

其次,他人责任心是一个人的入世态度,是一个人在心理和感觉上对其他人的伦理关怀和义务。没有人可以在没有交流的情况下独自一人生活,所以我们一定要有对其他人负责的责任心,这样才能使社会变得更加美好,人与人之间变得更加和谐。他人责任心的核心是同情心,要关心和关注他人的困难。

著名外科医生裘法祖,是武汉同济医科大学老校长,全国著名的"一把刀",他小时候看见路边躺着衣衫褴褛的难民害病呻吟着,痛苦不堪,便问妈妈这些人为什么不去看病,妈妈难过地说他们很穷,没钱看病。小裘法祖很难过,当晚做了一个梦,梦见自己穿上了白大褂,给穷人看病去……谁知他的医学生涯和崇高事业,就是这样在同情心的土壤里、在一次偶然经历中播下了种子。

第三,社会责任心是责任感的最高的境界,是人在社会化过程中表现出来的。社会责任心是指个人为了建立美好社会而承担相应责任、履行各种义务的自律意识和人格素质,是个人通过对社会观点同化、内化而形成的对价值观、良知、信仰等的认同,是个人价值观、态度和信念的表现。

强化士官生的社会责任心,就应该使士官生懂得承担社会责任是其实现自我价值的必由之路。只有全面正确地对待个人与集体、个人前途和社会发展的关系,士官生的自我价值的实现与社会整体利益的实现才不至于对立起来。其实,社会整体利益是个人利益的"源",个人利益是社会整体利益的"流",个人价值要实现,唯一的途径在于推动社会整体利益的发展,在于每个人主动地承担起社会责任。

5. 自立

具有独立性,减少依赖性,这是成才的自我保证。成功者总是自我意识强,相信自己的力量又有主见,能独立处理事情。据说美国许多跨国财团、亿万富翁,一般经过数十年,至多一二百年后,其家族就衰落了,但有个叫洛克菲勒的家族却几个世纪经久不衰,亿万巨富还是亿万巨富。这是什么原因呢？研究他们的家族史发现,他们特别注意培养孩子的独立意识和独立能力,要求孩子自立、自主、自强,以保证不当"败家子",一代代都是如此。从这里,我们可以受到很多启发。

第二节　性格培养

一、士官生性格培养的重要性

人才的标准是什么？这是每个人都在关注的问题。社会发展到现在,把学历和资历作为衡量人才唯一标准的做法已经逐渐被实践所否定。有人说,人能否成才,性格第一重要。古希腊的一位哲人曾说过:"性格就是人生",可见,性格在人生中的重要性。

具有良好性格对于学习、工作、生活中的方方面面都有重要影响。一个具有良好性格的人更有可能成为一个成功的人、一个对社会有用的人。具有了良好的性格特征,也就有了面对生活、驾驭成功的能力。每个大学生都应有这样一双翅膀,在生活的天空自由飞翔！所以,在士官生涯中培养优良性格十分重要。教育的实践证明,人的性格具有很大的可塑性。一个人具有强烈的自觉能动性,就能主动采取行动培养自己的性格。爱因斯坦说:"优秀的性格和钢铁的意志,比智慧和博学更重要。"最新的研究表明,智力的成熟很大程度上是依靠性格而来的,这点往往超出人们通常的认识,但应验了"勤能补拙"的古训。20世纪初,美国心理学家特尔曼和他的助手在25万儿童中选拔了1 528名"最聪明"的孩子,测定他们的智商,调查他们的个性品质,然后一一记录在案,进行长期观察和跟踪研究,结果,在这些被研究对象中,多数人在事业上取得不同程度的成功,成为专家、教授、学者、企业家或有各种专长的人,但也有罪犯、流浪汉、穷困潦倒者。据分析,排除机遇等社会因素外,失败者几乎都存在着某些不良的性格品质,有的意志薄弱,有的骄傲自满,有的缺乏积极进取的精神,有的孤僻而不善于处理人际关系。总之,这些失败者主要是因为非智力因素欠缺,所以他们落伍了,甚至走向了成就的反面。这一研究对我们的启发是很大的,社会上有不少"少年犯"都比较聪明,至少是"小聪明",但他们性格品质不良,结果聪明反被聪明误。根据林语堂原著改编的电视剧《京华烟云》中,曾家3个儿媳妇的3种性格造成了3种不同的命运。大媳妇虽善良老实却极其懦弱,逆来顺受,因而一生悲苦。二媳妇自私、贪婪、嫉妒、冷酷,导致所有的人都厌恶她,同样是悲惨的命运。三媳妇木兰性格最好,她勤劳、善良、开朗、贤惠、富有同情心,顾全大局,所以颇受人尊敬,使他人快乐,自己幸福,家庭美满。可见人的性格与命运紧紧相连。

这些事例说明:性格是一个人非智力心理品质的核心,也是一个人区别于另一个人的独特的心理特征。卓越的人一般是具有良好性格的人。一个人要成就一番事业,仅有聪明才智是不够的。导引案例中的项羽,按照当时的标准,不能说不聪明,但要把聪明才智发挥出来,还有待于良好的性格的支撑;而被认为不聪明的刘邦,由于有相对项羽更优良的性格,从而成就了霸业。所以说,要想成就大事,就必须塑造良好的性格,使自己的聪明才智得以充分发挥。在现代社会,良好的性格不仅可以为成功提供强大的精神动力,有助于克服事业上的各种困难,战胜前进道路上的挫折,有利于增强个人的活动能力,还有利于形成自己良好的人际关系,获得多方面的帮助和支持。

二、士官生性格培养的途径

士官生应调动自己追求完美性格的自觉动力,使对性格的修养变成一种自觉自愿的、持续的、自然而然的行动,变成自己的精神需要。在实践中性格自我培养有以下方法:

1. 充分分析自己的性格

人贵有自知之明,对自己的性格特征进行科学的分析与评价,才能使自己不断地对性格进行磨炼,从而逐渐形成良好的性格。分析的过程,是一个深化自我认识的过程,是性格不断完善与发展的过程。

看一看镜子中的人

查理的工厂宣告破产了,他丧失了所有的财富,成了一个名副其实的穷光蛋,只好四处流浪,像乞丐一样活着。他无法面对残酷的现实,心里沮丧透了,几乎想自杀。有一天,他想到要去见牧师。在牧师面前他流着泪,将自己如何破产、如何流浪给牧师细细说了一遍,诚恳的请求牧师给予指点,帮助他东山再起!牧师望着他,沉默了一会儿说:"我对你的遭遇深表同情,也希望我能对你有所帮助,但事实上,我也没有能力帮助你。"

查理的希望像泡沫一样一下子全部破碎了,他脸色苍白,喃喃自语道:"难道我真的没有出路了吗?"牧师考虑了一下说:"虽然我没有办法帮助你,但我可以介绍你去见一个人,他可以协助你东山再起。""这个人会是谁呢?他真的有神奇的力量让我重振雄风吗?"查理满腹狐疑。

牧师带领查理来到一面大镜子前,用手指着镜子中的查理说:"我介绍的就是这个人。在这个世界上,只有这个人能够使你东山再起,你必须首先认识这个人,然后才能下定决心如何做。在你对这个人做充分剖析之前,你不过是一个没有任何价值的废物。"查理向前走了几步,怔怔地望着镜子中的自己,用手摸着长满胡须的脸颊,看着自己颓废的神色和迷离无助的双眸,他不由自主地抽噎起来。

第二天,查理又来见牧师,他从头到脚几乎是换了一个人,步伐轻快有力,双目坚定有神,他说:"我终于知道我应该怎么做了,是你让我重新认识了自己,把真正的我指点给我了,我已经找到一份不错的工作,我相信,这是我成功的起点。"

这个故事告诉我们,只有对自己的性格不断进行分析与评价,才能使自己不断地对性格进行批判与磨炼,从而逐渐形成良好的性格。

2. 充分发挥集体的作用

一个好的集体是锤炼并完善一个人的大熔炉,只有当一个人长时间地参加良好的集体生活时,性格才能培养起来,尤其对于具有孤僻、冷漠性格倾向的某些士官生来说,集体的作用更为重要。教学实践证明,有益的课外活动能使学生及时发现自己的闪光点,从中找到荣誉感和成就感;良好的师生关系、团结互助的良好氛围能使人形成积极乐观、乐于助人、热爱集体的良好的性格特征;良好的集体舆论环境也能对学生产生积极影响,连队风气是在情感上、行为上的共同的价值观,是一种潜移默化的无形的教育力量,实践证明,良好的班风有助于士官生形成自制、守纪律、坚强勇敢等良好的品质；当在班集体里感受到他人的喜爱、信任、关注、赞扬时，就会获得心理上的满足，激发出向上的力量和信心。这种积极的情感体验能使我们形成关心人、照顾人和朝气蓬勃、积极向上的乐观性格。我们每一个士官生都应投入丰富多彩的集体生活，有目的地培养自己的性格。人的性格会从对集体的态度中表现出来，个人性格的弱点也往往会在集体中表现出来。所以，性格的培养与塑造离不开集体，而且需要在集体生活中汲取思想营养、获得精神动力、接受监督和帮助。因此，我们应该使自己置身于集体的监督之中，主动地、真正地接受集体的帮助和监督，把自己与集体紧紧地联系在一起。

3. 充分发挥榜样的作用

榜样的力量是无穷的。其影响可延续到一个人的性格的各个方面，榜样的力量在一个人成长方面起着重要的激励作用。因此，在性格培养中要注意学习古今中外的优秀人物，从这些优秀人物身上汲取营养。培养良好性格的一个重要途径是培养良好的习惯，因为良好习惯的形成有助于改变性格的内在品质和结构。培养良好的习惯，可依据现实生活中有良好性格的人所具有的特点，取其精华作为自己的目标。要从眼前的每一件事做起，要有锲而不舍、滴水穿石的恒心、毅力和耐心。在榜样的激励下，经过长期艰辛的锻炼和考验，才能实现自己确定的性格培养目标。

4. 充分发挥实践的作用

性格体现在行动中，因而要通过实际行动来塑造，特别要注重在艰苦生活中培养一种乐观向上的精神，培养不怕困难、勇于斗争的生活品格，经过自己顽强的训练，逐渐改变不良性格，培养和形成良好的性格。如由懒惰变为勤劳，由粗心变为细心，由自卑变为自信，由懦弱变为坚强，由骄傲变为谦虚，由急躁变为沉着等。士官生参与实践锻炼对学生的全方面发展有重要的意义，参加社会实践的过程就是与社会接触的过程，在真实的情境中去了解社会远远好于老师的叙述。只有把培养与丰富的社会生活联系起来，参加社会实践以及其他各种有益活动，在吃苦耐劳、努力创造的实践中经受锻炼、获得生活的经验，才能培养出社会需要的人才。

5. 充分发挥自我修养的作用

所谓性格的自我修养，是指个人为了培养优良性格而进行的自觉的性格转化和行为控制活动。自我修养在性格发展的过程中起着重要的作用，它决定着性格的发展方向。古语说："玉不琢，不成器"。人的性格也是如此，不经过认真的自我修养就不可能自然而然地达到优良高尚的境界。那么，应该怎样进行性格的自我修养呢？心理学家认为，要做到以下两个方面：

（1）加强性格自我修养的自觉性。性格自我修养是一种改进和完善自己的自觉行动，所以，有无性格修养的自觉性将决定着这种修养的成效。为了加强性格自我修养的自觉性，首先要对自己的性格缺陷有清晰的认知。因为如果一个人把性格缺陷看成是无关紧要的，那他就会对性格修养失去热情。其次，还取决于人对自己严格要求的程度。鲁迅说："我的确时时解剖别人，然而更多的时候更无情面地解剖自己。"我们应该认识到：

① 性格成熟的进度与性格修养的认真程度成正比；

② 性格的自我修养是一个自觉的性格转化和行为控制的过程；

③ 性格修养的自觉程度取决于对自己严格要求的程度。

（2）加强性格自我修养的坚持性。性格是人从出生之日起，经过许多年的培养形成的。

因此,性格的自我修养也非一朝一夕所能奏效。必须有坚强的意志,并进行持久的努力。在进行性格自我修养时,应时时在意、处处留心,在每件小事上一点一滴地约束自己的言行,在潜移默化中逐步改变自己的不良性格。

我们应充分认识性格培养的渐进性。① 从改变坏习惯到改变性格,是培养良好性格的重要途径。有人把习惯比作人的"第二天性"。实际上,人们性格中的很大部分所表现的正是一个人习惯化了的行为方式。所以,塑造性格的关键在于努力培养自己良好的生活习惯。如果我们能从每一件小事做起,能时时处处做到严谨、认真、有序,久而久之,就养成了习惯,就有了严谨的性格。② 从控制情绪到转化性格。情绪是性格的反映,不同的性格产生不同的情绪。另一方面,情绪对性格也有反作用,也可以感染性格。某种情绪持续的时间越长,对性格的感染作用越明显。比如,情绪冲动、暴躁、易怒,性格则容易被情绪支配,如果能逐步控制冲动情绪,实际上就已经在逐步改变急躁易怒的性格了。③ 从临时到稳定状态塑造性格,培养自己良好的性格。每一种性格在人的身上都表现为两种状态,即临时状态和稳定状态。比如自信心,一种作为性格特征的自信心,一种是完成某一任务的自信心。前者是自信心的稳定状态,后者是自信心的临时状态。无论何人,在一定范围内、一定限度和时间内保持某种性格的临时状态是不难的,我们可以把这作为一个好的起点,并将其保持和积累,逐步将这种临时状态转化为相对稳定的性格特征。

6. 充分发挥意志的作用

如果把成功比作大厦,那么顽强的意志、坚韧不拔的毅力,就是人成才成功的柱石。原子说的创造者道尔顿说:"如果我有什么成绩的话,那不是我有才能的结果,而是勤奋和毅力的结果。"意志对人来讲,甚至比天资聪明更重要。因为,一切创造、发明和事业的成功,绝不是一帆风顺的,要经历千辛万苦,克服重重困难才能实现。俗话说:"宝剑锋从磨砺出,梅花香自苦寒来。"另外,意志也是反常行为,要求克制自己的欲望、爱好,去做自己不喜欢但又必须要做的事,即我们常说的,要战胜自己。高尔基说:"哪怕对自己的一点小小克制,也会使人变得强有力。"古语说得好,"幸福的人不是随意支配金钱的人,而是能随意支配自己的人。"意志使人的行动更为自觉,使其能在活动中独立完成任务。

第三节　职业性格

一、职业性格的含义

职业性格是人们在长期特定的职业活动中所形成的同职业相联系的比较稳定的个性心理特征。例如,有的人对待工作总是一丝不苟、踏实认真;在待人处事中总是表现出高度的原则性,果断、活泼、负责;在对待自己的态度上总是表现为谦虚、自信,严于律己等,所有这些特征的总和就是他的职业性格。比如,如果要从事医生这个职业,那么就需要有悬壶济世、救死扶伤的人道主义精神,需要有高度的责任心和同情心,并要有一丝不苟的工作态度;如果要从事教师这个职业,就要有为人师表和严于律己的作风,同时,还要有爱心。如果没有这些职业性格,不管是做医生还是做教师,都不会是一个好医生或好教师。从事每一种职业都需要具备一定的职业性格,好的职业性格有助于在相关的职业中更好地完成工作。和职业性格相对应,职业也可以分成不同的类型,每一种职业类型都对人的性格有不同的要求。只有达到了这些要求,从事相关的职业,才会有更大的成功机会。为了更好地了解性格与职业的关系,我们看下面一个案例:

发挥性格优势,做到人尽其才

一位老板想让值得信任的甲、乙、丙三位助手分别负责管理财务、推广业务、策划的工作。这位老板想了解三位助手的性格特点,根据性格分配适合的工作,于是他安排三位助手下班后留在公司与他一起研究问题。在这期间,他故意制造了一起假火警,以便观察他们三人各自的性格特点。

在"火警"面前:

甲说:"我们赶快离开这里再想办法。"

乙一言不发,马上跑到屋角拿出灭火器去寻找火源。

丙坐着不动说:"这里很安全,不可能有火警。"

老板通过三位助手各自的行为表现,找到了满意的答案。他认为甲首先离开危险区,可以立于不败之地,表现出了客观、谨慎、稳重、老练的特点;乙积极向危机挑战,抢先救火,忠于公司,表现出了勇敢、大胆、敏捷、果断、敢于冒险的特点;丙对公司的安全早有了解和信心,甚至可能是才智过人,或者早已看出这是一出戏,表现出了沉着冷静、深谋远虑、胸有成竹的特点。老板通过自己的观察,根据他们的性格特征,分别将甲、乙、丙安排在不同的岗位上,发挥他们的性格优势,以做到人尽其才。

甲——财务管理

乙——业务推广

丙——筹划和后勤

尽管这个故事描绘的三个人的性格特征还不足以作为职业选择的依据,但是我们可以看出三个人确有各自的性格特点,而这些特点与从事相应职务所需要的品质有一定的关联。性格与职业的匹配,为我们人才选拔与培养提供了一条可行的路径。

二、职业性格的分类

近年来,一些教育学家和心理学专家将职业性格分为 9 类,可在选择职业时作为参考。

(1)变化型:追求多样化的活动,善于转移注意力和工作环境,喜欢工作内容的丰富性和多样性,喜欢具有刺激性的工作。比较适合从事的职业类型:记者、推销员、演员等。

(2)重复型:可以连续不停地从事同样的工作,能严格按计划或进度办事,喜欢有规则的、有标准的职业,勤恳、踏实、守规矩。比较适合从事的职业类型:各类专业技术工种。

(3)服从型:可以严格按别人的指示办事,不愿自己独立做出决策,喜欢听从上级的指挥,愿意对上级负责。比较适合从事的职业有:办公室职员、秘书、翻译等。

(4)独立型:喜欢计划自己的活动,工作中具有更多的独立性,在独立、较少受限制和富有职责的工作环境中感到愉快,喜欢对将要发生的事情做决定。比较适合从事的职业类型有:管理人员、律师等。

(5)协作型:在与人协同工作时感到愉快,想得到同事们的喜欢,愿意与人交往,具有为他人服务的欲望。适合从事的职业类型有:社会工作者、咨询人员等。

（6）劝服型：对于别人的反应有较强的判断力和敏感性，且善于影响他人的态度、观点和判断，有影响他人态度与行为的魅力。适合从事的职业类型有：辅导人员、行政人员等。

（7）机智型：在危险的状况下能自我控制和镇定自如，能出色地完成任务，平时工作中机智灵活。比较适合从事的职业类型有：商务谈判人员、应急处置人员等。

（8）表现型：喜欢能够表现自己的爱好和个性的工作环境，愿意表现自己。比较适合从事的职业类型：各类艺术工作等。

（9）严谨型：倾向于严格、努力地工作，以便能看到自己付出努力后完成的工作效果。比较适合从事的职业类型：会计师、精算师等。

当然，以上只是一些粗略的分类，实际上，每个人、每种工作需要的个性特质可能有交叉。但无论如何，正确分析自己的个性特点，再结合自己的专业能力状况、实践经验等，在求职、就业竞争中，可以恰当地调整自己的期望值，便于找到自己满意的工作。

三、职业性格的匹配

一份安逸、待遇优厚的工作，对一些人未必合适，一份艰辛、充满挑战的工作，却可能给一些人提供发挥潜能的巨大舞台；一个待遇丰厚却无法提高自身能力的岗位有些人可能趋之若鹜，一个条件艰苦却有较大发展前途的工作却可能得到另一些人的青睐。就业的过程，就是认识自我、评价自我、适应社会的过程。士官生在求职择业中，要科学地认识和把握自我，真正实现人与岗位的匹配。比如，对于公务员职业来说，"有个性"在某些时候可能会给一个人平添一些"性格魅力"，在另一种情况下，"有个性"又意味着一个人无法适应公务员这样的职业环境，无法适应他可能担任的领导岗位。一个人的职业生涯中，从事的工作不可能一成不变。由于不同的工作岗位的内容、环境、前景等都有区别，因此需要大学生不断进行选择、匹配和自我调整，才能最终找准自己最合适的岗位。在选择的过程中，要客观认识自己的个性特点，认识自己的优势和不足，尽量选择适合自己性格的工作。

每一种工作都对从业者的性格有特定的要求。如公众服务人员，一般要求具有亲切、热情、周到、体贴他人的性格；一位工程技术人员，则一般要求具有严谨认真、一丝不苟、精益求精、善于合作的性格。在职业心理中，性格影响着一个人对职业的适应性，一定的性格适于从事一定的职业，一定的职业又要求人具有一定的性格。因此，在选择职业时要考虑自己的职业性格特点。当然，职业对性格具有反作用，如果自己有意从事某一类型的工作，也要有目的地培育相应的性格特点，并在这之中磨炼自己的性格。

第四节　性格分析与职业适应

一、职业选择与适应

职业与性格的匹配对人职业成功的影响很大。这里存在三个方面的问题，一是对职业的选择，选择适合自己性格的职业或岗位；二是对职业的适应，当你选择了相应的职业之后，逐步培养适合职业要求的性格。很多人入伍多年，依然无法适应军队的生活，很重要的一个方面没有找到自己性格与岗位需求的差距并自觉地去培养；三是在使用下属时，注意分析其性格特

点,尽量让其从事他更擅长的工作。实际工作中,注意以下四点:

(1) 我们要充分认识性格在职业生活中的位置。性格是职业发展的领航者,一般而言,性格决定职业的发展,一旦忽略了职业发展中的性格因素而发生性格与职业发展的错位,职业失败在所难免。

(2) 要进行自我性格分析和职业定位。要清楚地了解自身的职业性格,必须要对自身性格进行准确的评估。在过去,用传统的方法测评都不是非常的精确,而现在,可以运用更加先进的专业测评软件,准确地对测评者的个性进行评估。现代的心理测评技术,可以方便地像测量温度一样测量人的个性。一旦对自身的个性有了足够的了解,就可以对自身适合何种职位进行准确定位。

(3) 要努力实现性格与岗位的匹配,每个人都有属于自己的职业轨道,就好比每颗行星都会有自己的运行轨道一样。性格本身并无好坏,重要的是要看与职位的契合度,看我们怎样发挥自己性格的优势,规避性格的劣势,走出适合自己性格的道路。我们要努力选择适合自己性格的职业,铺就好自己的职业轨道。

(4) 要注意职业性格的多面性与可塑性。在职业与性格的匹配中,要克服片面性和绝对化的看法。"多面性"是指某种职业可能需要多种性格的人,许多不同性格的人也可能适合同一职业,在职业与岗位的匹配中,没有绝对的行与不行,而只具有相对的适应性。"可塑性"是指岗位可以塑造自己的性格,我们也可以为了某种自己追求的职业而努力培养自己相应的性格。我们提倡根据自己的性格选择适合的职业,也提倡为了社会的需要从事可能与自己性格不相适合的工作,而在这个过程中努力通过学习和实践培养自己相应的性格。

二、性格分析

对性格的测评,世界上已有了多项研究成果和较为成熟的方法,这里简要介绍全球著名的MBTI 性格测试。MBTI 人格理论始于著名心理学家卡尔·荣格先生的心理类型的学说,后经深入研究而发展成型。

30 年来,这种理论在全球范围得到了广泛的运用,公司利用它进行招聘选拔、人岗匹配、组织诊断、改善团队沟通及人际关系;学生利用它进行职业生涯规划,提高学习、成才效率。这种测试,能有效反映人们的心理特性,主要应用于职业发展、职业咨询等方面,是目前国际上应用较广的人才甄别工具。

这种理论的基本观点是,人的性格倾向就像分别使用自己的两只手写字一样,都可以写出来,但惯用的那只写出的会比另一只更好。每个人都会沿着自己所属的类型发展出个人行为、技巧和态度,而每一种也都存在着自己的潜能和潜在的盲点。根据性格特点,MBTI 把人格类型分为四个维度,每个维度有两个方向,共计八个方面,即共有八种人格特点,具体如下:

1. 我们与世界相互作用方式

我们与世界相互作用方式分为外向(E)与内向(I)。

外向:关注自己如何影响外部环境,将心理能量和注意力聚集于外部世界,愿意与他人交往,例如:喜欢聚会、讨论、聊天,从人际交往中获得能量;喜欢外出,表情丰富、外露,喜欢交互作用、合群、行动多样性(不能长期坚持某项工作)。行为方式上,喜先自由沟通(讲)然后想,易冲动、后悔、受他人影响。

内向:关注内部环境的变化对自己的影响,将心理能量和注意力聚焦于内部世界,注重自己的内心体验。例如:喜欢独立思考、看书,避免成为注意的中心,从时间中获得能量。行为方式上喜静、多思、冥想(离群、与外界相互误解)谨慎、不外露,外在表现为独立、负责、细致、周到、勤奋。

2. 我们获取信息的主要方式

我们获取信息的主要方式分为感觉(S)与直觉(N)。

感觉:关注由感觉器官获取的具体信息,相信看到的、听到的、闻到的、尝到的、触摸到的事物,注重真实的存在;关注细节、喜欢描述、愿意使用和琢磨已知的技能;脚踏实地做事、能忍耐、可做重复工作(不喜新),不喜展望。

直觉:关注事物的整体和发展变化趋势,喜欢通过"第六感觉"洞察世界,相信灵感、预测、暗示,重视推理与想象;具有独创力,喜欢学习新技能,但容易厌倦;讨厌细节,好高骛远,喜欢新问题,凭爱好做事,对事情的态度易变。

3. 我们的决策方式

我们的决策方式分为思考(T)与情感(F)。

思考:重视事物之间的逻辑关系,喜欢通过客观分析做决定和评价。行为方式上表现为理智、客观、公正。

情感:以自己和他人的感受为重,将价值观作为判定标准,具有同情心,表现为善良、和睦、善解人意,考虑行为对他人情感的影响。

4. 我们的做事方式

我们的做事方式分为判断(J)与知觉(P)。

判断:喜命令,控制、反应迅速,喜欢完成任务,不善适应。

知觉:好奇,喜欢收集新信息而不是做结论,喜欢观望,喜欢开始许多新的项目但不完成,优柔寡断、易分散注意力。

每个人的性格都在四种维度相应分界点的这边或那边,我们称之为"偏好"。例如:如果你落在外向的那边,称为"你具有外向的偏好";如果你落在内向的那边,称为"你具有内向的偏好"。在现实生活中,每个维度的两个方面你都具有,只是其中的一个方面你表现得更频繁、更舒适,就好像每个人都会用到左手和右手,习惯用左手的人是"左撇子",习惯用右手的人是"右撇子"。同样,你的人格类型就是你"用"的最频繁、最熟练的那种。

根据相应的测评软件或测试量表,可以得出每个人偏向哪一面,从而得出每个人的"四字母","四字母"的不同组合形成 16 种性格类型特征。根据"四字母",可以得出自己的性格特点和适合的岗位。

> 专题小结

(1) 性格是指表现在人对现实的态度和相应的行为方式中的比较稳定的、具有核心意义的个性心理特征,是一种与社会最密切相关的人格特征,在性格中包含有许多社会道德含义。性格在大学生人生发展中具有重要作用,成熟的性格是一个人独特的稳定的标志,具有优良性格能最大地发挥自己的精神力量并与环境建立和谐关系。是否具有良好的性格是决定人能否成功的重要因素。性格是行为的主要决定因素,并在各种各样的情境下影响着人的行为,决定着人的行为方式、处世态度、奋斗目标。

（2）性格是在后天的社会环境与教育中形成的,并随着个人的实践活动不断发展和变化。由于人们的生活道路不同,每个人的性格会有不同的特征,它一经形成便影响和制约着人所从事的实践活动,也可以控制、支配与调节人的人格特征。人的性格一旦形成,就很难改变,但是这并不是说人们只能顺其自然,人们仍可以通过自身的努力,充分发挥自己性格中的优势,避免或减少性格中的劣势对事业的影响。在一定条件下,性格是可以培养的,要认真分析自己的性格,提出明确的要求,制定努力的目标,确定自我教育的途径与方法,培养自己的优良性格。

（3）在职业心理中,性格影响着一个人对职业的适应性,一定的性格适于从事一定的职业;同时,不同的职业对人有不同的性格要求。职业与性格的匹配对一个人的成功有着很大的影响。如果一个人从事的职业与他的个性相适应,工作起来就会得心应手、心情舒畅,容易取得成功。如果性格与职业不相适应,这种性格就会阻碍工作的顺利进行,使从业者感到被动,缺乏兴趣,产生倦怠、力不从心、精神紧张等状况。

（4）要清楚地了解自身的职业性格,必须要对自身性格进行准确的评估。一旦对自身的个性有了足够的了解,就可以对自身适合何种职位进行准确定位。对性格的测评,MBTI测评是广泛被人采用的测评方法,能帮助你了解自己属于那种性格类别。在注意职业与性格匹配的同时,也要注意职业性格的多面性与可塑性。我们提倡根据自己的性格选择适合的职业,也提倡为了社会的需要从事可能与自己性格不相适合的工作。

➤ 复习与探索

（1）为什么说性格决定命运? 试分析你性格的优势与劣势并制定你的性格培养方案。

（2）为什么说性格培养是一个渐进的过程? 试总结几项你成功培养优良性格的有效方法。

（3）钢铁大王卡内基15岁的时候,便对他那9岁的小弟弟汤姆谈论他的种种希望和志向。他说假如他们长大些,他要组织一个卡内基兄弟公司,赚很多的钱,以便能够替父母买一辆马车。这种"假如"的游戏,总是催促他努力工作;等到机会真正来了的时候,他便在现实中抓住,正如他在理想中抓住一样,最后他终于将理想变为现实,成了举世闻名的"钢铁大王"。从这个故事中,你得到了哪些启发? 你认为,大学生应确立哪些优良的性格?

（4）按MBTI的测评体系,得出你的性格特征、职业偏好和你的性格组合"四字母"。对你的性格的基本特征、存在的盲点、适合的领域与职业进行分析,写出分析报告。

在使用报告时请注意:

① 报告对你的人格特点及动力特点进行了详细描述,它能够帮助你拓展思路,接受更多的可能性,而不是限制你的选择。

② 报告结果没有"好"与"差"之分,但不同特点对于不同的工作存在"适合"与"不适合"的区别,从而表现出具体条件下的优、劣势。

③ 你的动力、人格特点由遗传、成长环境和生活经历决定,不要试图去改变它,但却可以通过有效利用,扬长避短,更好地发挥个人潜力。

④ 报告展示了你的性格偏好和做事的动力状况,而不是你的知识、经验、技巧。

专题七　士官能力发展

学习目的

　　（1）理解能力的基本含义，认识个人能力与职业发展之间的关系，了解自己具备哪些有利的职业能力。

　　（2）了解培养职业能力的有效途径，培养自己的职业能力，从而能够更好地进行职业选择，使将来的职业发展更加顺利。

　　（3）通过学习，了解现代职业对个体能力及素质的要求。

　　（4）了解情商在职业发展过程中发挥的作用，努力培养个体的情商能力。

导引案例7

刘洋的"特战梦"

1. 弱项变成了强项

入伍之初，刘洋就有一个"特战梦"。初到新兵连的刘洋，个子不高，又黑又瘦，为了实现自己的"特战梦"，刘洋每次跑步就穿上十几公斤的沙背心，为了锻炼肺活量，还在跑步的时候戴上防毒面具，最终，他把许多弱项变成了强项，攀登5层楼仅需6.2秒，纪录至今无人能破。

2. 一粒米穿6个眼

刘洋入选"雪豹突击队"，因枪法精准，被挑进狙击班，为了锻炼手指记忆力，刘洋每天用大拇指和食指，捏着大头针长达半小时。为提高稳定性和专注度，他每天在大米上用针练习穿孔最多的时候，一粒米上能穿6个眼。

3. 冲锋在前

从军二十余载面，面对各类集训、比武竞赛、重大任务时，刘洋总是冲锋在前，多次放弃探亲休假。

4. 打不败的"雪豹"

2013年，刘洋作为武警部队代表率领"雪豹突击队"代表中国首次参与被称为"特种兵奥运会"的约旦"勇士竞赛"，最终，"雪豹突击队"拿下9个单项第一，赢得团体总冠军，并且是唯一一支完成"100米快速射击"项目的队伍。

血与汗换来的荣誉，无数刻苦拼命的训练造就钢铁本领，刘洋用行动诠释了如何提高自身能力。从军14年，刘洋先后荣立一等功三次、二等功三次，被评为"全军爱军精武标兵""全军学习成才先进个人"、武警部队"十大忠诚卫士"、中华全国青联第十二届委员、第19届"中国青年五四奖章"、全国"向上向善"好青年等荣誉称号。

从刘洋的身上，我们看到了一个人怎样提高自己的职业能力，以适应战场的需要。

案例讨论：
（1）你认为士官应具备什么样的综合能力？
（2）从未来发展的角度，你打算重点培养自己哪方面的能力？

第一节　能力概述

一、能力的含义

从心理学的角度讲，凡是直接影响人的活动效率，促使活动顺利完成的个性心理特征都叫作能力，它是人顺利完成某种活动的必要的心理条件。能力是保证活动取得成功的基本条件，但不是唯一条件。活动的成功与个体的态度、知识、技能以及整体个性特点均有关，但在其他条件相同的情况下，能力强的容易获得成功。顺利完成某种活动，不是单一一种能力所能胜任的，常常需要几种相关能力配合起作用，才能保证活动顺利进行。

能力往往与具体活动紧密相连，表现在活动当中，并在活动中得到发展。例如，一个具有绘画能力的人只有在绘画中才能施展自己的能力；一个有管理能力的人只有在领导一个企业或学校的活动中才能施展自己的才华。倘若一个人不参加某种活动，就难以确定他具有什么能力。离开了具体活动既不能表现人的能力，也不能发展人的能力。同时，能力也是从事某种活动必需的前提。能力影响活动的效果，能力的大小只有在活动中才能比较。比如在其他条件（知识、技能、花费的时间）相同的情况下，做数学运算时，甲比乙能更快地了解题意、采用简捷的方法、准确地进行计算，于是，我们说甲的数学能力强于乙的数学能力。但是影响活动效率的因素是多种多样的，在活动中表现出来的心理特征并不都是能力。如在解决数学难题时，如果一个人过于紧张，他的解题效率就会受到影响，但这种心理特征对解决问题的影响不是直接的，而是间接的，故不能称为能力；而观察的精确性、记忆的准确性、思维的敏捷性等则是完成许多任务所不可缺少的，这些心理品质就应该称为能力。

二、能力与相关概念辨析

1. 能力与知识的关系

能力与知识既有区别又有联系。我们先看一个例子：

四川省的一名高中生以比较高的分数考入了中国科技大学物理专业。入学后，该生的高超的计算能力受到了老师和同学们的一致称赞。但其做实验的能力非常差，一连三周下来，竟未能完整地做好一个实验，这又使老师大为恼火。

这是一个典型的高分低能的例子，在我们的日常生活中，这种例子还很多。比如某省的高考状元到了大学求学的时候，离开爸妈照顾，生活居然不能自理等等。而相反，很多我们熟悉的科学家、伟人，例如爱因斯坦、爱迪生，还有牛顿、达尔文、托尔斯泰、瓦特、拿破仑、贝多芬、罗丹、丘吉尔，均属于"低分高能"的人物，这些世界一流的人才却得不到学校的"认可"。从这些实例中我们不难看出能力不等同于知识、也不等同于技能。能力与知识、技能之间既有区别又有联系。

能力与知识的区别表现在两个方面：(1) 两者分属不同的范畴；(2) 两者的发展是不同步的。因此，两者不能等同，知识多不一定能力就强。

能力与知识、技能的联系也表现在两个方面：(1) 知识、技能是能力发展的基础，能力形成与发展依赖于知识、技能的获得。但并非所有知识技能都可转化为能力，那些能广泛应用和迁移的知识技能才可转化为能力；(2) 能力高低影响掌握知识、技能的速度和质量。能力强的人只要付出很少努力就可以获得同样的知识和技能，而能力差的人则需要付出更大的努力。

2. 能力与智力的关系

按照以往观点，智力是各种认知能力的综合，抽象思维能力是其核心。新近的观点认为，智力是多元的，既包括认知因素，也包括非认知因素。能力是综合的大概念，除包含各种认知能力和目前已涉及的非认知因素外，还有操作能力、组织管理能力等，是个体完成当前活动速度与质量的综合表现。因此，智力是能力的重要组成部分、必要基础。智力较差，必然会影响能力发展水平和完成活动的速度与质量。

3. 能力与才能、天才的关系

几种相关的、结合在一起的能力统称才能。如果一个人的各种能力在活动中达到了最完备的发展和结合，能创造性地完成某一领域的多种活动任务，通常被称为天才。天才是高度发展的才能。例如：

武汉交响乐团一名乐手的孩子舟舟，唐氏综合征患者，智商相当于4岁左右的儿童。1999年1月22日，舟舟在北京保利剧院首次登台指挥中国歌剧院芭蕾舞剧院交响乐团演奏《瑶族舞曲》和《拉德斯基进行曲》，一举成功。

2000年9月，舟舟随中国残疾人艺术团赴美巡演，指挥美国国家交响乐团等著名乐团演奏《自新大陆》交响曲第四乐章等三首乐曲，获得极大的成功！

这位先天愚型的孩子现在已经成为一名中国乃至世界知名的指挥。

舟舟可以算作是音乐领域的天才，他的指挥才能在指挥的活动中发展到了极致。但我们也应该看到，天才也离不开社会历史发展的要求，离不开个人勤奋和努力。

4. 能力与技能的关系

能力是指顺利完成某一活动所必需的心理条件，是直接影响活动效率并使活动顺利完成的个性心理特征。技能是指人们通过练习获得的动作方式和动作系统。技能是一种个体经验，是通过肢体活动或心理活动方式进行经验的累加，与作为掌握和运用知识、技能的条件的能力有较大的区别。

5. 能力与兴趣的关系

兴趣即兴致，是个体对事物喜好或关切的情绪表现，是人们力求认识某种事物和从事某项活动的意识倾向。它表现为人们对某件事物、某项活动的选择性态度和积极的情绪反应。兴趣以需要为基础，在人的实践活动中具有重要的意义。兴趣可以使人集中注意，产生愉快紧张的心理状态。这对人的认识和活动会产生积极的影响，有利于提高工作的质量和效果。

能力与兴趣在人们从事相关活动的过程中有着种种密切的联系,但二者并不能等同。我们在从事某项行为或某项活动的时候,起初往往是根据自己的兴趣来进行选择和评判的,但在选择了之后,却很少有人会去考虑自己是否适合这个选择,是否能够胜任这项任务或活动。这其中其实就隐含着兴趣与能力的区别。而在实际的活动中,我们不仅应该明确自己的兴趣,更应该了解自己的能力,这样才能使得选择与发展相协调,只有找到兴趣和能力的结合点,才是比较好的选择。我们把兴趣和能力的关系归纳于表 7-1。

表 7-1　能力与兴趣关系图

兴趣＼能力	有	无
有	胜任、愉快	徒劳无功
无	胜任、乏味	痛苦不堪

三、能力的分类

1. 根据能力的范围分类

根据能力范围分,能力可分为一般能力和特殊能力。一般能力通常包括注意力、观察力、记忆力、思维能力和想象力等。一般能力是人们顺利完成各项任务都必须具备的一些基本能力。而思维中的抽象概括能力、逻辑推理能力是智力的核心,创造性地解决新问题的能力是智力的高级表现形式。个人的能力总是在活动中形成和发展起来的,并在活动中得到表现。另一方面,从事某种活动又必须有一定的能力作为条件和保证。

特殊能力是在某种专业活动中表现出来的能力,它们由该项活动中几种密切相关的心理因素构成。特殊能力是指从事各项专业活动的能力,也可称特长,如计算能力、音乐能力、动作协调能力、语言表达能力、空间判断能力等。人要顺利完成某一活动,既需要一般能力又需要特殊能力。一般能力愈发展,就愈能为特殊能力的发展提供有利条件,而各种专业活动中特殊能力的进步,反过来又促进一般能力的提高。

2. 根据能力的形成方式(创造性程度)分类

根据能力的形成方式分类,可以分为模仿能力(再造能力)和创造能力。模仿能力使人迅速地掌握知识、适应环境;创造力使人超越平常的思考,善于创新。再创造力是创造力的前提,创造力是人类进步的源泉。

3. 根据能力的特殊功能分类

根据能力的功能可分为认知能力、操作能力和社交能力。认知能力即我们一般所讲的智力,指人加工、存储信息的能力。操作能力是指人们操作自己肢体完成活动的能力。社交能力是在人们交往中表现出的能力。作为应用型人才,除要有一定的智力外,更强调操作能力和人际交往能力。

四、能力发展与个体差异

1. 能力发展的一般趋势

能力的发展表现为能力种类扩大和能力水平提高。在人生不同时期能力的发展速度也不尽相同。例如智力会在 18—25 岁间达到高峰。一般来说,能力随着生理年龄的增长,呈现出以下的趋势。

童年期和少年期:能力发展的重要时期,从三四岁到十二三岁,智力的发展与年龄的增长几乎等速。

18～25 岁:能力发展达到顶峰,智力的不同成分达到顶峰的时间是不同的。

成年期:能力发展的稳定时期,常出现富有创造性的活动。

能力发展趋势有个体差异。能力高的发展快,达到高峰时间晚;反之发展慢,达到高峰时间早。

2. 能力的个体差异

每个个体之间在能力表现上存在着显著的个体差异,这种差异主要表现在三个方面。

(1)能力发展水平上的差异。即通常讲的人的能力有大小:有的人聪明,有的人愚笨,而大多数人属于中等。例如,智力超常者与智能不足者,超常者是智力高度发展,而智能不足表现为智商在 70 分以下。

(2)能力表现早晚上的差异。这主要是指人的能力充分发展有早有晚。有些人在少年儿童时期就表现出优异的能力、聪慧超群,这叫"人才早熟";有些人的能力表现较晚,甚至到了晚年,能力才充分发挥出来,这叫"大器晚成"。

(3)能力结构类型上的差异。指能力中的各种成分的构成方式不同。例如,在智力中,有的人观察能力和记忆能力强,而思维能力和想象能力弱;有的人模仿能力强,但却缺乏创造力,而有的人既具备较强的模仿能力又拥有较强的创造能力。具体来说,个体在观察能力、记忆能力和思维能力等方面也有结构上的差异。比如在记忆方面,有的人主要是形象记忆,有的人主要是语词的抽象逻辑记忆。

(4)能力的性别差异。主要是由于性别因素引起的能力差异,主要体现在男女在数学能力、言语能力、空间能力等方面。当然,性别群体间的差异远远小于个体间的差异。

五、能力形成的原因和条件

能力的形成和发展受多方面因素的影响,概括起来主要有以下几个方面:

1. 遗传的作用

遗传因素是能力发展的自然基础,决定着能力发展的可能性。每个人都有一定的遗传优势和不足,我们可以发现自己的优势并很好地利用它,同时也可以发现自己的不足,通过努力去克服或者通过其他方式补偿或改变。

2. 环境、教育对能力形成的影响

这里的环境主要是指客观现实,包括自然环境和社会环境两个方面。心理学的研究表明,每个人从遗传基因中所得的潜在的能力不同,但这种潜能开发到何种程度取决于环境。越来越多的心理学研究都证明:早期环境对能力的形成和发展具有重要影响。胎儿的产前环境(即在母体内的环境)对胎儿的生产发育和出生后的智力发展有着重要的影响。父母在儿童 1—3 岁时期采用的教育方式会决定孩子一生的主要性格特征,从而影响孩子能力的发展。学校教育对能力形成和发展所起的作用是系统性的,学生通过系统地接受教育,能力也不断得到发展。

3.人的主观能动性对能力形成的影响

人的各种能力是在社会实践活动中最终形成和发展起来的。虽然,掌握知识对于能力发展是重要的,但是越来越多的科学家也认识到,个人直接经验的积累在人的能力发展中有着不可替代的重要作用。这就要求每个个体充分发挥自己的主观能动性,积极参与各种社会活动,在活动中积累自己的个人经验,从而使自己在各方面的能力得到锻炼。

同时,在实践活动中,优良的个性品质对能力的形成和发展也同样具有重要的意义,如勤奋、谦虚和坚强的毅力等都有助于能力的形成和发展。有些人虽然天资聪慧,但由于缺乏勤奋,最终事业无成;有些人虽然天生智力并不优越,但通过勤学苦练,也会取得事业的成功,这种例子在我们身边比比皆是。

第二节 职业能力

职业发展和能力高低之间,有不容置疑的直接关系。能力高低,不是抽象的素质,它可以通过职业角色得以表现。"陈力就列,不能者止。"做自己能够做的事情,可以增强自信心,体验成就感与幸福感。能力,是一个人能否进入职业的先决条件,是能否胜任职业工作的主观条件。无论从事什么职业总要有一定的能力做保证。没有任何能力,根本谈不到进入职业工作,对个人来讲也就无所谓职业生涯可言。

一、职业能力的内涵

职业能力是指在职业活动中需要具备的能力。职业能力直接影响职业活动效率和职业活动能否顺利完成。

吉姆最初步入职场时只有中专学历,和他身边的人一样,吉姆一毕业就进了一家国有汽车制造公司的车间做技术员,勤奋好学的他很快表现出精湛的技术和与众不同的思想,在不断的探索中吉姆对车间的一道工序进行了改良,被车间主管看在眼里。

除了把技术搞好之外,吉姆还利用业余时间学习英语。吉姆一直都想进外企看一看,感受一下那里的工作氛围和管理制度。功夫不负有心人,两年之后,吉姆的英语已经达到了六级水平,口语对答也基本上流利,吉姆瞅准了机会,毅然辞谢了原公司的挽留,跳到一家外企做技术员。在这里,不仅他的技术水平获得了赞誉,他的管理能力也显露出来。在从普通的技术员到车间主管的4年间,精力充沛的吉姆还自学了一个本科学历,真正的学历、能力双丰收。

案例中的吉姆从最初的一个中专生发展成一名著名外企的中层主管,实在是不容易。从中也可以看出今天的企业特别是在外企,更看中的是能力。现在很多博士找不到工作,中专生却可以做到一个企业的市场经理,可见实际的能力在一个人职业发展生涯中是举足轻重的。更加值得注意的是,并不是说学历不重要,学历是基础,公司招聘看的是一个人的综合素质,相关的教育背景、学历程度也占比较重要的位置。至于能力、学历在工作中到底扮演什么角色,要看具体的职位。像研发、注册师以及一些技术类型的工作,包括科技含量高、复杂程度高的产品推销等,需要工作人员有扎实的技术背景,这时候学历是衡量应聘者的重要指标。但如果是一般的产品推销、行政管理或者客户服务等,更需要的是实际操作经验和悟性,那么能力就比一纸文凭重要多了。更何况对于招聘公司来说,如果是要聘一个行政助理,博士生未必做得比大专生要好,那显然大专生的"性价比"高多了。案例中的主人公吉姆的教育背景与他所从事的工作基本匹配,但是他学历并不高,因此能发展到这个程度,更多是得益于他过人的能力。因此,我们在校学习期间,不仅要学好专业知识,还要努力培养自己的职业能力。

二、职业能力的分类

1. 专业技能

专业技能是指具体的、专业化的、针对某一特定工作的基本技能。例如教师讲课、医疗专业人员解释心电图等,这些技能涉及学科的主题,如历史学、政治学、经济学、机械设计、医学等。专业技能最显著的特点是:它们需要经过有意识的、专门的学习培训,在通过记忆掌握特殊的词汇、程序和学科知识的基础上获得。专业技能可迁移的可能性比较小,专业技能是一个人成为职业化人士的基本条件。

2. 可迁移能力

可迁移能力就是可迁移的通用技能。可迁移能力指的是在某一种环境中获得,并可以有效地移用到其他不同环境中去的技能,是一个人能够持续运用和最能够依靠的技能。例如某人从事保险推销员工作时练就的善于同人们沟通交往的技巧,在其当上公司的销售经理时,也极有可能移用这些技巧去同客户打交道,建立良好的关系。可迁移能力主要在日常生活活动中获得并能不断得到改善,并且在许多领域里都可以得到进一步的完善和增强。

总体上看,可迁移能力具有可迁移性、普遍性和实用性。具体可以分成以下几类:

(1) 交流表达能力:通过口头或者书面语言以及其他适当形式,准确清晰地表达主体意图,和他人进行双向(或者多向)信息传递,以达到相互了解、沟通和影响的能力。包括倾听提问的技巧、提供信息、让别人接受自己的观点、自信独特地表达自我等。

(2) 数字运算能力:运用数字工具,获取、采集、理解和运算数字符号信息,以解决实际工作中的问题的能力。

(3) 创新能力:在前人发现或者发明的基础上,通过自身努力,创造性地提出新的发现、发明或者改进、革新方案的能力。

(4) 自我提高能力:在学习和工作中自我归纳、总结,找出自己的强项和弱项,扬长避短,不断加以自我调整改进的能力。

(5) 与人合作能力:在实际工作中,充分理解团队目标、组织结构、个人职责,在此基础上,与他人互相协调配合、互相帮助的能力。包括正确认识自我,能尊重与关心别人,能对他人意见、观点、做法采取正确的态度。

(6) 解决问题能力:在工作中把理想、方案、认识转化为操作、工作过程或行为,并最终解决实际问题、实现工作目标的能力。包括分析问题、处理抽象问题、对于一个问题提出多种解决方法并挑选出最合适的一种、运用批判性的思考方式来看待各种因果关系、设置并达到目标、创造性思考。

(7) 组织策划能力:计划、决策、指挥、协调、交往。

(8) 信息处理能力:运用计算机技术处理各种形式的信息资源的能力。

(9) 外语应用能力:在工作和交往活动中实际运用外语语言的能力。

(10) 学习能力:善于发现并记录,坚持不懈克服困难、继续学习的能力。

（11）管理能力：包括管理自己、信息、他人和任务的能力。

这些技能可以增强个人的竞争力，对就业和终身发展都具有重要作用和深远的影响。

3. 职业能力的基本框架

不同类型职业人员的能力体系不同，职业对录用人员的能力要求也不一样，现分别就科研型、管理型、事务型、文化型、工程型和社会型职业人员的能力要求做出解释。

（1）科研型职业应具备的能力

科研工作是一种创造性劳动，科研型人员应具备以创造力为核心的知识结构。在知识结构方面，具备宽厚扎实的基础知识，既要有专长又要有较渊博的知识，达到专与博的有效结合。具备创造性，把熟练的基本技能、理论理解及应用三者融会贯通，协调结合起来的能力。具备独立思考、勤于实践、不怕挫折的良好心理能力。

（2）管理型职业应具备的能力

从事管理型职业人员应具备的能力，主要包括以下几点：忠于贯彻国家的方针政策并能灵活运用，有高度的公众意识。具备坚实的管理专业理论和实际知识，同时具有较广博的自然知识和社会知识。具备一定的领导、组织协调和社会才能以及中外语言文字表达能力。具有健康的身体和充沛的精力以应付千头万绪和千变万化的工作。

（3）事务型职业应具备的能力

事务型职业，是指与组织机构内部日常的制度性、规范性、信息传播等有关的事务处理的职业活动，如打字员、档案管理员、办事员、秘书、图书管理员、法院书记等，事务型职业对从业者的能力要求，在知识方面侧重于基础文化知识，对于职业技术专门的知识有较具体的了解，如要懂得统计、档案管理知识，熟悉专门法规和规章条例，一些涉及外国的单位对外语也有较高的要求，事务型职业不少岗位需要员工严守纪律、保守秘密，有的还有礼仪方面的特殊要求。在能力方面要求具有较高的社交能力、语言表达能力和干练的办事能力等。

（4）工程型职业应具备的能力

工程型职业，主要是指工业、建筑业等行业的工程技术人员应具备的能力要求：要有不辞劳苦、艰苦奋斗的创业精神和严肃认真、一丝不苟的求实工作态度。要谦虚谨慎，深入工作第一线，能和同事密切合作。在牢固掌握专业知识的基础上，对相近专业的知识要比较了解，并有较好的外语水平、计算机应用能力、语言表达能力和理论实际应用的能力。

（5）文化型职业应具备的能力

文化型职业，如作家、服装设计师、音乐家、舞蹈家、摄影家、书画雕刻家、广告设计师等。文化型职业在知识和能力方面对从业者素质的要求是：能博采众长和广泛涉猎，具有敏锐的观察力、丰富的想象力、坚强的毅力、得天独厚的艺术天赋、持续的创新精神。

（6）社会型职业应具备的能力

社会型职业包括教育人、救死扶伤、提供公共服务、协调人际关系、为人民提供生活便利的工作，如：教师、医生、律师、法官、广播电视工作者等社会公共服务人员。社会型职业要求从事其职业的人员：在知识能力方面，应具有基础的科学文化知识，尤其是应该具备广泛的知识面和职业要求的专业知识；在能力方面，要有一定事实上的理解能力、社会活动能力、组织协调能力、自身形象设计能力和文字表达能力等。随着经济的全球化，人才竞争的国际化，中外语言的表达能力和计算机操作使用技能已成为各种职业类型所要具备的基本技能。

第三节 士官职业能力培养

一、实际动手能力培养

士官是武器的直接操作者,随着武器的更新换代,要求士官必须具有较高的实际操作的能力及准备维护保养能力。士官的这些特点,决定了必须建立以技能培训为特色的新型培养机制。根据技能型人才培训的特殊要求,制定以能力培养为主线,带动学生整体素质提高的全新培训机制;建立以能力培养为核心的士官职业技术教育的整体优化体系;突出实践应用为主的专业知识结构,开辟技能型人才培养的新途径。

二、管兵带兵能力培养

提到管理带兵,一般认为那主要是军官的事,士官本质上是兵,主要从事武器装备操作维护工作,管理带兵能力不是士官的培训重点。正是由于普遍存在上述认识上的误区,我军各类毕业士官的基层管理、组训带兵能力较弱。

外军普遍实行行政管理和作战指挥双轨制,在部队管理上主要依靠士官的骨干作用。外军认为士官的服役时间长,其工作岗位主要在基层,与士兵长期生活在一起,比较稳定、流动性小,能够逐步积累和丰富自身的管理经验,较好地在管理中发挥骨干作用。此外军在基层单位保留了大批士官并使之成为各个岗位的管理骨干和各级军官的得力助手。这些经验在逐步为我军所借鉴。

外军在基层管理中重视研究官兵的心理因素,加强心理引导,积极探索带兵艺术,力求通过"软管理"来提高管理效益。一些国家把心理学、引入基层管理,认为"谁把握了士兵的心谁就把握了胜利的诀窍"。我军也在研究基层管理中的心理学,改变管理中的传统观念。传统的管理,往往想把人管住,现代的管理,提倡把人管好;传统的管理,偏重于对人进行严格的控制和监督,现代管理,注重人积极性、主动性、创造性的发挥;传统的管理,以管理为唯一出发点,现代的管理,更重视人的自由全面发展。这种以人为中心,以人的全面发展为目的的管理,要求管理者要深入研究人的心理活动的规律性、人的行为模式以及如何驾驭人的情绪等,这是管理科学化研究的一个重要方向。现代的管理,不单单追求表面的成功,而更强调圆满、均衡、统一与和谐。以完善人格与造福社会为目的的圆满;以和睦相处,减少障碍为中心的均衡;以心理相融、浑然一体为宗旨的统一;以内心愉悦、生命充实为标准的和谐都离不开心理学原理的广泛运用。我们很多基层组织也在探讨利用心理活动的规律性改造行为,激发动机,提高人们的积极性和创造性。试图利用心理学这把钥匙,打开人们的心灵,增强管理的针对性,构建一个基层管理工作方法体系框架。

在这种大背景下,管理能力培养已经成为士官学校教育深化改革的重要内容,各士官学校大力加强士官学员管理能力培养,出台了一系列有效的措施,在学员管理能力培养上取得了明显的成效,但在士官管理能力培养中存在管理理念落后、管理方法单一、管理经验不强和管理意识不足的问题,制约了士官队伍的长远发展。

三、教练示范等综合能力培养

士官是基层训练的教官,装备操作的示范者、优良传统的传承者、思想、心理的疏导者、文体美活动的组织者,必须有多方面的能力,在某一方面教育特长。

比如:军队基层文化工作,就是要组织基层官兵开展各种形式的业余文化活动,并通过这些活动满足基层官兵各方面不同的发展需求。军队基层文化是我军所特有的,符合党的领导方针的,特殊的群众文化,而军队基层文化工作则是我军政治工作的生命线,是军队基层政治工作的保障。军队基层文化工作是中国特色社会主义文化建设的重要内容,是军队政治工作的重要组成部分,是战斗力保障的重要因素,是占领军营思想文化阵地的重要措施。军队的战斗力,是通过人和武器装备的结合实现的。军队文化工作,就是通过对官兵素质的积极影响来巩固和提高战斗力。凝聚军心稳定部队;宣传鼓动激励斗志;文体活动提高素质。

生长在基层的士官,必须在"文、体、美"等项中有一技之长,才能以自己的特长开展工作,得到战士的爱戴。培养"文、体、美"等综合能力,使士官在某一领域有一技之长,可以使他们如鱼得水,成为战士的崇拜者和引领者,保持部队的生机与活力。

第四节 士官未来领导能力培养

未来士官将不单单是一个技术岗位,它是一个素质、能力的复合体,因为职业发展中的士官很大一部分将成为领导,士官领导能力的培养将十分重要,为此,本书为士官成长为领导人提供了一个框架,提出了对一个优秀的士官领导者在性格和能力方面的要求。分为职业精神、职业性格、职业能力、职业行动力。每个方面又划分为三个等级:指导层次、组织层次、决策层次,每一个方面对应了士官成为领导者的不同的要求。此处专门论述领导能力和领导执行力。

(一)领导能力

即通过训练、实战和监督而获得的领导力。层次分为三级,包括指导、组织和决策规划。士官必须持续不断完善自身以及下属的技能和能力,以提高整个团队的执行力,这有助于他们担负更艰巨的任务。这种能力将对士官的要求(知道做正确的事)和领导力(影响你手下的人做正确的事)联系起来。主要包括四种技能,即人际关系技能、理论技能、技术技能(战略规划领导层面除外)、战术技能。

1. 指导层级

这一层级的士官主要作为班长更多地领导士兵个体。他们通过举例、训练、达标发挥领导作用。他们必须获得以下技能,以领导他人并适应变化着的世界和军事环境。

(1)人际关系技能。包括;沟通;监管;征求意见。

(2)理论技能。包括有效处理概念、想法和观念。它要求领导者审慎思考并衡量风险。在指导这一领导层级,该技能包括批判性推理、创造性思考、伦理判断与反思。

(3)技术技能。该技能包括士官领导者必须深入理解的硬件,如设备、武器和各种操作系统。

(4)战术技能。战术技能使士官领导者用相关准则对下属和士兵进行部署、安排,以此来保卫目标,其最终目的赢得战争。

2. 组织层级

本层级的士官同时承担指导和组织的领导职能。建立高效的队伍,并监管下属执行指定任务,这是成功的基础。要求士官必须从大局出发,成功完成使命,并且对准则、培训、领导力发展、组织、教材和士兵等均有所考虑。

(1)人际关系技能。本层级士官的人际关系技能与上一层级基本相似,但它更为复杂,要求对其他人的心理状态有着更为深入的理解。

(2)理论技能。对承担更多责任的本级军官来说,士官面对的问题更为抽象、复杂和不确定,要进行批判性、创造性的思考,就必须具备理解整个系统和快速获取信息的能力。

(3)技术技能。由于要承担更重的责任,并且和其他组织进行合作,士官们必须精通各个层次的技术技能,并对自身领域之外的技术技能有所掌握。

(4)战术技能。本层级士官领导者用他们的指导经验确立战争中的战术技能,为满足要求,他们必须具备协调指挥能力。

3. 决策规划层级

本层级领导者为更高的领导者(营以上,根据军队的未来发展)提供指导意见,因为其影响更广泛,行为影响的显现更为迟缓,这需要领导者掌握其他技能。

(1)人际关系技能。本层级领导者承担的责任要求他们掌握更复杂的人际关系技能。他们需要和更多的内部人打交道,人际关系技能聚焦于更大范围、更关键的受众,需要展示领导者说服以与内部成员和外部组织达成一致的能力。这些技能包括交流、对话、谈判、妥协、达成一致和建立自己的参谋队伍。

(2)理论技能。本层级领导者应具有理论技能,以理解军队和战区战略,并处理多样性、复杂性、模糊性、变化性、不确定性等诸多问题。本层级的领导者必须具备处理不确定、模糊性状况的能力,这将帮助他们应对突如其来的威胁。

(3)技术技能。本层级的技术技能比前两个层级的范围更广。战略艺术、科技创新、将政治目的解读成军事目的等能力要求士官领导将他们多年的经验运用于内部组织,以使抽象的概念转化成具体的行动。他们必须考虑,自己的组织如何适应战场,如何运用现代科技改善现实状况。

(二)领导行动力

在领导力框架中,"行动力"涉及各级领导,层级越高,其行为的影响范围就越广。在指导、组织和决策规划这三个领导层级,行动包括三种:一是影响,即决策、通知决定、影响他人;二是操作,即所做的事情要有利于完成组织的紧急任务;三是提高,即所做的事情要提高组织完成当下或未来任职的能力。

1. 指导层级

具备知识和技能只是士官担任领导者的基础,将这些知识和技能转化为行动才是对领导者的真正考验,因为,只有当领导者做事时,他的性格和能力才能清晰地表现出来,行动比其他方面更多的反映领导者本人。

(1)影响行为。士官以他们乐观、积极的表现和幽默感创造了一个有感染力的环境,这在他们做出少数人赞同的决定时尤其重要,他们的沟通、决策、推动能力将决定他们成功与否。

（2）执行行动。执行任务以达到短期目标，常用的方法包括计划和准备、执行与评估。

（3）优化行为。所有士官领导者的目的应该是不断优化他们的组织，优化方法包括提高、团队建设和学习。

2. 组织层级

本层级士官领导人的行为涉及更为复杂的环境，比起指导层级，领导者的行动在更长的时间内影响到更多人。

（1）影响行为。在本层级，领导者必须参与同事及下属领导人的行动，并帮助他们达成组织的目标。运用交流、决策和推动的方法，他们必须完成上级的任务，获得和评估反馈意见，同时激发自信心和信任感。

（2）执行行动。士官领导者在组织中观察、决策和行动，都属于执行行动，他们在监督执行过程中的计划（或准备）、行动、评估等各个环节时，强调的是团队合作。

（3）优化行为。士官领导者必须采取行动使组织和其下属适应未来的行动，即使这些行动的后果可能在数年之内不会呈现，当然，行动的目的应该是促进人和组织的发展。

3. 战决策层级

战略领导层级的士官是较高层级，他们必须从战略的高度考虑问题、执行问题，他们以身作则，在塑造文化、发挥影响力方面起到重要的作用。他们通过发展下属不断完善整个部队。

第五节 情商与职业发展

长期以来，人们习惯于将智商作为衡量人才的标准，而现代研究表明，人才成功的决定因素不仅仅是智商，还有情商。一家很有名的研究机构调查了 188 个公司，测试了每个公司高级主管的智商和情商。结果发现，对领导者来说，情商的影响力是智商的 9 倍。智商略逊的人如果拥有更高的情商指数，也一样能成功。

詹妮做完了一天的工作，正期待着夜晚去剧院。去车库开车的时候，她发现有一个同事的车斜停在两个停车位的中间。"多自私。"詹妮想。尽管还有空的停车位，但是詹妮还是感到很愤怒。"需要给这个人上堂课。"詹妮寻思着。詹妮走到停车接待处抱怨。没想到，接待员竟然不在，詹妮想着接待员肯定提前回家了。这让詹妮更生气，她从服务台上拿起一张大白纸，写了一张条儿粗鲁地骂了刚才那个没好好停车的车司机有多自私。然后，她又写了一张条儿，强烈谴责接待员的失职，竟然没到点儿就离开岗位。詹妮把第一张条儿贴在刚才那辆汽车的挡风玻璃上。

她对刚才发生的事情如此愤怒，以致在剧院都无法集中精力看整场表演——这完全是个扫兴的夜晚。

到了第二天，詹妮去上班，发现办公室的气氛阴沉沉的。原来昨天晚上詹妮下班后，有个同事停车的时候撞到了停车场的墙上，心脏受到冲击，现在正病危在医院。詹妮放在挡风玻璃上的条儿被接待员拿下来了，而昨天接待员看到詹妮同事出事后，就去帮着停车去了。詹妮心里很苦恼——一方面因为自己看到不顺眼的情形时，竟然做出那么强势的行动；另一方面觉得自己缺乏考虑，车之所以那么歪停着可能是发生了什么事。詹妮花了很长时间才从情绪影响中走出来。

在这个案例中,詹妮的弱点在于缺乏自我管理——她对所看到的场景感到生气情有可原,但是错就在她不能控制自己的消极情绪,导致她写了那些侮辱性的话。其次,詹妮缺乏自我意识。一看到那个场景,詹妮想都没去想为什么车会那么停,而是很快就认定是别人自私,不为别人着想。接待员不在岗位上,她也没去想可能是别的原因早下班。她缺乏足够的情商去找出事件发生的原因,没有考虑到事情可能有其他缘由而不是自私。缺乏情商的后果就是:詹妮埋怨自己,感到羞愧,同事也会因为她的行为而不高兴。

由于缺乏情商而导致不良结果的案例在我们的生活还有很多,因此在进行职业选择与职业规划时我们也不能忽视情商的因素。

一、情商的概念

情商即情感智商,简称EQ,是近年来心理学家们提出的与智力和智商相对应的概念,主要是指人在情绪、情感、意志、耐受挫折等方面的品质。

美国耶鲁大学的彼得·沙洛维教授和新罕布什尔大学的约翰·梅耶教授把情感智商描述为由三种能力组成的一种结构。这三种能力分别是:(1) 准确表达和评价情绪的能力;(2) 有效地调节情绪的能力;(3) 将情绪体验运用于驱动、计划和追求成功等动机和意志过程的能力。

职业情商是以上几个方面在职场和工作中的具体表现,职业情商更加侧重对自己和他人的工作情绪的了解和把握,以及如何处理好职场中的人际关系,是职业化的情绪能力的表现。

二、情商在职场中的作用

情商理论应用范围很普遍,研究对象涉及多个年龄阶段和各种职业领域。经众多实证研究证实,情商对个人的成长、人生的成功、企业的发展都具有积极的作用。在此,我们重点说明情商在职业发展中的重要作用。情商对个体在职业选择以及职业发展过程中的作用主要体现在三个方面,即对自我的把握、对他人的感知和与他人的交流。

1. 对自我的把握

对自我的把握是情商对个体进行职业选择和职业发展过程中最直接的影响。所谓"知己知彼",如果对自己的情商不了解,就不可能做出科学合理的选择,职业发展也会存在这样或那样的障碍。具体来说,在对自我进行把握时我们应该注重三点:

(1) 正确的自我意识:只有真正了解了"我是谁"这个问题,我们才能在职业选择与职业规划时做出科学合理的选择。

(2) 合理的管理情绪:现代快节奏的生活方式使人们常常处于高压之下,社会期望高、心理压力大、学习负担重、竞争激烈,使人们的情绪易处于紧张状态。一般认为,适度的、情境性的负情绪反应,如考试中的紧张和焦虑,失意后的悲伤等情绪是正常的。但是,如果不能很好地处理生活和学习中的各种问题,极易产生不同程度的情绪问题,从而影响身心的健康和发展。特别是在工作的过程中,更应该注意调节生活节奏,适当减轻压力,从而控制好自己的情绪表现。

(3) 恰当的自我激励:适当的自我激励能够增强自我的信心,提升自我认同感,这对于职业选择和职业发展是十分有利的。自信度高的人,往往对工作的完成有较大的把握,在工作的过程中具备挑战精神,敢于迎接挑战,会努力去寻找克服困难的方法,从而能够大大提高工作效率,取得成功的概率也会随之增加。

2. 对他人的感知

在职场中,除了谋求自身的发展,还需要去关注他人,这也是我们作为一个社会人应该去做到的,只有当你真正去用心关心、理解他人的时候,才能换来他人对你的关心和理解。善于识别他人情绪的人能察觉出他人的所思、所想、所感,能理解他人的态度,能对他人的情绪做出准确的辨别和评价,这种能力对人类的生存和发展是很重要的,它使人们之间能够相互理解,使人与人之间能和谐相处,有助于建立良好的人际关系。在对他人的感知过程中,我们应该注意两点:

(1)理解他人的情绪。作为一个社会成员,无论我们是在学校学习的学生,还是在职场工作的职业人,都脱离不了自己所属的群体和大的环境。因此,在争取自我发展的同时,我们还应该注重对周围环境的认识,特别是要学会换位思考,多从他们的角度去看待同一个问题,理解他人的情绪。

(2)同情心。能否设身处地理解他人的情绪是了解他人需求和关怀他人的先决条件,这种心理能力概括为同理心或同情心。同情心跟责任心、功德感一样,也是现代人应该具备的重要素质,而这一点也是我们现在在职场中的职业人比较缺乏的。

3. 与他人的交流

沟通,是人与人交往的重要渠道,善于沟通、善于交流,有时候比智商、技术更加重要。在职场中,要做到很好地与他人进行交流,需要注意以下三个方面:

(1)处理好人际关系。人是社会的人,人的生存与发展离不开社会。每个人都生活在关系网中,每个人的成长和发展都依存于人际交往。人际关系的好坏往往是一个人心理健康水平、社会适应能力的综合体现。良好的人际关系,在工作中可以为我们创造更多的机会,可以提升自我在群体中的地位和威信,这些都是对自己的职业发展十分有帮助的。

(2)提高领导他人的能力。一个高智商的人具备了成功的机会,而高情商则决定他能否成功,作为一个领导管理者更是如此。能够成为一个成功的领导者,往往需要比一般人更高的情商。根据相关调查现实,成功领导者的主要特征包括毫不动摇的勇气、自我控制能力、强烈的正义感、坚定的决心、具体的计划、付出超过所得的习惯、可爱的性格、掌握详情、同情与理解、愿意承担全部责任、合作的精神。

(3)注重人际关系的有效性。在人际交往的过程中,我们不仅需要去培养良好的人际关系,同时还应该注重人际关系的有效性,使良好的人际关系成为一种资源,对我们自身的发展发挥出良好的作用。

三、情商培养的途径

人的情商是在先天素质基础上,通过后天学习培养而形成的。人的情商的形成,开始于幼儿期,形成于儿童期和少年期,成熟于青年期。青年期之后,人的情商水平仍然持续不断地提高。有的学者提出,人的性格的形成,30%受先天因素的影响,70%由后天因素决定。人的情商的形成,不是一时一事,也不是一朝一夕,更不是一蹴而就的,而是一个长期的过程。一旦形成就比较稳定,因此,人们常说:江山易改,本性难移。但是,因为影响人们情商形成的主观因素和社会因素总是在不断发展变化的,所以,人的情商水平也是在不断发展的。随着人生经历的丰富和知识经验的不断积累增长,特别是个人亲身的生活、工作实践的丰富,其情商水平会不断提高。

一个人从小就应该开始注意情商的学习和训练。如果缺乏早期的情感教育和训练,会导致一个人重要的情感缺陷,这对成人以后的情商水平会有很大的影响。对于士官生而言,人的生理与心理都已发育成熟,世界观、人生观和价值观及其个性都已基本形成,并且已走向社会,开始了独立的学习、生活与工作,并陆续成家立业。这个时期,需要广泛全面地学习与实践社会规范和人生中各种生存技巧与知识,学习处理各种人际关系,以更好地适应人群与社会。成年以后,社会知识和实践经验已相当丰富,但面对错综复杂的社会生活和并不一帆风顺的人生,仍然需要继续学习和接受教育,学习新知识、新经验和人际技巧,不断反复实践和自我提高,情商的培养主要靠自省、自悟、自我感受与体验。

情商品质主要包括准确表达和评价情绪的能力,有效地调节情绪的能力和将情绪运用于追求成功的动力和意志力的能力。要使得自己的情商得到好的发展,最重要、最有效的途径就是控制好自己的情绪。在这里,我们介绍几种情绪自我调节与控制的方法:

1. 善于控制个人的情绪

善于调节与控制个人的情绪是保持情感健康的关键,自我安慰是一个人生活的基本技巧。人们总是生活在某种情绪状态之中,应当善于控制个人的过激情绪,从而使自己的情感保持平衡。但这并不是说要压制个人的情感。因为人的每种情感都有其作用与意义,没有情感的生活与丰富的人生格格不入。不过,人的情感必须适度,要与周围的环境、情况相适应。如果感情太平淡,生活就会枯燥无味;若情感失控,走上了极端偏执,就成了病态。那种长期抑郁、过分焦虑、怒火冲天以及狂躁等,都属于病态现象。某一情绪过分强烈或长期耿耿于怀都是在走极端,有害于人的平静生活。

当然,人们不应只保持某一种情绪,永远快乐的人生不仅不可能,而且不免过于平淡。人生的痛苦也往往能促使人们去追求富有创造性和精神乐趣的生活,痛苦能磨炼人的灵魂。在情绪问题上,应该将积极情绪和消极情绪保持在适当的比例。实验表明,人们要获得情感满足并不需要避免所有的不愉快情绪,只是不应让过激情绪控制并取代所有的愉快心情。有些生活得非常快活的人也有"火冒三丈"或非常抑郁的时候,但因为他们同时保持着平衡,因此也就感到愉快和幸福。研究证明,人的情感健康与智力无关,而取决于情感智商。

2. 平息怒气

在人们需要避免的情绪中,愤怒最难缓解。有关研究表明,生气是最难控制、最具有诱惑力的负面情绪。生气的人往往会找一些自圆其说的借口,在内心中推波助澜,从而使发怒的理由变得更加充分。那种认为生气是无法控制的、不要有意压抑怒火、生气是正常的"宣泄",或者认为人们完全可以避免生气等看法都是不对的。

人们生气的原因是多种多样的。例如,有时,一些突发的小事也可能惹得人勃然大怒,对不公正的事情采取报复行动或义愤等。实际上,引发人们愤怒的思绪同时也是打消生气的关键所在,因为它是可以抽去的"釜底之薪"。人们越是去想那些使自己生气的原因,就越是认为自己生气发火是"理所当然的",就越是给自己生气加以辩解,其结果是不停地给自己"火上浇油"。因此,人们应从不同角度来看待生气的原因,从而改变自己的心情,这样就可以平息怒火。

心理学的研究认为,平息人的怒火有多种方法:

(1)认准引起怒火的思绪,并加以反思。因为最初的想法是导致怒火爆发的源头,以后的想法只不过是推波助澜。趁着还未生气时，就表示出缓和的姿态，这样可以消气、息怒。

（2）谅解有助于平息怒气。因为谅解可以对对方的处境表示同情。

（3）分散注意力。如果老是想着那些惹你生气的事情，那你就不会平静下来，老想着那些事情会使你越想越气。而分散注意力的作用就在于它打断了生气的念头。实践证明，看电视、看电影、读书、逛商店、与亲朋好友聚会等都可以干扰引起人们大发雷霆的生气念头。

（4）自觉地注意那些愤世嫉俗或与人为敌的想法。这些想法一露头，就把它写下来，重新思考这些想法，人们就会对这些想法的正确性发生怀疑，从而平息怒气。

3. 正确对待发泄

在某些特殊情况下，发泄可以达到"出气"的作用，如直截了当地向惹你生气的人发泄一番，使你有一种自己占了上风、伸张了正义、使惹你生气的人"受到了惩罚"的感觉，从而获得了心理上的平衡；或者使你生气的人行为有所收敛，从而使你的心情会"舒畅点"。研究证明，以发泄的方式来平息怒火，往往收效甚微。因为弄得不好，发泄会使人更加怒火中烧。发泄时通常都会使情绪中枢兴奋，让人欲罢不能。研究认为，当人们对惹自己生气的人发泄时，本身就延续了不愉快的心情。如果人们一开始就冷静地处理，以一种建设性的态度来同对方讨论怎样处理他们之间的争执，则能更快、更有效地平息怒气。有人曾请教一位僧人息怒之道，答曰："不抑，不扬。"意思是对怒气既不压抑，也不暴发，而是疏而导之。

4. 缓解焦虑

生活中的焦虑有着一定的积极作用，通过深思熟虑，就可能找到问题的答案。忧虑实际上就是使人对潜在的危险保持警惕，这是进化过程赋予人类的本能。当恐惧刺激人的情绪中枢时，就可能产生焦虑，从而使人一心关注眼前的威胁，迫使人们把其他事情暂时抛开，想方设法应付威胁。从某种意义上说，焦虑就是预演可能出现的人生危险，从而找出积极的对策加以克服。

生活中人们总是忧心忡忡地牵挂着很多事情，一件接着一件，反反复复，没完没了。若长期为某一事情焦虑，既找不到解决的办法，又始终无法释怀，则问题就会产生。对长期焦虑的研究证明，人若长期焦虑就会具有低程度情绪短路的全部特征：莫名其妙地忧心忡忡；焦虑情绪无法控制，持续不断和不可理喻；对某个问题特别忧虑等。如果这种焦虑情绪反复强化、绵延不断，便会发展成为完全的神经失控，出现恐惧症、偏执、强迫行为及恐慌症等。

研究认为，人的焦虑是以两种形式表现出来的：其一是认知的，也就是焦虑的想法；其二是身体的，即焦虑的生理症状，如冒汗、心跳加快、肌肉僵直等。

缓解焦虑的办法是：

第一步要有自我意识，及早地注意到焦虑的出现，最好是在灾难性的想法引发焦虑恶性循环的那一刻，就能发现焦虑。一旦意识到焦虑出现了，就做放松练习来缓解它。放松练习的技巧运用自如，人们就会有效地缓解焦虑。

第二步是对焦虑采取批判的态度。例如，"那可怕的事件果真会发生吗？难道就只能眼睁睁地让它发生，没有其他选择了吗？是否还可以采取一些建设性的步骤呢？焦虑真能有助于克服反复出现的忧虑吗？"这种自我注意与建设性的质疑相结合，就能遏制轻度焦虑症的思路发展。主动养成自我注意与批判焦虑思绪的习惯，就可以切断焦虑对边缘系统的刺激。同时，主动进入放松状态，抵制情绪中枢输送到人体各部位的焦虑信号。

5. 转移注意力,摆脱抑郁

悲伤是在人们所有情绪中最希望消除的情绪。当然,并不是所有的悲伤情绪都应该避免,同其他情绪一样,悲伤的情绪对人也有积极的一面。如失去亲人后会深感悲伤,对娱乐活动兴趣全无,身心沉浸在悲哀之中,失去或者暂时失去从事新活动的动力,悲伤使人从人生忙忙碌碌的追求中退缩回来,让人缅怀逝去者,反复思索这一事件的前后与影响,痛定思痛,最后进行心理调适,制定新的人生计划。

人的悲伤和抑郁是可以摆脱的。人们摆脱悲伤抑郁的方法多种多样,其中最有效的办法是转移注意力。人的抑郁的思绪是自发的,是不请自来的,即使你想努力消除它,也往往会徒劳无功。一旦抑郁的想法涌入心头,就像磁石,会吸引出一串串忧伤思绪。而转移注意力的方法就是设法打断对忧伤心事连续不断的思考。转移注意力是最有效地改变心情的方法,例如,看一场精彩的体育比赛、看一场喜剧、读一本轻松愉快的书、看一场令人欢乐的电影、玩电子游戏、参加各种社交活动等。凡是能把注意力从悲伤中转移开的方法,都有积极的作用。但运用此法要注意避免选择只会使情况变得更糟的事情,如看一场让人伤心落泪的电影,讨论一部结局悲惨的小说等,只能使抑郁者更加郁郁寡欢。

享受生活也能使人振奋愉快。一个人心情忧郁时,可通过洗个热水澡、吃点美味佳肴、听听音乐等来减轻其郁闷心情。有些人在心情不佳时,通常的缓解办法是上街给自己买点"小玩意"或吃点东西,他们到商店里,即使不买东西,仅仅随处逛逛也会变得心情舒畅。但若暴饮暴食或纵情酗酒,其效果却往往适得其反。因为暴饮暴食后人们常常追悔莫及;酗酒则使人的中枢神经系统受到抑制,从而使情绪更加消沉。

一个小小的成功也是缓解悲伤抑郁的有效方法。一个人设法取得一个小小的成功,如处理好家中某件拖延已久的杂事,打扫一下久未打扫的房间卫生,穿着得体整洁等,都可以改善自我形象而有助于解闷消愁。

换个角度看问题是缓解悲伤抑郁情绪的最有发展前途的方法。所谓换个角度看问题,就是认识的再构建。例如,为一段友谊的终结而伤感甚至产生绝望时,可以换一个角度,想一想这段友谊对自己也许并不那么重要,你与你的朋友未必就是真的情投意合,这样,伤心的情绪就可能大大减少;再如一个重病患者,无论病得多重,如果把自己与那些情况更糟的患者相比,就会觉得"我还行",这样心情就会好一些。这种比上不足比下有余的想法对改善人的心情效果甚佳。

设法助人也是缓解悲伤抑郁的有效方法。抑郁症者情绪焦虑低落的一个重要原因是沉溺于自己的苦恼之中。如果善于热心帮助别人,为别人做点好事,就能把自己从抑郁情绪中解救出来。研究证明,投身于志愿助人的活动是改变心境的一个好办法。

6. 处变不惊,镇定自若

处变不惊、镇定自若是调节自己情绪的高手。这种人处理消极情绪得心应手,甚至对消极情绪可以视而不见。研究显示,镇定者表面上镇定自若、临危不乱,而实际上他们只是对自己的心理波动没有觉察而已。从理论上来说,人们可以通过学习和训练学会控制情绪,成为镇定自若的人。所谓镇定就是乐观情绪阻断了不愉快的情绪,是积极的解离过程。有些人镇定的表现之一就是置身事外的漫不经心。这种镇定自若,实际上是情绪自我调控的一种成功策略。

➤ 专题小结

(1)能力指顺利完成某一活动所必需的心理条件,是直接影响活动效率,并使活动顺利完成的个性心理特征。大学生应具备的重要能力包括动手操作能力、社会交往能力、社会适应能力、创新能力、组织管理能力等。

（2）职业素质是劳动者对社会职业了解与适应能力的一种综合体现,其主要表现在职业兴趣、职业能力、职业个性及职业情绪等方面。一般说来,劳动者能否顺利就业并取得成就,在很大程度上取决于本人的职业素质,职业素质越高的人,获得成功的机会就会越多一些。

（3）现代心理学认为,情商作为一种非智力因素,对一个人的事业成功非常关键。美国成人教育学家卡耐基说:"一个人的成功,只有 15％ 是靠他的专业知识,而 85％ 要靠他良好的人际关系和处世能力。"EQ 是近年来心理学家们提出的与智力和智商相对应的概念,主要是指人在情绪、情感、意志、耐受挫折等方面的品质。主要包括:① 准确表达和评价情绪的能力;② 有效地调节情绪的能力;③ 将情绪体验运用于驱动、计划和追求成功等动机和意志过程的能力。

➤ 复习与探索

（1）读下面故事,回答面试官为什么录取了一个长相平庸的高中毕业生?

一个高中毕业女孩到一家大公司去面试一份高薪职业,面试官问女孩的第一句话是"请问你是什么学历?"得知女孩的学历后面试官对女孩子说"请回。"女孩很平静的对面试官说"请问哪里有铁锤呢?"一会后,面试官很诧异的见到女孩拿了个锤子回来。女孩一言不发地在刚才坐过的凳子一阵敲打,面试官纳闷地问女孩"你在做什么?"女孩说"这凳子有个钉头,弄烂了我的衣服,我把它钉好了就不会再弄烂下一个面试的人的衣服了。"面试官立刻拍板录取了这个学历不高的女孩。

（2）探索:工作情商小测试。尽量诚实地回答下列问题,估计在你的同事、上级和下属的心目中对你下列每一项特征的评价如何,4 分表示非常赞同,3 分表示比较赞同,2 分表示差不多,1 分表示不同意。

① 我通常能保持镇定、乐观、冷静的态度,即便在紧要关头。
② 我能在压力下保持清晰的思维,集中精力处理手头的工作。
③ 我能承认自己的错误。
④ 我通常或总是能履行承诺和遵守诺言。
⑤ 我负责实现自己的目标。
⑥ 我在工作中条理井然和小心仔细。
⑦ 我经常能从广泛的各种来源中获得新思想。
⑧ 我擅长于出新主意。
⑨ 我能顺利地处理多方面的要求和变化的工作重点。
⑩ 我注重结果,有实现自己的目标的强大干劲。
⑪ 我喜欢确定具有挑战性的目标,并愿意为实现这些目标冒成败参半的风险。
⑫ 我总设法学习如何改进自己的工作成绩,包括向比我年轻的人请教。
⑬ 我随时准备为实现一个重要的集体目标做出牺牲。
⑭ 公司的任务是我理解并能支持的事情。
⑮ 我所在的小组(或所在的处、部或公司)的价值影响我的决定,并明确我所做的选择。

⑯ 我积极寻找机会促进组织的总目标,并争取其他人的帮助。

⑰ 我追求比我当前工作所要求的或所期望的要高的目标。

⑱ 障碍和挫折会使我耽搁一阵子,但它们阻止不了我前进。

⑲ 避开繁文缛节和修改过时的规则有时是必需的。

⑳ 我追求新观点,即使那意味着尝试全新的事情。

㉑ 在工作时我能抑制住我的冲动或沮丧情绪。

㉒ 当情况发生变化时我能够迅速改变策略。

㉓ 获得新的信息是我减少不确定性和把工作干得更好的最佳途径。

㉔ 我通常不把挫折归因于个人的缺点(自己的或他人的)。

㉕ 我怀着期望成功而不是害怕失败的情绪做事。

如果你的总分偏低,不要绝望:情商并不是不能提高的。情绪智力可以通过学习获得,而且实际上我们每个人一生中都在提高它,尽管程度不同。

专题八　兴趣探索与士官职业发展

学习目的

(1) 了解兴趣的内涵及在职业选择中的作用。

(2) 探索自己的职业兴趣,通过职业兴趣测量找到自己喜欢和适合的工作。

(3) 了解兴趣与职业匹配理论,找到自己的职业方向。

(4) 尝试根据自己的职业选择,努力培养自己相应的职业兴趣。

导引案例8

成功,没那么难

1965 年,一位韩国学生到剑桥大学主修心理学。下午的时候,他常到学校的咖啡厅或茶座听一些成功人士聊天。这些成功人士包括诺贝尔奖获得者、某一些领域的学术权威和一些创造了经济神话的人,这些人幽默风趣,把自己的成功都看得非常自然和顺理成章。时间长了,他发现,在国内时,他被一些成功人士欺骗了。那些人普遍把自己的创业艰辛夸大了,他们用自己的经历吓唬那些还没有取得成功的人。

作为心理系的学生,他认为很有必要对韩国成功人士的心态加以研究。1970 年,他把《成功并不像你想象的那么难》作为毕业论文,提交给现代经济心理学的创始人威尔·布雷登教授。布雷登教授读后大为惊喜,他认为这是个新发现,这种现象虽然在东方甚至在世界各地普遍存在,但此前还没有一个人大胆地提出来并加以研究。

后来这本书伴随着韩国的经济起飞了。这本书鼓舞了许多人,因为它从一个新的角度告诉人们,成功与"劳其筋骨,饿其体肤""三更灯火五更鸡""头悬梁,锥刺股"没有必然的联系。只要你对某一事业感兴趣,长久地坚持下去就会成功,因为上帝赋予你的时间和智慧够你圆满做完一件事情。后来,这位青年也获得了成功,他成了韩国某汽车公司的总裁。

职业兴趣对于职业人生有着至关重要的作用。你未来的职业满意感、职业稳定性和职业成就很大程度上取决于你的职业兴趣。本专题着重了解兴趣的内涵,探索自己的兴趣,找到自己喜欢的职业或职业方向。

第一节　兴趣概述

一、兴趣

1. 兴趣的内涵

兴趣,是人对客观事物的选择性态度,是人对需要的情绪表现,或者说是指一个人愿意认识和掌握某种事物,并经常参与该活动的心理倾向。根据《现代汉语词典》所下的定义:兴趣指的是一种喜好的情绪。据此,兴趣具有如下几点特征:

(1)兴趣是一种情绪,即人从事某种活动时产生的兴奋心理状态。

(2)兴趣是一种健康的情绪。

(3)兴趣是一种爱好的情绪。

对生活有浓厚兴趣的人,会觉得生活丰富多彩,充满乐趣;对学习感兴趣的人,就会兴致勃勃、孜孜不倦地学习;兴趣爱好广泛的人,其思维的开阔性和想象力会得到发展;从事自己感兴趣的事,就会觉得心情舒畅和愉快。

兴趣不只是对事物表面的关心,任何一种兴趣都是由于获得这方面的知识或参与这种活动使人体验到情绪上的满足而产生的。我们往往有这样的体验,干一件自己喜欢的事,感到心情特别舒畅,干劲倍增;做一件自己不愿做的事,感觉郁郁寡欢,提不起精神。

兴趣和爱好受社会制约,不同的环境、不同的职业、不同的文化层次的人,兴趣和爱好都不一样。社会环境、社会舆论导向、实践活动都可以影响兴趣的形成与发展。

兴趣和爱好受遗传影响,家庭环境的熏陶对其职业兴趣的形成具有十分明显的导向作用。大多数人从幼年起就在家庭的环境中感受其父母的职业活动,随着年龄的增长,逐步形成自己对职业价值的认识,使得个体在选择职业时,不可避免地带有家庭教育的印迹。家庭因素对职业取向的影响,主要体现在择业趋同性方面。

兴趣受需要影响,兴趣建立在需要基础上,是个人带有积极情绪色彩的认知和活动倾向,是个人对其环境中的人、事、物所产生的喜爱程度,是个人力求认识、掌握某事物,并经常参与该种活动的心理倾向。当一个人有某种需要时,就会有满足需要的欲望,会对它产生特别的注意力,对该事物感知敏锐、记忆牢固、思维活跃、情感浓厚、意志坚强。兴趣是人们活动的重要动力之一,是活动成功的重要条件。

2. 兴趣分类

人的兴趣是多种多样的,也有不同的划分办法:

(1)物质兴趣和精神兴趣。物质兴趣主要指人们对舒适的物质生活(如衣、食、住、行方面)的兴趣和追求;精神兴趣主要指人们对精神生活(如学习、研究、文学艺术、知识、成长)的兴趣和追求。就大学生来说,由于人生观和世界观尚未完全形成,无论物质兴趣和精神兴趣都需要进行积极的引导,以防止在物质兴趣方面的畸形发展、在精神兴趣方面的消极追求、在职业兴趣方面的不良偏爱。

(2)直接兴趣和间接兴趣。直接兴趣是指对活动过程的兴趣。例如,有的大学生喜欢制作各种模型,在制作过程中全神贯注,表现出浓厚的兴趣;间接兴趣主要指对活动过程所产生的结果的兴趣。有的大学生业余喜欢绘画,每当完成一幅画,他都会对自己取得的成果表现极大兴趣。直接兴趣和间接兴趣是相互联系、相互促进的,如果没有直接兴趣,制作各种模型的过程就很乏味、枯燥;而没有间接兴趣的支持,也就没有目标,过程就很难持久下去,因此,只有把直接兴趣和间接兴趣有机地结合起来,才能充分发挥一个人的积极性和创造性,才能持之以恒、目标明确,取得成功并品尝成功的喜悦。

(3)个人兴趣和社会兴趣。个人兴趣是个体以特定的事物、活动及人为对象,所产生的积极的和带有倾向性、选择性的态度和情绪。社会兴趣是指对社会怀有积极的看法,并且对增进社会福利怀有强烈的兴趣,愿意与他人友好合作以实现共同增进社会利益的目标,并能与大家一同造福社会。

一个心理健康的人,往往有这样一些特点:有浓厚的社会兴趣,懂得互助合作,有健康的生活风格和正确的解决问题的方法。一个社会人如果没有社会兴趣,是很难在生活中有良好的适应和发展的,有社会兴趣的人在追求与社会利益相一致的目标中实现其对优越的向往与追求。例如所有为社会福利而努力奋斗与工作的人,他们的优越都表现在为社会所做出的贡献上,由于他们为社会所做的贡献,社会也回报他们以极大的尊重和赞许,这不仅能够实现自己所期望的优越,而且有助于发展出成熟健康的心理。

缺乏社会兴趣的人,追求的是纯私人的目标。如果一个人在追求优越中选择了错误的或者说是违反社会利益的纯私人的目标,那么,他就有可能发展为一个病态的人。作为大学生,既不能埋没自己的个人兴趣,又要把个人兴趣与社会兴趣有机结合,在实现个人目标的同时为社会做出自己的贡献。

3. 兴趣与爱好的关系

兴趣是人乐于接触、认识某种事物,并力求参与相应活动的一种积极的意识倾向。

爱好则是对某种事物具有浓厚的兴趣并愿意积极参加此种活动的表现。可见,有了兴趣才能有爱好。爱好是兴趣的第二阶段,也可称之为乐趣。

职业兴趣、爱好,是你能够当作事业的爱好,是你对某种职业的美好向往,它为你提供良好的经济保障,是你生存的保障。职业兴趣可以为你选择职业提供一个重要的参照系,它可以为你的工作提供源源不断的动力。

生活兴趣、爱好,是让你觉得心情舒坦的爱好,有强大的魅力去吸引着你始终地坚持下去,过段时间如果不做就会感觉缺了点什么。它是你放松心情的最好方式,休闲娱乐的最好途径,定期做自己喜欢的事,能够给你一种健康的生活方式,良好的心情往往是你健康的基础。

你藏在心底作为梦想的爱好,也许是一个幼稚的想法,也许是一个小小的许诺,也许是单纯为了梦想的境界。做它你只有投入而没有回报,但在做的过程中得到快乐,发出那种小孩子一样的天真的笑声,这三种爱好不管做哪个都会让你开心。

兴趣不是与生俱来的,它需要培养。像"唐宋八大家"之一的苏轼,之所以在散文、诗、词方面具有杰出的成就,是和他父亲的熏陶和培养分不开的。

兴趣也不是不可以改变的。它在某些情况下和需要有着密切的联系。鲁迅早年学医,可是后来他认识到救人得要先救国,所以他弃医从文了,成了我国伟大的文学家、思想家。

二、职业兴趣与职业匹配理论

1. 职业兴趣

职业兴趣是指人们对某种职业活动具有的比较稳定而持久的心理倾向。它是一个人探究某种职业或从事某种职业活动所表现出来的特殊个性倾向,它使个人对某种职业给予优先的注意,并具有向往的情感。由于兴趣爱好不同,人对美好职业的追求有很大的差异。职业兴趣对职业选择和职业发展都有一定的影响。良好而稳定的职业兴趣使人从事各种实践活动时,具有高度的自觉性和积极性。个人根据稳定的兴趣选择某种职业,兴趣就会变成巨大的个人积极性,促使一个人在职业生活中做出成就。反之,如果你对所从事的职业不感兴趣,就会提不起精神,就会影响你积极性的发挥,难以从职业生活中得到心理上的满足,也不利于工作上成就的获得。

达尔文喜欢玩虫子,一天他剥开一片树皮,发现两只稀有的虫子,便用两只手各抓一只,之后又发现第三个新种类,他舍不得放走,便把右手的一只放进嘴里,虫子分泌的辛辣的液体,把达尔文的舌头辣的发热,正是这种对生物的痴迷,达尔文才写出了举世闻名的著作《物种起源》。

2. 职业匹配理论

你有机会到下列六个岛屿中的一个去体验生活,唯一的要求是你必须要在这个岛上待满至少半年的时间。请不要考虑其他的因素,仅凭自己的兴趣按一、二、三的顺序挑出你最想前往的三个岛屿。

R岛:自然原始的岛屿,岛上保留有热带的原始植物林,树木茂密、野花丛生,生物种类齐全,自然生态保护良好,岛上有相当规模的动物园、植物园、水族馆。岛上居民热爱劳动,自己种植花果蔬菜、修理房屋、打造器物、编制花篮、制作各种工具,崇尚技术工作,以手工见长。

I岛:深思冥想的岛屿,岛上人迹较少,建筑物多偏处一隅,平川绿野,适合夜观星象和读书研究。岛上有多处天文馆、科博馆,以及科学图书馆等。岛上居民喜好沉思、追求真知,喜欢和来自各地的科学家、哲学家、心理学家等交换心得,喜欢思考、学习、分析和解决问题。

A岛:美丽浪漫的岛屿,岛上充满了美术馆、音乐厅,人们吟诗作画,唱歌跳舞,弥漫着浓厚的艺术文化气息。同时,当地的原住民还保留了传统的舞蹈、原生态的音乐与古老的绘画,许多艺术和文艺界的朋友都喜欢在这里找寻灵感,从事艺术创作。

C岛:现代并秩序井然的岛屿,岛上建筑十分现代化、高楼林立、市场繁荣,是进步的都市形态,以完善的户政管理、地政管理、金融管理见长。岛民个性冷静保守,处事有条不紊,善于组织规则。

E岛:显赫富足的岛屿,岛上居民热情豪爽,善于经营和贸易。岛上的经济高度发展,处处是高级饭店、俱乐部、高尔夫球场。来往者多是企业家、经理人、政治家、律师等,他们喜欢以影响力、说服力与人互动,追求政治与经济上的成就。

S岛:温暖友善的岛屿,岛上居民个性温和、十分友善、乐于助人,人们相互帮助,社区均自成一个密切互动的服务网络,人们重视教育,充满人文气息。

想想看,描述的六种典型的环境,你选择哪一个或哪几个?

一般情况下,人们通常选择与自我兴趣类型匹配的职业环境,如有现实型兴趣的人希望选择R岛以在相应的职业环境中工作,更好地发挥个人的潜能。当然,在职业选择中,每个人并非一定要选择与自己兴趣完全对应的职业。一则因为人本身是多种兴趣类型的综合体,单一类型的不多,为此,评价个体的兴趣类型时也时常以其在六个岛中得分居前三位的类型组合而成,组合时根据分数的高低排列,构成兴趣组型,如:现实(R)、常规(C)、艺术(A)、企业(E)、研究(I)、社会(S)等。另外,因为影响职业选择的因素是多方面的,不完全依据兴趣类型,还要参照社会的职业需求及获得职业的现实可能性。

在数以万计的职业中,如何能找到与自己兴趣相匹配的? 由于职业、工作种类太多了,因此必须对庞杂的职业做一个科学的、适合操作的分类。然后再去发现自己感兴趣的职业群。对职业兴趣以及相对应的职业类型划分的研究由来已久,其中影响最大且有配套的兴趣量表的,要属美国心理学家、职业指导专家霍兰德的相关理论。

霍兰德把职业兴趣分为六种类型,分别为:现实型、研究型、艺术型、社会型、企业型、常规型。每种类型对应不同的特点和职业,与我们刚才的选择基本对应。霍兰德认为:同一类型的人与同一类型的职业互相结合才能达到相互适应状态。

人在一生中,面临着许多职业选择,工作选择、职位选择,甚至具体项目的选择,这些选择是否能与其自身的兴趣类型相匹配,是影响其成功的重要因素。员工的工作满意度与流动倾向性,取决于个体的职业兴趣与职业环境的匹配程度。当兴趣和职业相匹配时,会产生最高的满意度和最低的流动率。

霍兰德兴趣与职业匹配理论的基本观点是:

(1) 兴趣是人格的一部分,而且是人格天然成分的重要部分,职业选择是个人人格的自然延伸,是人格在职业选择中的表现,个人的选择行为是人格与环境交互作用的结果。

(2) 每个人都有自己的个人兴趣组型(即人格组型)。有人兴趣较为单一,便于识别,有人兴趣较为复杂,不易区分。人的兴趣也可以是多种兴趣的组合,比如一个人喜欢研究,但研究的是社会问题,它可能就是一个社会科学研究人员,社会科学研究人员就是研究型和社会型的组合。

(3) 人格形态与行为形态影响人的择业及其对生活的适应,同一职业团体内的人有相似的人格,因此他们对很多情境与问题会有相类似的反应方式,从而产生类似的人际环境。

(4) 人可区分为六种人格类型(即兴趣组型):现实型(R)、研究型(I)、艺术型(A)、社会型(S)、企业型(E)和常规型(C)。每个人的人格属于其中的一种。

(5) 人所处的环境也可相应分为六种类型,即现实型(R)、研究型(I)、艺术型(A)、社会型(S)、企业型(E)和常规型(C)。

(6) 霍兰德认为,环境造就了人格,反过来人格又影响着个体对职业环境的选择与适应;人们总是寻找能够施展其能力与技能、表现其态度与价值观的职业;职业满意感、稳定性和职业成就取决于个体人格类型和职业环境的匹配与融合;职业行为是人格与环境相互作用的结果。

第二节 职业兴趣探索

一、霍兰德六类型人格特点

1. 现实型——R 型

也称实际型。属于现实型人格者,喜欢从事技艺性的或机械性的工作,能够独立钻研业务、善于按部就班地完成任务,长于动手并以"技术高"为荣。其不足之处是人际关系能力较差。属于这一类型的职业有:飞机机械师、机器修理工、电器师、自动化技师、电工、木工、机床操作工(如车工等)、机械工人、制图员、农民、X光机技师、鱼类专家、火车司机、长途汽车司机等等。

2.研究型——I型

也称调查型或思维型。属于调研型人格者,喜欢从事思考性、智力性、独立性、自主性的工作。这类人往往有较高的智力水平和科研能力,注重理论,勤于思索。其不足之处是不重视实际,考虑问题偏于理想化,且领导他人、说服他人的能力较弱。属于该类型的职业主要有:科研人员、技术发明人员、计算机程序设计师、实验员、科学报刊编辑、科技文章作者、天文学家、地质学者、气象学者、药剂师、植物学者、动物学者、物理学者、化学家、数学家等等。

3.艺术型——A型

艺术型人格者,喜欢通过各种媒介表达自我的感受(如绘画、表演、写作),其审美能力较强,感情丰富且易冲动,不顺从他人。其不足之处是往往缺乏文书、办事员之类具体工作的能力。属于该类的职业主要有:作曲家、画家、作家、演员、记者、诗人、摄影师、音乐教师、编剧、雕刻家、室内装饰专家、漫画家等等。

4.社会型——S型

也称服务型。属于社会型人格者,喜欢与人交往,乐于助人,关心社会问题,常出席社交场合,对于公共服务与教育活动感兴趣。其不足之处是往往缺乏技术能力。属于该类型的职业主要有:社会学家、福利机构工作者、社会工作者、咨询人员、心理治疗医生、社会科学教师、学校领导、导游、精神病工作者、公共保健护士等等。

5.企业型——E型

也称决策型或领导型。属于企业型人格者,性格外向,直率、果敢、精力充沛、自信心强,有支配他人的倾向和说服他人的能力,敢于冒险。其不足之处是忽视理论,自身的科学研究能力也较差。属于该类的职业主要有:厂长、经理、营销员、采购员、饭店经理、律师、政治家、市长、校长、广告宣传员、调度员等等。

6.常规型——C型

也称传统型。属于常规型人格者,喜欢从事有条理、有秩序的工作,按部就班、循规蹈矩、踏实稳重,讲求准确性(如数字、资料),愿意执行他人命令、接受指挥而不愿独立负责或指挥他人。其不足之处是为人拘谨、保守、缺乏创新精神。属于该类的职业主要有:记账员、会计、银行出纳、法庭速记员、成本估算员、税务员、校对员、打字员、办公室职员、统计员、计算机操作者、图书资料档案管理员、秘书等等。

霍兰德用六边形模型(如图8-1所示)表示六种人格、职业类型的相互关系,边和对角线的长度反映了六种职业的相似与相容程度。

霍兰德六边形模型的特点:一是相邻相似性:模型中距离越近的类型越相似。如RI、IR、IA、AI、AS、SA、SE、ES、EC、CE、RC及CR。属于这种关系的两种类型的个体之间共同点较多,如艺术型与研究型都有"独立"的特征;二是相对差异性:模型中对角的类型的特征差异最大。如艺术型的"不服从",而对角的常规型则比较"顺从"。

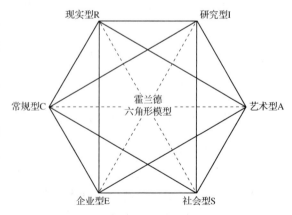

图8-1 霍兰德六边形模型

二、人职匹配测试

1. 人职匹配测试说明

美国职业指导专家霍兰德创制的霍兰德量表，是具有权威性和信度、效度都非常高的量表。霍兰德测验将帮助你发现和确定自己的职业能力特长和兴趣方向，从而更好地做出就业、升学、在职进修或职业转向的选择。

如果你已经选择了或者考虑好了自己的职业，该测验将使这种选择或考虑具有理论基础，并可以为该项选择提供其他合适的职业；尚未确定职业方向者，测验将帮助其根据自身的情况选择适当的职业方向。霍兰德测验共分七个部分，第七部分是测试总得分。每部分测试都没有时间限制，但应当尽快地完成。做完以后，请对照附录中的"测试结果——职业分类表"。

2. 霍兰德测评量表的使用说明

（1）得分最高的职业类型意味着最适合你的职业。比方说，假如你在Ⅰ型（研究型）上得分最高，说明你最适合做自然科学方面的研究工作，如气象研究、生物学研究、天文学研究等，或科学杂志编辑，其余类推。

（2）人格类型的区分性或稳定性。你的前三个类型的得分差距越大（如30—20—10），说明你的人格特质区分性或稳定性越高。如果得分差距较小（如21—20—18，或27—25—26），则说明你的人格特质稳定性较弱。

（3）如果你的职业类型和你的理想工作不太一致，或者职业能力和职业兴趣不相匹配，那么请你参照你的职业价值观来做出最佳选择。比如，假如你兴趣部分在S型上得分最高，但能力部分在R型上得分高，那么请参考你最看重的因素——价值观；如果你最看重能充分发挥自己的能力特长，那么R型工作（如工程师等）最适合你；假如你最看重能从事自己感兴趣的工作，那么S型工作（如教师、导游等）最适合你。

第三节　士官的职业发展方向选择

中国士官制度改革，发生了三大转变：一是士兵向专业化转变，二是士官向职业化转变，三是士官职能向多类型转变，不但有传统的技能型、管理型士官，也出现了专家型、参谋型士官。据此，我们提出了六型士官的大体分类："工匠型专业技能士官、专家型专业技术士官、复合型指挥管理士官、智囊型谋略参谋士官、教练型示范训练士官、社会型综合引导士官"；这是军队现代化建设的需要。

随着军队改革的深入，士官与军官一样，列入人力资源管理范畴。"人—职"匹配的观念越来越深入人心。岗位分配虽然都是由组织研究决定的，但是不同类型的入伍士兵，职业发展却大不一样。随着军队的发展，基层管理的任务、教练示范的任务越来越重，新岗位层出不穷。比如，编制体制调整后，产生的一些"官改兵"岗位，像士官参谋、士官助理员、各级带有管理职责的军士长等，就会从同一专业中的人员选拔。如果想成为该类人员，就必须有相应的知识、能力储备和对应的业绩。这种职业发展方向的选择，虽然不具备职业选择的全部意义，但选择的基本理论应该是职业匹配理论。

职业匹配理论认为人的人格类型、兴趣与职业密切相关，每个人都有自己独特的能力模式和人格特征,每个人格特征的人都可以找到适合自己的职业,当个人的人格特征兴趣与职业相符时,可以调动员工的工作热情、激发其潜力,并能提高员工的工作满意度。

如果匹配得好,则个人的特征与职业环境协调一致,工作效率和职业成功的可能性就大为提高。反之则工作效率和职业成功的可能性就很低。因此,对于组织和个体来说,进行恰当的"人—职"匹配具有非常重要的意义。而进行"人—职"匹配的前提之一是必须对人的个体特性有充分的了解和掌握,而人才测评是了解个体特征的最有效的方法。所以"人—职"匹配理论是现代人才测评的理论基础。

为了适应军队的发展,在霍兰德兴趣测评的大框架下,根据军队人才需要的特点,我们把士官岗位大体划分为:

① 技能型(工匠型专业技能士官,大体对应现霍兰德理论中的现实型):技能型士官是士官的主体,他们以娴熟的技能服务于军队基层操作性岗位。

② 管理型(复合型指挥管理士官,大体对应现霍兰德理论中的企业型):在美国,各级配有军士长,包括9个军衔等级涵盖了从组长级指挥官到连营旅、总军士长等多个关键岗位。军士长的任务是对各军种长官负责,提供士兵的意见,以利于军队长官在拟订计划时做出更正确的判断。这一点在美军的营一级部队中尤为突出,因为在营里总军士长对该部中的20—30名高级士官的情况了如指掌,通常情况下,营的总军士长在部队服役的时间比其他任何人都长,在事务处理上要有更多的经验,对营长指挥和调遣部队可以提供更为专业的意见。目前,我军建立"指挥靠军官、训练与管理靠士官"的制度,很多单位探索在建制旅(团)、营、连分别设立士官长,大大拓宽士官的发展空间,强化军事技能、作战、管理经验传承、延续和开拓,提升军队的职业化程度。随着士官管理工作分量的加重,军队有一大批具有管理职能的岗位,这些岗位要求人具有从事管理工作的潜质,自信、精力充沛、善社交等。士官长制度的建立,使士官在部队领导、管理中的作用日渐突出,对管理型人才需求量增加。

③ 智囊型(智囊型谋略参谋士官),目前,军队士官出现了一些新的变化,即在军队机关任职的士官参谋、干事、助理员。他们既有一定的社会活动能力,又有一定的组织策划计划能力、一定的口头及文字表达能力。他们工作稳定、经验丰富,成为参谋队伍中的骨干。

④ 专家型(专家型专业技术士官,大体对应现霍兰德理论的研究型)。士官从事理论或设计研究的可能性很小,他们是面向实际应用岗位的研究人员,他可以是某一装备操作维修方面的专家,以后这类人可能成为士官研究生(技术应用型)。军队比较典型的是中国"兵王"王忠心。其主要事迹是:王忠心经历过军队建设3次跨越式发展和部队武器装备2次换型,时刻保持"号手就位"的姿态。他熟练掌握操作3种型号导弹武器,精通19个导弹测控岗位,先后执行重大军事任务28次、参加实装操作训练1 300多次,没有下错一个口令、做错一个动作、连错一根电缆、报错一个信号、记错一个数据、按错一个按钮,演绎了"兵王"的传奇。王忠心先后参与编写修订《导弹概述》《综合测试设备》等20余本教案规程,探索出一套独到的"王氏学习法",将抽象的专业理论变得形象直观,将枯燥的实装操作变得生动有趣。这套教材和学习法已被沿用10多年。根据对他的跟踪了解到,他喜欢智力的、抽象的、分析的、独立的操作和维修这类研究任务,是导弹操作、维护、修理专家。

⑤ 教练型(教练型训练指导士官),基层的教育训练主要由士官完成,教练水平的高低直接影响军队战斗力的生成,每一个基层、每一个基层操作使用专业,必须有一支优秀的教练队伍。

⑥ 社会型(社会型综合引导士官)具有合作、友善、助人、负责、善言谈、洞察力强等人格特征。喜欢社会交往、关心社会问题、有教导别人的能力。是军队基层的思想、心理调剂者,文体美各项活动的组织者。

人格类型与职业关系也并非绝对的一一对应。尽管大多数人的人格类型可以主要地划分为某一类型,但个人又有着广泛的适应能力,其人格类型在某种程度上相近于另外两种人格类型,则也能适应另两种职业类型的工作。也就是说,某些类型之间存在着较多的相关性。

在士官测评系统中,我们给出各种类型的比较数据,数据最大者是与你的兴趣、能力、性格优势最为接近的。根据测评结果,你可以选择与你的兴趣、性格、能力、价值观最为匹配的职业方向。一个人在与其人格类型相一致的环境中工作,容易得到乐趣和内在满足。

第四节　兴趣培养

"如果工作是快乐的,那么人生就是乐园;如果工作是强制的,那么人生就是地狱。"高尔基的话人人明了,但又有多少人真实地快乐地工作着呢?

怎样寻找这份"快乐的工作"呢? 最先要做的当然是知道自己喜欢做哪方面的工作、适合做哪方面的工作。

一、兴趣在职业活动中的作用

兴趣是职业生涯选择的重要依据,兴趣可以充分发挥你的才能、提高你的工作效率、增强你的工作动力;兴趣是保证职业稳定、职场成功的重要因素;兴趣是最好的老师,对于有兴趣的事物,人们总是能愉快地去探究,这使工作和研究过程不再是一种负担,而是一种身心上的享受。直接兴趣和间接兴趣的结合可以调动人们的积极性。具体说来,兴趣在职业中有如下作用:

1. 兴趣可以使人的智力潜能得到充分发挥

兴趣是一种强大的精神力量,它可以使人集中精力去获得知识,并创造性地开展工作。凡古今中外著名的科学家、艺术家、文艺家,他们之所以能对人类做出贡献,莫不是由于他们的兴趣和他们对事业的责任感的结合,推动他们不懈地努力而取得成功的。事实表明,当一个人对某种事物发生兴趣时,他就会全力以赴,调动整个身心的积极性;就能积极地感知、观察事物,积极思考、大胆探索;就能情绪高涨、想象丰富、思维灵活;就能增强记忆效果,增强克服困难的意志。反之,"牛不喝水强按头"只会导致厌恶,既不会取得好效果,也不可能充分发挥一个人的聪明才智。在学校里被人骂为"傻瓜""低能儿",而被勒令退学的爱迪生,在发明的王国里却显示了杰出的才华,他的发明改变了许多人的生活。在课堂上"智力平平"的达尔文,在大自然的怀抱里显得异常聪明和敏锐,成为进化论的创始人。是什么使他们由"愚蠢"变得聪明了呢?是兴趣。要使自己对生活充满热情、对工作充满激情,就要善于培养自己的兴趣。广泛的兴趣使人精神生活充实,并能应付多变的环境,兴趣使人充满欢乐。积极的兴趣能丰富人的知识、开发智力,广泛而稳定的兴趣能开阔眼界,使人知识丰富。长期稳定的兴趣,能促使人勇于探索、深入思维,爆发出创造性的智慧。兴趣对自己的学习活动更为重要。大学生的理想、信念尚未形成,因而学习的动力多靠已形成的兴趣左右。发展积极兴趣,对提高学习效率十分重要,教育学家乌申斯基说:"没有兴趣的强制性学习,将会扼杀学生探求真理的欲望。"兴趣是一个人走向事业成功的开始,有人总结世界上数百名诺贝尔奖获得者的成功因素,其中之一就是他们对所研究的科学事业内有浓厚的兴趣。

2. 兴趣可以提高人的工作效率

一个人对某一工作有兴趣时,枯燥的工作也会让他觉得丰富多彩、趣味无穷。兴趣使工作不再是一种负担,而是一种享受。兴趣可以调动身心的全部精力,高度集中精力,从而带来效率的提高。据研究,如果一个人对某一工作有兴趣,能发挥他全部才能的80%—90%,并且长时间保持高效率工作不感到疲倦。而对工作没有兴趣的人,只能发挥其全部才能的20%—30%,也容易精疲力尽。多方面的兴趣可以使人善于应付多变的环境,如需变换工作,只要自己感兴趣,也能很快熟悉、适应新的工作。

3. 兴趣是事业成功的重要因素

对某一职业有浓厚的兴趣,是智力开发的"触发器",兴趣是行动的动力。许多成功人士有着一个惊人的相似之处,就是对自己感兴趣的事非常执着,一旦认定就什么也不能改变,只是一意地去追求,全身心投入其中。由兴趣而产生的沉迷执着,是一个人成功的有力保证。

一个人如果选择了自己不感兴趣的职业,不仅会压抑其才能的发挥,还会让其感到深刻的痛苦。

小说家余华最初是一名牙医,他后来说道:"我实在不喜欢牙医的工作,一辈子都要去看别人的口腔,这是世界上最没有风景的地方。牙医的人生道路让我感到一片灰暗",他说,"当时我常站在医院的窗口,看着下面喧哗的街道,心中重复着一个可怕的念头——难道我要在这里站一辈子?"余华后来因有三篇小说在《北京文学》上发表,使他得以到文化馆工作,开始了他所向往已久的、自由自在的、"游手好闲"的写作生涯。

这样一个才华横溢的作家,如果只能在他所不感兴趣的牙医职位上默默工作,他只是一名不出色的医生;但是从事了他所喜爱的写作职业,他就干出了一番受人瞩目的成就。他发表的作品有《活着》《许三观卖血记》《在细雨中呼喊》等,其作品被翻译成多种语言在国外出版,曾获国内外多种文学奖。2005 年,获首届"中华图书特殊贡献奖"。

二、职业兴趣的培养方法

1. 培养广泛的兴趣

具有广泛兴趣的人,不仅对自己职业领域的东西有浓厚的兴趣,而且对其他方面也有一定的兴趣。这种人眼界比较开阔,解决问题时也可以从多方面得到启发,同时,由于兴趣广泛,在职业生涯规划的选择上有较大的余地。如一个电视节目主持人,利用闲暇时间搜集古玩和旧家具,当他失去主持人的工作后,他原来的"业余爱好"使他能靠鉴定古玩继续他的职业生活。兴趣范围狭窄、涉足面小的人,对新事物的适应性就要差些,在职业规划上所受的限制也多些。大学阶段是职业准备阶段,大学生要通过参加学校组织的各类活动,创造机会接触真实的职业世界,培养自己广泛的兴趣,在广泛兴趣的基础上发现自己的潜质和所喜爱的专业以及职业,这是职业生涯教育的内容之一。一个人的早期兴趣对其未来的职业活动起着准备作用,许多人日后的职业选择正是其早期兴趣影响的结果。

2. 充分认识自己的兴趣

有的人偏重精神方面的兴趣,有的人偏重物质方面的兴趣;有的人偏重对活动本身的兴趣,有的人偏重对活动结果的兴趣;有的人兴趣周期短,有的人兴趣持久稳定。每个人兴趣的特点不同,要根据自己的特点,发挥自己的优势,克服自己的不足,扬长避短,培养自己优良的兴趣特点。同时,要客观评价自己的能力来确定职业兴趣,对某项职业有浓厚的兴趣是成功的前提,但事业要取得成功也必须具备该职业所要求的能力。因此在培养职业兴趣的同时也要客观评价自己的能力,看自己是否适合某种职业,在此基础上形成的职业兴趣才是长久的、可规划利用的。

3. 重视培养间接兴趣

直接兴趣是由于对事物本身感到需要而引起的兴趣,间接兴趣则不是对事物本身的兴趣,而是对于这种事物未来的结果感到需要而产生的兴趣。人在最初接触某种职业时,往往对职业本身缺乏强烈的兴趣,必须要从间接兴趣着手培养直接兴趣,用间接兴趣引导直接兴趣。可以通过了解职业兴趣在社会活动中的意义、对人类活动的贡献等以引起兴趣,也可以通过了解某项职业的发展机会引起兴趣,还可以通过实践逐步提高间接兴趣。

4. 注意形成社会兴趣

一个人选择有益于社会的目标去实现他所渴望的成功,就是把"小我"融进了"大我"之中,在追求这样的目标中,他就会逐步发展并完善其"合作""奉献"与"社会兴趣"这三个核心品质,社会兴趣是全人类和谐生活、相互友好、渴望建立美好社会的天然需求,是人社会化的产物。通常来说,社会兴趣是每个人都有的一种潜能,它自然地存在于人的头脑中,差别在于个体是否对此有清楚的认识。在一切人类的失败中、在人的任性中、在犯罪、自杀、酗酒、吸毒以及精神病症中,可以发现一大罪魁祸首,那就是缺乏社会兴趣。每个人在一生中都必须解决三个重要任务:职业任务、社会任务、爱情和婚姻的任务。在完成这些任务的过程,是否有着社会兴趣对于个体而言十分重要,它将影响着个体对生活的感受。如果个体缺乏社会兴趣,那么他的生活就会出现问题,工作就会出现疏漏,行为就会出现偏差。社会兴趣与自我兴趣是不能截然分开的,当以社会交往为目的的社会兴趣成为支配性力量的时候,道德的中心就由自我的关注转向了社会的关注,兴趣就具备了道德上的力量。大学生要在与社会与人的交往中培养社会兴趣。

5. 积极培养中心兴趣

人的兴趣应广泛,广泛的兴趣使人思路宽广、头脑灵活。但如果只有广泛的兴趣而无重点,则会出现浮泛、没有确定的职业规划方向、心猿意马等现象,这样难以有所成就。因此,既要有广泛兴趣又要有中心兴趣,既广泛又有重点,才能既学有所长,又有广泛的知识。现代社会要求人的职业兴趣应是广泛兴趣与中心兴趣相结合,达到"既博且专",防止精力分散。所以,还应着意培养自己在某一方面的中心职业兴趣。应在某一面有持久稳定的兴趣,不能朝三暮四、见异思迁。保持稳定的职业兴趣才能投入更多的热情和精力,深入钻研相关内容,在事业上才能有所发展和成就。

> **专题小结**

(1)兴趣是指一个人愿意认识和掌握某种事物,并经常参与该活动的心理倾向。职业兴趣是一个人追求职业成功的原动力。在人格、需求和动机、价值观中都可以找到它的影子,现代社会中,人们越来越重视兴趣的作用。

(2)美国学者霍兰德把职业兴趣作为一种社会方式的选择,并认为职业选择是个人人格

的延伸。他把人区别为六种人格类型,人所处的环境也可相应分为六种类型,职业成就取决于个体人格类型和职业环境的匹配与融合。

（3）以职业兴趣为首要内容的职业性格测量,可以发现和确定自己的职业兴趣和能力特长,从而更好地做出求职职业的决策。

（4）兴趣在人的成功中占有重要地位,我们要采取多种方法,培养自己的广泛兴趣、中心兴趣、社会兴趣。

➤ 复习与探索

（1）按照兴趣与职业匹配理论,分析几件与自己兴趣有关的成功事例,并写出心得体会。

（2）根据本书附录中的量表,选出自己的职业三字母,根据附录中的测评结果判读,判断一下自己适合的职业类型。

（3）有一个报道说,一个小女孩偶然发现蚯蚓断成两半后,两半都在蠕动,感到特别好奇。她把断了的蚯蚓分别搁进两个有土的花盆里,想观察一下断了的蚯蚓还能不能活。妈妈非常生气,说:"一个女孩子,摆弄什么泥巴,没出息!"并把有蚯蚓的两块泥巴扔出门去。国家教委副主任提到这件事时说:"你看,这么一骂、一扔,就给未来的中国断送了一位女科学家!"从这个报道中你得到哪些启发? 你自己有哪些与众不同的突出兴趣? 你打算如何培养和发挥这些兴趣?

下篇：士官职业生涯规划

专题九　生涯规划概论

导引案例9

四只毛毛虫

毛毛虫都喜欢吃苹果，有四只毛毛虫，都长大了，各自去森林里找苹果吃。

（1）第一只毛毛虫

第一只毛毛虫跋山涉水，终于来到一棵苹果树下。它根本就不知道这是一棵苹果树，也不知树上长满了红红的可口的苹果，当它看到其他的毛毛虫往上爬时，稀里糊涂地就跟着往上爬。没有目的，不知终点，更不知自己到底想要哪一种苹果，也没想过怎么样去摘取苹果。它的最后结局呢？也许找到了一个大苹果，幸福地生活着；也可能在树叶中迷了路，过着悲惨的生活。不过可以确定的是，大部分的虫都是这样活着的，没想过什么是生命的意义，为什么而活着。

（2）第二只毛毛虫

第二只毛毛虫也爬到了苹果树下。它知道这是一棵苹果树，也确定它的"虫生"目标就是找到一个大苹果。问题是它并不知道大苹果会长在什么地方。但它猜想：大苹果应该长在大枝叶上吧！于是它就慢慢地往上爬，遇到分枝的时候，就选择较粗的树枝继续爬。于是它就按这个标准一直往上爬，最后终于找到了一个大苹果，这只毛毛虫刚想高兴地扑上去大吃一顿，但是放眼一看，它发现这个大苹果是全树上最小的一个，上面还有许多更大的苹果。更令它泄气的是，要是上一次它选择另外一个分枝，它就能得到一个大得多的苹果。

（3）第三只毛毛虫

第三只毛毛虫也到了一棵苹果树下。这只毛毛虫知道自己想要的就是大苹果，并且研制了一副望远镜。还没有开始爬时就先利用望远镜搜寻了一番，找到了一个很大的苹果。同时，它发现当从下往上找路时，会遇到很多分支，有各种不同的爬法，但若从上往下找路时，却只有一种爬法。它很细心地从苹果的位置，由上往下反推至目前所处的位置，记下这条确定的路径。于是，它开始往上爬了，当遇到分支时，它一点也不慌张，因为它知道该往哪条路走，而不必跟着一大堆虫去挤破头。比如说,当它的目标是一个叫"教授"的苹果,那应该爬"深造"这条路;如果目标是"老板",那应该爬"创业"这分支。最后,这只毛毛虫应该会有一个很好的结局,因为它已有自己的计划。但是真实的情况往往是,因为毛毛虫的爬行相当缓慢,当它抵达时苹果不是被别的虫捷足先登,就是苹果已熟透而烂掉了。

(4)第四只毛毛虫

第四只毛毛虫可不是一只普通的虫,做事有自己的规划。它知道自己要什么苹果,也知道苹果将怎么长大。因此当它带着望远镜观察苹果时,它的目标并不是一个大苹果,而是一朵含苞待放的苹果花。它计算着自己的行程,估计当它到达的时候,这朵花正好长成一个成熟的大苹果。最后,它终于得到了自己满意的苹果,从此过着幸福快乐的日子。

案例讨论:

从这个案例中你得到哪些启示?

第一只毛毛虫是只毫无目标、一生盲目,没有自己人生规划的糊涂虫,不知道自己想要什么。遗憾的是,我们大部分的人都是像第一只毛毛虫那样活着。

第二只毛毛虫虽然知道自己想要什么,但是它不知道该怎么去得到苹果,在习惯中的正确标准指导下,它做出了一些看似正确却使它渐渐远离苹果的选择。而曾几何时,正确的选择离它又是那么接近。

第三只毛毛虫有非常清晰的人生规划,也总是能做出正确的选择,但是,它的目标过于远大,而自己的行动过于缓慢,成功对它来说,已经是明日黄花。机会、成功不等人。同样,我们的人生也极其有限,我们必须把握。

第四只毛毛虫,它不仅知道自己需要什么,也知道如何去得到自己的苹果,以及得到苹果应该需要什么条件,然后制定清晰实际的计划,在望远镜的指引下,它一步步实现了自己的理想。

其实我们的人生就像这几只毛毛虫,而苹果就是我们的人生目标——职业成功,爬树的过程就是我们职业生涯的道路。毕业后,我们都得爬上人生这棵苹果树去寻找未来,完全没有规划的职业生涯注定是要失败的。

现代社会,规划决定命运。有什么样的规划就有什么样的人生。我们的时间非常有限,越早规划你的人生,你就可能越早成功。想要得到自己喜欢的苹果,想改变自己的人生,就要先从改变自己开始,做好自己的职业生涯规划,做第四只毛毛虫。

本章重点探讨生涯发展的轨迹,要求了解生涯、生涯规划及生涯各个阶段的发展任务,学习生涯规划的理论,重点掌握生涯发展的相关理论,并能够对自己的生涯进行大致的规划和设计。

第一节 生涯概述

一、生涯的概念

"生涯"一词在我国最早见于庄子的《庄子·养生主》的"吾生也有涯,而知也无涯。"这句话的意思是"我的生命是有限的,但是我需要学的知识和进行的探索却是无边际、无止境的。"

美国国家生涯发展协会对生涯一词有如下的定义:生涯(career)是个人通过从事工作所创造出的一个有目的的、延续一定时间的生活模式。

美国职业理论家舒伯认为:生涯是生活里各种事件的方向与历程,它统合了人的一生中各种职业和生活的角色,是个人终其一生所扮演的角色的整个过程,由时间(个人生命的时程)、广度(扮演角色的多少)、深度(角色投入程度)三个方面构成。

霍德和班纳茨认为,生涯包括个人对工作世界职业的选择和发展、对非职业性或休闲活动的选择与追求,以及在社会交往活动中的参与的满足感。

我国台湾某学者认为"生涯"一词涵盖了三个重点:① 生涯的发展是一生当中连续不断的过程;② 生涯包括个人在家庭、学校和社会中与工作有关活动的经验;③ 这种经验塑造了独特的生活方式。

从以上观点可以看出,生涯大致可以从如下几个方面来理解:

1. 生涯是不断选择和创造的

生涯是一个人的愿望和可能性之间、理想与现实之间妥协和权衡的产物,是一个不断的连续选择的结果。

2. 生涯是终身发展和连续的

生涯不是某一特定工作或者职责的时间段,本质上讲是持续一生的过程。生涯发展是一生中连续不断的过程,是一个需要终身学习、终身发展的过程。

3. 生涯是独特的和有目的的

生涯因个人的动机、抱负和目标而形成与发展,反映了个人的价值观和信念。生涯是个人依据其人生规划与人生目标,为自我实现而开展的独特的生命历程,不同的个体具有不同的生涯历程。

4. 生涯是多角色互交的综合体

生涯不仅是一个人的"职业"或者"工作",还包含了个人的生活风格,是所有的生活角色(家长、配偶、持家者、学生等)交互形成的综合体。

简单地说,生涯就是我们每个人有限的全部人生旅程。

二、生涯阶段

生涯的概念尽管不能等同于生命,但生命的成长事件却构成了生涯的不同色彩。歌德曾说"每个人都想成功,但没想到成长。"在探讨如何才能走上成功之路的时候,我们首先要明确个体在每一个发展阶段的主要任务。

斯皮尔伯格的故事

大导演斯皮尔伯格的电影同学们都喜欢看,如《侏罗纪公园》《夺宝奇兵》等。他在36岁时就成为世界上最成功的制片人,电影史十大卖座的影片中,他个人就有四部。在他17岁的时候,有一次去一个电影制片厂参观,尔后,他就偷偷立下了目标,要拍最好的电影。第二天,他穿了一套西装,提着爸爸的公文包,里面装了一块三明治,再次来到制片厂。他故意装出一个大人模样,骗过了警卫,来到了厂里面,然后找到一辆废弃的手推车,用一堆塑胶字母,在车门上拼出来"斯蒂芬·斯皮尔伯格""导演"等字样。然后他利用整个夏天去认识各位导演、编剧等等,天天忙着以一个导演的生活来要求自己,从与别人的交谈中学习、观察、思考,并最终在

20 岁那年,他成为正式的电影导演,开始了他大导演的职业生涯。这里面,我们可以看到他是如何确立自己的目标,并为之奋斗的。

有毅力的老人

一位 63 岁的老人从纽约市步行到佛罗里达的迈阿密。经过长途跋涉,克服重重困难,她终于走到了目的地。有位记者采访了她,记者想知道,是什么力量让这位 60 多岁的老人徒步走完了全程。老人答道"走一步路是不需要勇气的。我所做的就是这样。我先走了一步,接着走一步,然后再一步,就这样,我到了这里。"同样,我们的雅典奥运射击冠军说过这么一段话"我当然想拿冠军,但是到了赛场上,我只知道一枪一枪,将每一发子弹打好。我们截取了人生的两段,如果想象把它连接起来可以参与到人生全程轮廓,我们可以感悟出,就这样,我拿到了冠军。"

人生的开始阶段,目标十分重要。这一时期有无明确的目标关乎终身的发展,而且一般说来,目标确立越早越好,目标与理想并不是大人的事情,从小立志,并努力实现它,你就能拥有超人的力量。而人生的后几段需要一步一步地努力,目标的实现,需要勇气,更需要毅力。

可是,我们有些人,高中之前,生活在老师家长的呵护之中,不停地做功课、考试,好像只为升学。到了 20 岁,上大学之后,目标淡漠了,开始"混"大学。毕业了,稀里糊涂找个工作准备挣钱了。

到了 40 岁,人到中年,发现青春早已逝去,但又有很多遗憾,于是开始骂老板不识货,怪家人不体恤,埋怨政府、埋怨国家、埋怨社会……就这样在抱怨遗憾中又过了 20 年。

到了 60 岁,发现人生所剩不多,于是告诉自己,不要再抱怨了,就珍惜剩下的日子吧。于是,默默走完自己最后的岁月。

到了生命的尽头,突然想起:好像有什么忘记了。是什么呢?是你的钥匙,你人生的关键。你把你的理想、抱负、目标都留在了 20 岁,没有完成。

人的生命只有一次,人生像一次不可逆的单程旅行。想一想,是不是也要等到 40 年之后、60 年之后才来追悔?想一想,我们最在意的是什么?想一想,希望将来的自己和现在有些什么不同?想一想,我们是不是可以做些什么来防止这个遗憾发生呢?

要防止遗憾的发生,我们就要明确在每个人生阶段我们应该去完成的任务,只有把每个阶段的任务完成好了,最终我们才能无憾这一生。

1. 生涯发展阶段任务

美国心理学家哈维和斯特认为,一个人在其成长的不同年龄阶段都需要完成不同的"发展任务",所谓的"发展任务"是社会对于个体在这一年龄阶段的期望,期望其在行为上能够达到的程度。哈维和斯特认为"发展任务"主要来自三个方面:一是生理的成熟和成长;二是文化和社会的要求或期望;三是个人的价值和期望。所谓身心发展良好,是指个体在某一年龄阶段表现出的行为符合社会对该年龄的要求,即个体能做好该年龄应该做的事。

哈维和斯特主张教育应当把人生意义和生活价值的指导放入生活知识的学习之中,不仅应当学习如何生活,而且应当懂得为什么生活,即生活的目的,将探索生存意义视为教育的主要任务。

哈维和斯特认为个体在每一发展阶段的主要任务如下:

婴儿期与儿童早期(0—6岁):学习走路;学习食用固体食物;学习说话;学习控制排泄机能;学习认识性别和有关性别的行为和礼节;获得稳定的肌肉运动;形成对社会和身体的简单概念;对父母、兄弟姐妹及他人产生情感联系;学习判断是非并发展良知。

儿童晚期(6—12岁):学习游戏所必需的身体技能;形成健全的自我态度;学习与同伴和谐相处;学习扮演适合自己性别的角色;发展读、写、算的基本技能;发展日常生活所必需的各种观念;发展良知、道德观念、价值标准;发展对社会团体和制度的态度。

青少年期(12—21岁):接受个人的体型、长相和性别角色(接受与生俱来不可改变的部分,努力去改变可以改变的部分);与年龄相近的异性和同性建立新而成熟的关系(性别意识明显,既能"谈好情"又能"念好书");情绪上不再依赖父母和其他成人(学习独立,但此阶段也容易与师长、他人产生冲突);准备适应婚姻和家庭生活(寻求爱的认同与肯定);树立经济上独立的自信态度,选择职业并做好就业准备(了解自己的职业取向,培养能力,了解就业信息,探索职业);发展行使公民权利所需的知识、技能和观念,发展对社会负责的行为(从承担责任中寻找自己的定位,肯定生命价值);将自我价值建立在科学的基础之上;发展道德价值体系(随着个人成长,逐渐了解生命的意义,在社会化过程中发展自己的价值体系,是一种自我奉献的价值观还是一种自我享乐的价值观,是一种服务社会价值观还是一种功利社会价值观,全看此阶段的发展)。

成年期(21—40岁):选择配偶;学习过婚后的配偶生活;开始组建家庭;抚育子女;管理家庭;开始从事一种职业;履行公民责任;参与合乎自己性格和志趣的社团活动。

中年期(40—60岁):完成成年的公民和社会职责;建立并维持某种经济水准的生活;帮助青少年子女成长为可靠、幸福的成年人;开展中年期的闲暇活动;与配偶维持密切关系;承受并适应中年期的生理变化;与年迈父母互相适应。

老年期(60岁至死亡):适应逐渐衰退的体力和健康状况;适应退休和收入的减少;适应配偶的死亡;与其他老年人建立密切联系;履行对社会和公众的义务;建立美满的人生。

成长是人一生的任务,每个阶段又有不同的任务和特点,把握这些特点和任务,提前规划,才能掌握人生的主动权。

2. 生物社会生命周期

生物社会生命周期是从生理变化的角度来看待人的发展,其特征为单向性和不可逆性,这使我们在生涯阶段中会随时感受到时间的紧迫感,从而进一步体现出积极主动开发、管理生涯的意义。

一个人的生物社会生命周期,包含两方面的生命内容,或者说取决于两大因素:

(1)人体所发生的生物性变化。如一个人随着时间的推移,身体发生预期的生理变化,逐渐成长、长大,形成诸如青春期、成人期、中年期、更年期等多个生理阶段。

(2)与年龄相关的预期的社会文化准则。我们的社会和文化具有一种复杂的"年龄层系统"——一个人应当做什么和他在不同的年龄阶段应如何行事的一系列预期。例如,儿童被预期是贪玩、好动、耍性子的;青年被预期是不定型的、精力旺盛的、好冲动的,正奋力向成年靠拢;成年人被预期有承担工作和家庭方面的责任和义务;老年人被预期精力和体力逐渐衰退,更多的沉浸在自我闲暇之中,接受自己责任水平的减退。正如孔子所说"吾十有五而至于学,三十而立,四十而不惑,五十而知天命",这就是典型的与年龄相关的预期的社会文化准则。

正是上述生物力和随之而来的与年龄相关的预期社会文化准则,构成了一个人的生物社会生命周期。我们可以根据我们所处的年龄与人生阶段,了解我们所面临的问题和应解决的任务,从而更好地进行生涯规划,实现人不断的、有序的成长。

三、生涯成熟

生涯成熟度是指在面对生涯问题时的心理发展水平,反映了每个人在不同生命阶段所完成发展任务的历程和状态。

下面是一组测试题,请根据自己目前的情况(不是未来的愿望)选择。"非常不同意"1分;"不同意"2分;"尚可"3分;"同意"4分;"非常同意"5分。

(1) 我曾想到要做些事,让自己今天或明天发展得更好。

(2) 我认真关心过我将来要做什么样的人。

(3) 我为了将来的工作和生活做准备(如选课、收集资料等)。

(4) 一般在生活中,我能做出相当合情理的决定。

(5) 对于自己的未来发展,我能独立自主地做决定。

(6) 目前我就读的专业发展是经过慎重选择的。

(7) 我就读的专业与我将来的预定工作、进修、家庭发展方向是很有关的。

(8) 我了解自己的能力、专长和限制。

(9) 我了解自己的个性、兴趣和重视的事物。

(10) 我关心社会和时局的变迁,并考虑它对我目前及将来发展的影响。

(11) 我会收集正确的信息,以便做决定时参考。

(12) 我能恰当地呈现自己,让别人认识我(如让新朋友、雇主、师长、准岳父……认识我)。

(13) 我已经计划好将来要发展的方向。

(14) 在我待过的学校和环境,我通常适应得很不错。

分数越高,生涯成熟度越高。一般来说,在人生各个阶段,越具有生涯成熟度的人越关心自己目前和将来的发展、越有自知之明、越能运用信息、越能在环境中适应并且追求进步。在进入职业前,一般用职业选择来衡量心理活动发展水平;在进入职业后,虽然也存在职业发展水平问题,但还有一部分更为重要的任务,比如如何适应工作岗位所在的组织、如何保住自己的职业、如何晋升、在面临退休时如何计划等。对于在校学生来说,其职业成熟度的衡量标准以职业选择为主。如果一个学生能根据自己的心理特点、专业能力和就业形势等进行科学的决策、做出职业选择,并采取客观可行的措施,最终获得满意的职业,那么其职业成熟度就高,反之则低。

第二节　生涯发展

一、生涯发展论

生涯发展理论主要起源于20世纪50年代哈维赫斯特的发展阶段理论和金斯博格等人的

职业发展理论,而舒伯集差异心理学、发展心理学、职业社会学及人格发展理论之大成,进行了长期的研究,系统地提出了有关生涯发展的观点。

二、生涯彩虹图

1980 年以后,舒伯提出了一个更为广阔的新概念——生活广度、生活空间的生涯发展观,在这个理论中,舒伯加入了角色理论,并根据生涯发展阶段与角色彼此间交互影响的状况,描绘出一个多重角色生涯发展的综合图形。这个生活广度、生活空间的生涯发展图形,舒伯将它命名为"一生生涯的彩虹图"。

1. 横贯一生的彩虹——生活广度

在"一生生涯的彩虹图"中,横向层面代表的是横跨一生的生活广度。彩虹的外层显示人生主要的发展阶段和大致估算的年龄:成长期(约相当于儿童期)、探索期(约相当于青春期)、建立期(约相当于成人前期)、维持期(约相当于中年期)以及衰退期(约相当于老年期)。在这五个主要的人生发展阶段内,各个阶段还包含其他小的阶段,舒伯特别强调各个时期年龄划分有相当大的弹性,应依据个体的不同情况而定。

2. 纵贯上下的彩虹——生活空间

在"一生生涯的彩虹图"中,纵向层面代表的是纵贯上下的生活空间,由一组职位和角色所组成。舒伯认为人在一生当中必须扮演九种主要的角色,依序是:儿童、学生、休闲者、公民、工作者、夫妻、家长、父母和退休者。各种角色之间是相互作用的,一个角色的成功,特别是早期的角色如果发展得比较好,将会为其他角色提供良好的关系基础。但是,在一个角色上投入过多的精力,而没有平衡协调各角色的关系,则会导致其他角色的失败。

在每一个阶段对每一个角色投入程度可以用涂色来表示,颜色面积越多表示该角色投入的程度越高,空白越多表示该角色投入的程度越低。生涯彩虹图的作用主要是对自身未来的各阶段如何调配做出各种角色的计划和安排,使人成为自己的生涯设计师。生涯彩虹规划图使用实例,如图 9-1 所示。

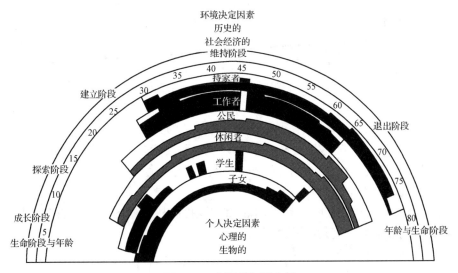

图 9-1　生涯彩虹图实例

图 9-1 中半圆形最中间一层儿童的角色在 5 岁以前是涂满颜色的,之后渐渐减少,8 岁时大幅减少,一直到 45 岁时开始迅速增加,此处的儿童角色,其实就是为人子女的角色。因而这个角色一直存在。早期个体享受被父母养育照顾的温暖,随着成长成熟,慢慢开始同父母"平起平坐",而在父母年迈之际,则要开始多花费一些心力来陪伴、赡养父母。

第二层是学生角色。在这个案例中,学生角色从四五岁开始,10 岁以后进一步增强,20 岁以后大幅减少,25 岁以后便戛然而止。但 30 岁以后,学生角色又出现,特别是 40 岁出头时,学生角色竟然涂满了颜色,但两年后又完全消失,直到 65 岁以后。这是由于在现代科技发展日新月异、知识爆炸的社会,青年在离开学校、工作一段时间之后,常会感到自身学习已不能满足工作需要,需要以重回学校进修等方式来充实自我,也有一部分人甚至等到中年,儿女长大之后,暂时离开原有的工作,接受更高深的教育,以开创生涯的第二春。学生角色在 35 岁、40 岁、45 岁左右凸现,正是这种现象的反映。

第三层是休闲者角色。这一角色在前期比较平稳地发展,直到 60 岁以后迅速增加。也许有人会惊讶于舒伯把休闲者角色列入了生涯规划的考虑之中,其实,平衡工作和休闲是一项非常重要的任务,特别是在如此快节奏、高效率的社会中。正如图 2-1 中的空白也构成画面一样,休闲是我们维持身心健康的一个重要手段。

第四层是公民。本案例角色从 20 岁开始,35 岁后得到加强,65—70 岁之间达到顶峰,之后慢慢减退。公民的角色,就是承担社会责任、关心国家事务的一种责任和义务。

第五层是工作者的角色。该案例中的工作角色从 26 岁左右开始,且颜色阴影几乎填满了整个层面,可见该阶段对这一角色相当认同。但在 40 多岁时,工作者的角色完全消失。对比其他角色,不难发现,这一阶段,学生角色和持家者角色都有不同程度的增强。两三年以后,学生角色小时,持家者角色的投入程度恢复到平均水平,而工作者的角色又被涂满颜色,直至 60 岁以后开始减少,65 岁终止工作者角色。

第六层是持家者角色,这一角色可以拆分为夫妻、父母、(外)祖父母等角色,然后分别作图。此处持家者的角色从 30 岁开始,头几年精力投入较多,之后维持在一个适当水平,一直到退休以后才加强了这一角色。76—80 岁之间几乎没有了持家者的角色。

虽然个体在生涯过程中还可能承担其他角色,但对于大多数人来说,上述这些是最基本的角色。在使用"生涯彩虹图"时,可根据自身情况,在图 2-1 的基础上进行适当调整。

从彩虹图我们可以进一步分析发现:

(1)彩虹图可以很好地表示各个角色的变化。角色之间是互相作用的,某一角色上的成功能带动其他角色的成功,反之,一个角色的失败也可能导致另一角色的失败。而且,为了某一角色的成功付出太大的代价,也有可能导致其他角色的失败。

(2)人的社会任务或职业生活不断变化,角色也随之变化,从一个角色进入另一个角色。角色的变化从根本上说是社会权利和义务的变化。而大学生就业后的社会角色转换不是瞬间发生和完成的,而是要有一个过程的。

(3)每一个人的生涯彩虹图都是不同的,所以,我们从彩虹图中可以看到不同的生涯规划,这就是科学的职业生涯规划的魅力所在。

第三节 生涯规划

一、生涯规划的内涵

生涯规划任务不仅是单一的职业目标的确立,也不仅是单一的生活事件规划,而是对许多生涯角色、生活目标的选择与建立,面临着一系列认知活动与行动的历程。

一个年轻人在高中时父母双亡,由叔叔抚养照顾。年轻人大学的时候学建筑专业,毕业的时候叔叔正好要盖一栋房子,就交给这个年轻人负责,他很高兴有这么好的机会可以报答叔叔的栽培,打算全力以赴。但是,过了不久,他就开始偷工减料了,把余款挪用来挥霍。到了完工的日子,年轻人匆忙交给了叔叔一栋质量堪忧的房子。叔叔对他说:"你可以自立了,这就算我送你的毕业礼物了。"年轻人非常的懊悔,他怎么也没有想到,这栋有问题的房子竟是为自己建造的。

学生时代就像是在为自己盖房子,从设计、建材到施工都由自己做主,细心的经营每一砖、每一瓦,完工之后,拥有努力的成果,回味起来连汗水都是甜美的;如果偷工减料,房子经不起风雨或者地震的考验,落得无家可归就无比苍凉了。

那么我们的"房子"到底应该怎么盖? 都要做哪些准备呢? 设计什么样的图纸呢?

房子建设中,应有一个建设图纸,应有一个建设主线,让房子质量更好。人类生命的进程中,也应该有非常明确的生命主线,我们该努力成长,我们应该去经历,经历自然、社会、人文和历史,使我们的生命变得更美好。我们更需要使命感,活着不仅仅是为了活着而已,我们生命的背后有使命存在,这些使命也许各不相同,但从终极意义上来说,应该是一致的,是为了让我们和我们的后代在更加和谐的、自然的世界中幸福地生活。

在现实社会中,有太多的人忘记了自己需要成长,变得懒惰、无聊和平庸;有太多的人忘记了应该去经历,变得胆怯、狭隘和固执;有太多人忘记了自己承担的使命,变得苍白、迷茫和失落。看了这个故事,是否能从他身上得到一点点感悟,并且重新开始思考自己生命的历程呢? 我们大学生应尽可能地规划未来生涯历程,在考虑个人的智力、性格、价值观以及阻力、助力的前提下,做好妥善安排,并借此调整、摆正自己在人生中的位置,以期自己能适得其所,盖一所好"房子"。

二、大学生生涯规划的领域

根据生涯和生涯规划的概念,生涯规划的领域应当是个体角色职责所涉及的各个领域,总体上来看,我们可以把这些领域归纳为八个领域:即健康、家庭、工作、人际关系、理财、心智、休闲以及心灵,如图 9-2 所示。

图 9-2 人生规划的领域

1. 健康规划

健康规划就是为身心健康而进行的规划。健康是人生事业的基础,没有健康就没有一切。许多人都会忽略健康规划,特别是青年人,总认为青年时期不需要考虑健康问题,可是人生的许多健康问题常常是年轻时不健康的习惯导致的。

2. 家庭规划

家庭规划主要是即时家庭,即我们离开原生家庭而组建的家庭。何时组建家庭、如何担当好家长角色也是生涯规划的重要方面。

3. 工作规划

工作事业规划也可以看成是职业生涯规划。一个人的一生中可能不仅从事一种职业;每一种职业也可能不是一种工作。职业成为事业则是更大的升华。工作规划不仅是正式职业规划,还包括我们正式职业之外的兼职规划。

4.人际关系规划

进行人际关系规划就是建立人生的支持系统,营造将来的工作、生活环境。按照马斯洛的需求层次论,爱与归属的需求是人的基本需求之一,每个人总是要处于一定的组织之中。

5.理财规划

理财规划是我们赖以生存的重要基础,现今理财的概念已经远远超出从事某项职业来赚钱的概念,我们有多种渠道获得财产,例如投资基金、股票,兼职做第二份工作等。

6. 心智规划

心智规划主要是指我们的知识、技能、观念的发展规划。

7. 休闲规划

多是指工作之外所从事的非谋生活动,主要源自个人的兴趣与爱好。在现代社会,休闲规划是一个亟待加强的课题。

8. 心灵规划

心灵规划是指思想和道德发展以及人生思想境界、信仰等方面的规划。

三、大学生生涯规划的意义

一个人整个一生所从事的职业按先后顺序可分为早期生涯、中期生涯和晚期生涯三个发展阶段。在这三个时期中,我们又可以将一个人的职业生涯分为四个阶段:探索阶段、创立阶段、维持阶段和衰退阶段。职业生涯是一个漫长的过程,而士官生正处在对个体职业生涯的探索阶段。制定职业生涯规划不外乎于三点考虑:

(1) 有心理准备,一开始就有危机感;

(2) 提前构筑就业框架;

(3) 培养独立意识,更要培养他们的"早规划、早打算才能立足社会"的意识;

(4) 按照自己的规划和社会的需要培养自己的全面素质。

帮助士官生寻找适合自身发展需要的职业,实现个体与职业的匹配,以体现个体价值的最大化。这有利于士官生明确个人未来的切实可行的奋斗目标;有利于士官生更好地了解自己,进行自我定位,提升应对竞争的能力;有利于人才在市场上的合理配置;有利于自己的全面发展。

生涯规划使本人直接参与自己人生目标的设计,让他们对相关教育资源的利用也会更加自觉和更加充分。由"要我学"变成"我要学",达到"两促进""两提高"的目的。("两促进":促进探索自我、促进探索职业。"两提高":提高职业规划与管理能力,即自我决策、自我管理、自我调整;提高就业和职业发展竞争力。)

四、士官生涯规划的理念与原则

生涯规划理论关心个体的长远发展,它不单单追求将已形成的个人特征与预定的职业相匹配,而是以培养职业自我调控能力和创业素质为目标,以个体动态的职业发展和职业满足为归宿。对士官生来讲,在他选择士官这个职业的前后,都会有对职业的选择与适应。之后他还会面临一系列选择,我的一生选择什么样的道路,从初级士官要不要晋升为中高级士官,从一般士官要不要被选为军士长或基层军官,在士官生涯中是选择退伍、成为"逐月人"还是退休,退役后选择什么职业? 这些,都需要学习生涯规划理论,设立正确的生涯规划理念,了解一些基本的生涯规划原则。

1. 确立"以人为本"的终生发展理念

从职业生涯教育的发展过程来看,其理念经历了一个从"以择业为本"到"以人为本"的转变。日益强调人的自我成长,强调人与环境的互动以及人职匹配,这是时代和社会发展的必然。我国目前的职业生涯教育由于受传统思维影响,目前仍然停留于狭义层面,即过分强调一次性职业选择。我们在定向培养士官学员中,很多人没有认真地进行职业探索,到了学校又匆忙的选择退出士官班,这种做法忽视人的主体性发展,偏离了"以人为本"的教育理念,更不利于个人的成长和发展。基于此,士官职业生涯教育应该突破传统的"季节性促销"模式,从人的全面发展的高度做好士官生的职业生涯教育。以帮助他们获得面向社会和未来的可持续发展能力,并以此为最高目标,把教育与人的成长和价值实现联系起来。

士官的生涯规划,更应注意从人生发展的高度,规划各个阶段的任务,把各个阶段的发展融入总体发展目标中。虽然人生各阶段有其不同的职业生涯发展任务,在军队这所大学校里学习只是他们生涯中短暂的阶段,但"活到老,学到老"应当成为有为职业生涯的基本法则,人无时无刻不在"变",唯有不断学习,才能获得永续的成长与发展。

2. 确立个性化发展的理念

承认人的天赋、性情、爱好、生长环境以及际遇的差异,帮助受教育者正确认识差异,注重实施"个性化指导",这是生涯规划教育的一个重要内容。士官生职业生涯规划的目的在于寻找适合自身发展需要的职业,实现个体与职业的合理匹配,体现个体价值的最大化。帮助学生士官生回答"我是什么样的人""我想干什么""我适合干什么","打算成为哪方面的人才""打算在哪个领域成才",等等。

这种选择的权利应该在自己而不是家长与老师。要懂得,授人以渔比授人以鱼更重要,尊重士官生的选择权,不代替士官生决策。帮助士官生建立自我效能感,增强自信心和行动力。

3. 确立个人与社会互动的理念

一个职业发展计划应该被看作是一个试图去满足军人个体和组织需要的互动过程,组织也会越来越重视和官兵一起,共同制定适合职业发展的道路。虽然目前部队中大多数人倾向于认为职业生涯规划是纯粹的个人问题但是在现今高科技世界里,人们越来越发现,如何平衡组织和个人的需要显得越发重要和迫切。士官从内容更丰富、更具挑战性的工作和能力的不断提高及自我价值的逐步实现中获得成长和进步;组织从更具献身精神、更忠诚、更有能力的士兵所带来的绩效改善中获得发展,从人岗匹配中获得效益。

组织和个人都会逐渐发现,一个职业发展计划应该被看作是一个试图去满足军人个体和组织需要的互动过程,这个系统应该同时反映组织的目标和文化以及士兵个人的发展方向。

我们重视人的发展,但不片面强调个人的需要,而是找到个人需要与社会需要的结合点。不但根据本人的兴趣、择己所爱,根据本人的特点,择己所长;还要根据社会需要,择己所需。

大家知道,社会是由人构成的,所以社会需要本质就是人类需要,它反映的是人类需要的共性,是体现全社会共同利益和愿望的需要,是对人类个体需要的集中和概括。社会需要的这种整体性,使得满足社会需要的各种职业活动也具有整体性。尤其是在我国这样一个以公有制为基础的社会主义社会,每一项职业活动的成就,都渗透着其他职业活动的贡献;社会的每一步发展,都是各种职业活动共同作用的结果。因此,作为国家培养的一名士官生,在选择职业时,首先要把社会需要作为出发点,把个人意愿和社会需求结合起来、统一起来。当个人利益与国家利益、集体利益发生冲突时,要顾全大局,服从社会需要,服从国家分配。人生发展的观念、人生规划,如果局限在一个前途和个人利益方面,那么此一生也就仅仅是一个自我满足的一生。

➤ **专题小结**

(1) 生涯:一个有目的的、延续一定时间的生活模式。一个人终其一生所扮演的角色的整个过程。是一个人一生职业、社会关系、人际关系的总称,即个人终身发展的历程。

生涯是生活中各种实践的演变方向和历程,它统合了人一生中的各种职业和生活角色,由此表现出个人独特的自我发展形态,是人一生一连串有酬和无酬职务的综合,还包括与工作有关的角色,如学生、退休者等。

(2) 人的一生有若干发展阶段,生涯发展阶段可划分为五个阶段,即成长——探索——建立——维持——衰退。每个不同的阶段又有不同的发展任务,发展任务来自生理和心理的成熟、社会的要求和期望、个人的价值和期望。

(3) 生涯彩虹图,体现了生活广度、生活空间的生涯观,是发展阶段与角色交互的综合图。

生活广度包括:成长期(相当于儿童期);探索期(约相当于青春期);建立期(约相当于成人前期);维持期(约相当于中年期);衰退期(约相当于老年期)。

主要角色包括:儿童、学生、休闲者、公民、工作者、夫妻、家长、父母、退休者。

(4) 生涯规划:一个人尽可能地规划未来生涯历程,在考虑个人的智力、性格、价值观以及阻力、助力的前提下,做好妥善安排,并借此调整、摆正自己在人生中的位置,以期自己能适得其所。生涯规划包括:职业生涯规划、家庭生涯规划、社会生涯规划、生活生涯规划、休闲生涯规划。

➤ **复习与探索**

(1) 案例分析:小李因为工作优秀,新近升为公司的技术经理。在和小李深入交流时,发现他已经 30 岁了却还没有交过女朋友,在谈到将来的梦想时,他希望自己能做 IBM 那样的公司的总裁,却没有谈到任何生活和家庭的因素。使用彩虹图理论分析小李存在的主要问题。

提示:小李没有从生涯规划的角度进行职业规划,因此其最大的问题在于角色缺失——万一做不了 IBM 那样的公司的总裁,给他的打击将是致命的。

(2) 生涯规划对我们个体有着怎样的重要意义? 我们为什么要做生涯规划? 可以采取的规划方法有哪些?

专题十 士官的职业选择特点

某士官学校的讨论

　　某士官学校一名士官学员提出退学申请,理由是士官比不上军官有出息,在部队也发挥不了什么大作用。针对这名士官暴露出来的思想认识,该校以"士官的作用究竟有多大"为题,组织全校官兵进行了一次大讨论,答案各异,众说纷纭。

　　王明辉(学员):由于我在高中时学习成绩不太好,到部队后觉得考军官院校希望不大,父母又一直希望我能在部队多干几年,我只好不情愿地选择了士官学校。

　　刘海(学员区队长):我在部队当战士期间,身边很多战友都看不起士官这一职业,认为士官当一辈子还是一个兵,没啥前途,待遇等方面也没有军官好。

　　谭杰勇(学员):我大学毕业后当了一名通信兵,很羡慕那些天天跟通信装备打交道的士官,也很喜欢士官这一职业,当兵两年后,就毫不犹豫地选择了报考士官学校。当时选择这一志愿,战友和家人都为我惋惜,说我该上军官院校。但我不这么想,选择职业就应选择自己喜欢的。我对自己做出的选择一点也不后悔。

　　冯联(训练部部长):其实,士兵、士官与军官都是部队不可或缺的组成部分,他们在各自不同的岗位上为部队做贡献,同样值得每个人敬重,应该换种眼光看士官。

案例讨论:
(1) 如果你参加讨论,你会怎样发言?
(2) 如果没有什么限制条件,你会真心实意选择士官么,为什么?
(3) 你认为士官职业选择有什么特点?

第一节　职业选择概述

职业选择是指个人对于自己职业的种类、方向的挑选和确定。是个人从自己的职业能力和意向出发，在社会不同职业岗位中选择其一的过程。它是人们真正进入社会生活领域的重要行为，是人生的关键环节。通过职业选择，有利于人和劳动岗位的较好结合，使个人顺利进入社会劳动岗位，有利于社会化的顺利进行与实现，促进人的全面发展。

1909 年，帕森斯在其所著的《职业选择》一书中，明确提出了职业选择的三大要素，即：

第一，自我了解：性格、成就、兴趣、价值观和人格特质等。

第二，获得有关职业的知识：信息的类型（职业的描述、工作条件、薪水等）、职业分类系统、职业所要求的特质和因素。

第三，整合有关自我与职业世界的知识。帕森斯的理论强调，在做出职业选择之前首先是要评估个人的能力，因为个人选择职业的关键就在于个人的特质与特定行业的要求是否相配；其次是要进行职业调查，即强调对工作进行分析，包括研究工作情形、参观工作场所、与工作人员进行交谈；最后要以人职匹配作为职业指导的最终目标。帕森斯认为只有这样，人才能适应工作，并且使个人和社会同时得益。

职业选择应把握的原则主要是：

1. 符合社会需要的原则

在社会主义国家，一个人在选择职业岗位时，应把社会需要作为出发点和归宿，以社会对自己的要求为准绳，去观察、认识问题，进而决定自己的职业岗位。自主择业是相对的、有条件的，并非可以不顾社会需要，一味地追求"自我设计"。社会的发展、科技的进步、经济的繁荣，也都期望着我们为之去奋斗。从另一方面看，社会是由人构成的，社会需要本质上就是人类的需要。在现实生活中，个人需要的内容无论怎样多、个人需要结构无论怎样复杂，它总是受现实社会要求的制约。人们正是通过不同的职业活动，在满足社会需要的同时，也在满足着个体的需要。社会的每一步发展，都是上述职业活动共同作用的结果。

2. 发挥个人素质优势的原则

帕森斯认为职业与人的匹配，分为以下两种类型：

第一，条件匹配：即所需专门技术和专业知识的职业与掌握该种特殊技能和专业知识的择业者相匹配。

第二，特长匹配：即某些职业需要具有一定的特长。

一个人在选择职业岗位时，综合考虑自己的素质情况，根据自身的特长和优势选择职业岗位，以利于在职业岗位上能够顺利、出色地完成本职工作。发挥个人素质优势主要包括：

（1）发挥专业所长。士官生经过学习，不仅具有较为扎实的基础知识，而且具有一定的专业知识。因此在选择职业岗位时，要从所学专业特点出发，做到专业基本对口。这样就可以在职业岗位上发挥所长，大显身手。

（2）发挥能力所长。同一专业的同届毕业生，由于个人的情况不同，能力也有差异，根据不同的能力选择不同的职业岗位，是充分发挥个人素质优势的最佳体现。根据自己的能力所长选择职业岗位，既是胜任工作的需要，也是发挥个人最大潜力、进行创造性劳动的需要。否则的话,事与愿违,功不成、业不就,就会贻误事业与前程。

（3）适当考虑性格特点。就性格本身来讲,它并不能决定一个人的成才方向和成就的高低。同一性格的人,有的可能很有作为,有的则可能一事无成。性格相异的人也可能在同一领域、同一职业中成才。但是,在选择职业岗位时,适当考虑自己的性格特点,充分发挥性格所长则是十分必要的。比如在职业活动中,有的人善于用理智去衡量一切并配合行动,这样的人就适合从事基础理论研究工作;有的人很有主见,并善于发现问题和解决问题,这样的人就较适合从事科学研究或领导工作。

3. 主动选择的原则

士官生在职业选择中不能消极等待,而应主动出击,积极参与。这里所说的主动选择,主要包括以下三个方面:

（1）主动参与职业岗位竞争。竞争机制的引入,冲击着各行各业,也冲击着人才就业市场。竞争使人们增加了紧迫感和危机感,也增加了责任感。从某种意义上说,职业岗位的竞争,就是靠才华、靠良好的素质去争的一份比较理想的职业。

（2）主动地了解人才供求信息和规格要求。由于军队对士官生的要求在不断发生着变化,因此主动了解用人单位对人才规格的要求和需求信息,对有的放矢地选择职业岗位有着重要意义。

（3）主动完善自己。士官生应根据社会需要,加强学习、主动提高、完善自己,以尽快适应新的工作岗位。

4. 着眼未来,面向未来的原则

毕业生在选择职业时,不能只看眼前实惠,不看企业发展前景;不能只看暂时困难,而不看企业的未来;不能只图生活安逸,而不顾事业的追求等。选择职业时,要站得高、看得远,放开视野,理清思路,把自己的命运紧紧地和祖国的命运联系在一起,找到自己的最佳位置,牢牢地把握好职业选择的主动权。

第二节　职业锚理论

每个人在设计自己的职业目标时,都会思考怎样才能知道自己适合做什么工作、如何根据自身特点做出正确的职业选择? 美国著名的心理学家埃德加·薛恩提出的职业锚理论有助于我们解决这些问题。所谓职业锚,又称职业系留点。锚,是使船只停泊定位用的铁制器具。职业锚,实际就是人们选择和发展自己的职业时所围绕的中心,是指当一个人不得不做出选择的时候,他无论如何都不会放弃的职业中的那种至关重要的东西或价值观,是自我意向的一个习得部分。职业锚强调个人能力、动机和价值观三方面的相互作用与整合。职业锚是个人同工作环境互动作用的产物,是在实际工作中不断调整的。

职业规划实际上是一个持续不断的探索过程。在这一过程中,每个人都根据自己的天资、能力、动机、需要、态度和价值观等慢慢地形成较为明晰的与职业有关的自我概念,逐渐形成一个占主导地位的职业锚。实际工作中,个人往往会重新审视自我动机、需要、价值观以及能力,逐步明确个人需要与现阶段的差距,明确自己的擅长所在及其发展的重点,并且针对符合个人需要和价值观的工作,以及适合个人特质的工作,自觉或不自觉地改善、增强和发展自身的才干,达到自我满足和补偿。经过这种整合(也许是多次的选择和比较),个体便寻找到自己的"职业锚"。

1. 技术型职业锚

以技术能力为锚位的人,有特有的职业工作追求、需要和价值观,表现出如下特征:强调实际技术或某项职能业务工作。技术型职业锚的人热爱自己的专业技术或职能工作,注重个人专业技能发展,一般多从事工程技术、财务分析、系统分析、企业计划等工作。持有这类职业定位的人出于自身个性与爱好考虑,往往并不愿意从事管理工作,而是愿意在自己所处的专业技术领域发展。在我国过去不培养专业经理的时候,经常将技术拔尖的科技人员提拔到领导岗位,但他们本人往往并不喜欢这个工作,更希望能继续研究自己的专业。

2. 管理型职业锚

管理型职业锚呈现如下特点:愿意担负管理责任,且责任越大越好,这是管理型职业锚人员的追逐目标。他们与不喜欢、甚至惧怕全面管理的技术职能锚的人不同,倾心于全面管理、掌握更大权力,肩负更大责任。具体的技术工作或职能工作仅仅被看作是通向更高、更全面管理层的必经之路;他们从事一个或几个技术职能区工作,只是为了更好地展现自己的能力,是握取专职管理权之必需,这类人有强烈的愿望去做管理人员,同时经验也告诉他们自己有能力达到高层领导职位,因此他们将职业目标定为有相当大职责的管理岗位。

3. 创造型职业锚

创造型职业锚是定位很独特的一种职业锚,在某种程度上,创造型职业锚同其他类型职业锚有重叠。追求创造型的人要求有自主权、管理能力,能施展自己的才干。但是,这些不是他们的主要动机、主价值观,创造方面是他们的主要动机和主价值观。这类人需要建立完全属于自己的东西,或是以自己名字命名的产品或工艺,或是自己的公司,或是能反映个人成就的私人财产。他们认为只有这些实实在在的事物才能体现自己的才干。他们不喜欢重复性的工作,愿意干挑战性和冒险性的工作,这种人适合从事开发新市场或研发新产品的工作。

4. 自主型职业锚

自主型职业锚又称作独立型职业锚,这种职业锚的特点是:最大限度地摆脱组织约束,追求能施展个人职业能力的工作环境。以自主、独立为锚位的人认为,组织生活太限制人,是非理性的,甚至侵犯个人私生活。他们追求自由自在、不受约束或少受约束的工作生活环境自主型更喜欢独来独往,他们不愿意受控制,甚至上班的时间也不愿被规定。不愿像在大公司里那样彼此依赖,很多有这种职业定位的人同时也有相当高的技术型职业定位。但是他们不同于那些简单技术型定位的人,他们并不愿意在组织中发展,而是宁愿做一名咨询人员,或是独立从业,或是与他人合伙开业。自主型的人往往会成为自由撰稿人,或是开一家小的零售店。

5. 安全型职业锚

安全型职业锚又称作稳定型职业锚,其特征如下:职业的稳定和安全,是这一类职业锚人员的追求、驱动力和价值观。他们的安全取向主要为两类:一种是追求职业安全,稳定源和安全源主要是一个给定组织中的稳定的成员资格,例如大公司组织安全性高,做其成员稳定系数高;另一种注重情感的安全稳定,包括一种定居,使家庭稳定和使自己融入团队的感情,有些人最关心的是职业的长期稳定性与安全性,他们为了安定的工作、可观的收入、优越的福利与养老制度等付出努力。他们对有没有更高的职务不是很重视,甚至有意回避,即使有可能当老总可能他也不愿意做。他追求稳定、追求认可。

这五种类型并无好坏之分,关键是哪种类型最适合于你自己。对企业来说,在一个单位当中最好这五种人都有;对个人来说,一个人的职业生涯成功方向在某个年龄阶段以某一种类型为主,可能过一段时间会有所变化,转为以另一种类型为主了。

　　在个人的工作生命周期中,或在组织的事业发展过程中,职业锚都发挥着重要的作用。首先,职业锚是个人经过搜索所确定的长期职业定位,它清楚地反映出个人的职业追求与抱负;由于不同员工对职业成功有不同的解释,职业锚则为企业判断员工的职业成功提供了标准。其次,透过职业锚,组织获得了员工个人正确信息的反馈,从而可以有针对性地对员工发展设置可行、有效、通畅的职业通道;个人则因为组织有效的职业通道,自身的职业需要得以满足,必然会深化对组织的情感认同;于是,组织与个人双方相互深化了解,达到深度稳固的相互接纳。第三,由于职业锚是个人职业工作的长期贡献区,相对稳定的长期从事某项职业,必然增长工作经验,也使个人职业技能不断增强,直接产生提高工作效率的明显效益。职业锚是一个人才能、动机和职业价值观的沉积和内化,它和职业性格最大的不同在于:一个人的职业性格可能是 6 种不同类型的组合,但是一个人的职业锚却是单维度的,(前期的研究发现了 5 种职业锚,后来又补充了服务型、纯挑战型和生活型职业锚。曾有人质疑是否还存在其他类型的职业锚,比如是否还存在权利型、纯创造型等职业锚。但是由于这些方面都可以在已有 8 种不同的职业锚中体现出来,因此目前尚未发现其他类型的职业锚)只能是 8 种职业锚类型中的一种。如果一个人无法确定自己的职业锚类型,那么很可能是他还没有足够的职业生活经验来建立自己对不同职业锚进行选择的优先权。职业生涯决策的一个重要问题就是确定自己的职业锚。

　　职业锚理论为我们选择职业确立了一个参照系。

第三节　士官职业选择的特点

一、选择牺牲——士官职业选择的必要性

　　士官职业既有社会公益性和义务性,又有极端危险性和艰苦性。这就要求士官必须选择牺牲奉献、选择艰辛付出,对士官职业有高度认同感。士官只有形成职业认同感,才能坚信自身的价值追求,从而积极进取、勇往直前。就像其他职业人员一样,士官爱军习武的主要动机是出于对自己所选择职业的热爱,以及通过履行职业来造福社会的责任感。即使在西方发达国家,士官也并不属于高收入的职业,然而它仍然吸引着大量优秀青年从军报国,原因就在于此。可以说,在任何国家物质刺激对士官的职业动机都不具有决定性的影响。因为选择士官职业的人,不同于向雇主提供劳务的雇工,谁给的报酬多就为谁服务。同时,他们也不像因一时的爱国热情而从军的义务兵,缺乏持之以恒地不断完善自我、熟练掌握管理军队的知识与技能的愿望。

二、选择方向——士官职业选择的特殊性

　　作为定向培养士官生,应该说不具备全面职业选择的条件,一旦你选择了士官职业,就会义无反顾地在士官道路上勇往直前。你选择的实际上是一种士官职业方向。前面讲过,我们

可以把士官分为"工匠型专业技能士官、专家型专业技术士官、复合型指挥管理士官、谋略型专业参谋士官"。随着士官制度的发展,士官岗位越来越多,我们可以根据自己的情况,为自己做一个设计,以便使自己找到能发挥作用的职业岗位。

不管怎样选择,士官应该是一个具有全面素质的人才。外军士官几乎涵盖军事管理和训练的各个领域,发挥着不可替代的支撑作用,是名副其实的"军队之脊"。外军士官都是各自专业的骨干能手,不仅能胜任初级指挥员和助理教官,负责日常训练和管理,而且还负责本专业设备的技术操作与维修,确保武器装备在作战训练中始终保持良好状态。我们讲的职业方向选择,只是自己的一个优势方向而已。

三、选择成长——士官职业选择的阶段性

无论士官职业化如何发展,都不可能保障士官终身从事该职业。但是,士官生涯中培养的士官特有的职业素质是可以使我们终身受益的。

从军营中走出的铁血男儿和巾帼英雄实在太多了,他们遍布各行各业,企业界尤甚。改革开放以来,在我国的企业家队伍中,复转军人已经占12%左右,仅深圳的企业家中军人出身的就占40%多。

他们成功的秘诀是什么?这是许多面临转业的战友们普遍关心的问题。其实,他们成功的原因很简单,他们只是具备了积极的心态和超前的规划。具体地说,他们做了一件"大事"——转变观念、坚定信念和规划职业。

"铁打的营盘流水的兵。"每年,部队都有大批战友转业到地方工作。转业,既是人生的一次重大转折,也是人生的一个新的起点。自主择业安置政策实行以来,全军有9万余名转业军官选择了自主择业,很多战友到地方后很快择业、创业并获得成功,成为经济社会的骨干力量。

四、选择未来——士官职业选择的方向性

选择士官,更重要的是强调职业精神、职业素质、职业能力、职业生涯的管理。与之对应的,我军对士官的职业素质将有相应的培训、考核、资质认证,确实符合岗位的要求才能任职,实际上对士官素质的要求也更高。苏格兰有句格言:"一艘没有目标的航船,四面的来风都是逆风。"

为什么有的军人成长为将军?有的军官转业后成为社会精英?而一些人却难有作为?因为,优秀是一种习惯。正确的策划和坚实的行动是走向成功的必然条件。我们是否对自己的人生进行过科学的规划,其结果会截然不同。

有位军事家曾说过:"明天的战争始于今天。"当你置身火热的军营时,你是否想到过如何走好辉煌的军旅生涯或者转业之后的人生之旅?因为,只有清楚明天做什么,我们今天的工作、生活才有动力、才有意义。心态决定成败、策划改变命运。良好的心态是幸福人生的注解、执着的信念是成功路上的明灯,而明确的职业生涯规划,则是创造人生价值的"导游图"。早一天对自己的职业生涯进行规划,你就能早一天掌控自己的未来!

第四节　士官职业发展新方向

1．"末端指挥员"

纵观近年来世界上的几场战争，连、排、班小分队乃至单兵的作用空前凸显，一大批集指挥、战术、技术、特战等多种技能于一身的"末端指挥员"——高素质士官在战场上扮演着越来越重要的角色，甚至决定战斗行动的成败。小分队作战为优秀士官开辟了一个发挥作用的新渠道。

2．"士官＋"

可以看到，随着国防和军队体制编制改革不断深入，诸多原本只有军官担任的重要岗位已经开始由士官担任，士官长、士官参谋、士官干事等一批"士官＋"新生事物相继出现，成为军营新常态。随着现代战争的发展，很多新的职务将不断涌现。今后，军队将逐步加大中高级士官保留力度，推动士官选取有数量调控向质量调控转变，切实把部队紧缺急需的骨干人才选好留足。

3．通用高级技师

从军队体制编制改革的总体设计中也可以看到，许多作战领域的士官编配结构发生了巨大变化，中高级士官编配数量增加，士官晋升渠道有效拓宽。在职业技能方面，国家和军队多部门联合部署推行新修订的《现役士兵职业技能鉴定规定》，通过职业技能鉴定的士兵，将获得"国字号"证书，不仅在服役期间是能力技术的证明，退役后也可作为就业的重要依据，且在全国范围内通用。

4．转改文职人员

军队实行面向社会公开招考、直接引进和现役军人转改相结合的文职人员招录聘用制度。现役军人转改文职人员，适用于选拔符合退役条件且拟作退役安置的现役军人。文职人员岗位，分为管理岗位和专业技术岗位两种类别。管理岗位是指担负领导职责或者管理任务的工作岗位。专业技术岗位是指从事专业技术和专业技能工作，具有相应专业技术、专业技能水平和能力要求的工作岗位。

5．转为军官

未来军队实行职业化，首当其冲的是军官职业化。而优秀军官的选拔除了从毕业军校生中直接任命外，还应当拓宽优秀士官提干的渠道。比如，放宽优秀士官提干年龄，军官职业化后，优秀士官提干年龄可放宽至 30 岁，军衔授予中尉等，当然士官履历和能力必须过硬。

▶ 专题小结

（1）职业选择是指个人对于自己职业的种类、方向的挑选和确定。是个人从自己的职业能力和意向出发，在社会不同职业岗位中选择其一的过程。它是人们真正进入社会生活领域的重要行为，是人生的关键环节。

（2）职业锚是人们选择和发展自己的职业时所围绕的中心。要通过个人能力、动机和价值观三方面的相互作用与整合，形成并不断调整自己的职业锚，以指导自己的职业生涯。

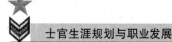

（3）士官职业选择特点：选择牺牲——士官职业选择的必要性；选择方向——士官职业选择的特殊性；选择成长——士官职业选择的阶段性；选择未来——士官职业选择的方向性。

（4）士官职业发展新方向："末端指挥员""士官＋"、通用高级技师、转改文职人员、转为军官等方向。

> 复习与探索

20世纪90年代以后，在应用反馈及深入研究的基础上，专家将职业锚的类型修订为八种，修订后的理论具有更强的个体针对性和更好的人群覆盖性，根据本专题对其他类型职业锚的描述，试说明服务型、纯挑战型和生活型职业锚的特点。

专题十一　士官的职业测评

学习目的

（1）了解职业测评的概念和职业测评的种类，形成对职业测评的正确认识。

（2）理解士官职业测评的大体架构，从而更好理解职业精神，职业价值观、职业性格、职业能力在士官成长中的地位。

导引案例11

这到底在考什么?

毕业于制药专业的王蕾,满怀信心地走入瑞士诺华制药有限公司的招聘现场。去大名鼎鼎的诺华,事先做了充足的准备,中英文自我介绍也已背得滚瓜烂熟。但是,在第一轮的面试中就出现了问题。诺华没有笔试,面试一般分为3轮,第一轮主要面试毕业生的价值观、工作驱动力、个人品质;第二、三轮主要考核大学生的核心能力和专业能力,尤其是沟通、语言等方面的能力。包括七个具体方面的能力:创新、团队协作、领导艺术、顾客为本、注重成效、变革发展、沟通技巧。诺华会对所有大学生进行这七项核心能力的评估。这种核心能力,是诺华招聘的第一关。对于准备好的医药类产品及相关知识,在这个环节完全没有用处。王蕾陷入了困惑。创新、创业、团队协作、领导艺术、沟通技巧——这一道一道的"关"怎么过? 这到底在考什么?

案例讨论:

1. 在现代大企业的人才招聘中,很多企业把考察人的价值观、工作驱动力、个人品质放在了突出位置,体现了现代重视人的核心素质、能力的趋势。

2. 在现代的教育中,培养核心素养被置于深化课程改革、落实立德树人目标的基础地位。核心素质是学生在教育过程中,逐步形成的适应个人终身发展的必备品格与核心能力。

3. 在士官教育中,由于士官在未来作战中的特殊地位,士官的核心素质、能力培养逐步得到重视。

如何评价人的这种核心素质,如何发现人的这种个性优势,如何在培养中有的放矢,如何在使用中扬长避短,为现代测评技术的发展提出了新的要求。适应这种要求,职业测评技术取得了长足的发展。

一是在测评内容上，由关注智力向重视综合能力方向发展。决定人未来工作绩效核心的不单单是智力和以往的工作绩效，而是综合能力。因为只有综合能力才是人才在工作实践中实际运用的，是智力和其他的升华。

二是在测评方法上，由主要运用纸笔测试向主要采用计算机自动测试方向发展。

三是在测评目的上，由主要用于评价和选拔向同时重视开发方向发展。

以往的测评，主要目的是评价人员的和选拔人才，对测评用于开发考虑较少。近几年，越来越多的人意识到现代人才测评能够起到人才开发的作用，纷纷使用测评结果引导人才的综合素质与能力培养。

开发士官职业测评软件基本思路遵循以上原则，一是以士官的核心素质和综合能力为主要内容，着眼于综合评估；二是运用现代测评技术，着眼于基层方便应用；三是通过测评帮助士官找到自己某方面的差距，采取各种方法提高该方面的素质；四是利用士官人才测评结果，着眼于优良素质的培养和个人优势的发现，这种开发性测评是一种以开发人才素质为目的的测评。其作用是调查人才素质的优势和劣势，激发潜能把士官导向能发挥自己优势的岗位。

人才测评的目的不仅在于职业或岗位的选择，更在于对个人成长的引导，在于通过测评发现劣势努力弥补，发现优势努力发扬。以岗位需要的素质为标准，提高自己的综合素质，为其今后的发展打基础。

第一节　职业测评的概念与种类

一、职业测评的概念

职业测评是心理测量技术在职业管理领域的应用，它以心理测量为基础，对人的素质进行科学、客观、标准的系统评价，从而为组织和个体两个层面的职业管理提供参考依据。这里所说的素质，指的是那些完成特定职业活动所需要或与之相关的感知、技能、能力、气质、性格、兴趣、动机等个人特征，它们是以一定的质量和速度完成职业活动的必要基础。职业测评中使用的各项心理测量工具，应该以严格的心理学和统计学方法为基础，通过测量学指标评价特定个体在特定素质上相对于特定群体所处的水平；测量工具需具有较高的效度和信度，并在实践中经受不断的验证。

职业测评中，不同的人格类型，没有"好"与"坏"之分，每一个人都有其特别的优势和劣势，具备一方面的优势，则必然有另一方面的劣势，测评的目的，是让你看清楚自己的这些优势和劣势，这些优势和劣势，是天性的组成部分，很难后天改造。我们认清这些优势和劣势，一是在我们选择时扬长避短，更好地发挥自己的优势；二是了解自己的劣势，在学习和训练中有意识地弥补自己的劣势。认清楚自己的优劣势，可以让你更能找到发挥自己长处的工作，让你的职业生涯更加清晰和准确。

以下是一个动力测试的框架，可以帮助你了解职业测评的概念。

动力测试：

下面的数字是你的动力人群指数，人群指数的数值范围为 1—100%，是一个统计术语，用于表明你在人群中的站位,即与他人相比你的相对位置。如果你的影响愿望为 70,则表明你比 70% 的人影响愿望高。

测评分为 4 个维度:成功愿望、影响愿望、挫折承受、人际交往。

1. 成功愿望

高分特征:

① 做事主动、意志坚强,不达目的不罢休;

② 对自己有较高的期望值,重大局,不贪小利,较少感情用事;

③ 有较强的责任心;

④ 做事有较强的目标方向性。

低分特征:

① 做事的主动性较弱,不愿主动承担责任;

② 追求个人高目标的愿望不强,心态平和,对事情要求不高;

③ 倾向于容忍自己的不高追求或失败;

④ 喜欢较为轻松、没有压力的生活。

2. 影响愿望

高分特征:

① 愿意主动影响、控制或引导他人;

② 愿意干预他人的情绪、做事方式、进度,期望结果可控;

③ 希望处于那些能够表现个人影响力的职位上;

④ 非常在意自己行为的影响力和在他人心目中的位置。

低分特征:

① 不愿意影响、控制或引导他人;

② 希望每个人按自己的方式做事满足于现状;

③ 不希望与他人进行权力之争如果是管理人员,团队规范化程度不高。

3. 挫折承受

高分特征:

① 意志顽强,在逆境中不失斗志在新的或不确定的情境下敢于探索;

② 不惧怕失败对情绪能进行很好的自我调节。

低分特征:

① 做事小心谨慎,尽量避免出现差错过分在意结果,做没有把握的事情时犹豫不决;

② 压力感受强,易于受情境影响。

4. 人际交往

高分特征:

① 愿意在人际关系上投入时间和精力;

② 能够获得广泛的人际支持;

③ 具有良好的人际交往技巧。

低分特征:

① 更愿意依靠自己的力量;

③ 喜欢与少数兴趣相投的人保持交往;

③ 在人际交往中顺其自然。

比如影响愿望一项,如果测评表明你愿意干预他人的情绪,愿意主动影响、控制或引导他人,希望处于那些能够表现个人影响力的职位上,非常在意自己行为的影响力和在他人心目中的位置,那么表示你有较强的影响意愿,希望做管理方面的工作,有成为班长、军士长的潜能。

二、职业测评的类型

职业测评中的心理测验主要包括以下一些类型:

1. 智力倾向测验:具有考察智力(能力)水平及其结构的双重目的。一方面,不同的人智力水平不同,选择优智的人,可期望获得高绩效。另一方面,智力水平相近的人,其智力结构可能不同:有的人擅长言语理解、加工、表达,有的人擅长数字加工,有的人则擅长对形象的分析、加工。不同智力结构的人适应于不同类型的工作。

2. 人格测验:用以测量个体与他人相区别的独特而稳定的思维方式和行为风格,这些特点可能影响人的工作绩效和工作方式及习惯。

3. 职业兴趣测验:不同人的工作生活兴趣可以按照对人、概念、材料这三大基本内容要素分类,而社会上的所有职业、工作也是围绕这三大要素展开的。基于这一理论思想设计的职业兴趣测验可以在个体兴趣与职业之间进行匹配。

4. 职业价值观及动机测验:了解个人在职业发展中所重视的价值观以及驱动力,即"你要什么"。所谓动机是指由特定需要引起的,欲满足该种需要的特殊心理状态和意愿。而通过动机测验,可以了解个体的工作生活特点,从而找到激励他们积极性的依据和途径,并以此为依据安排相应的工作内容。

5. 职业能力测验:考察个人的基本或特殊的能力素质,如你的逻辑推理能力、口头表达能力,即"你擅长什么"。

6. 职业性格测验:考察个人与职业相关的性格特点,即"你是怎样的一个人"。

7. 职业发展评估测验:主要是评估求职技巧、职业发展阶段等。

以上是职业测评中最基本、最常用的七大类测验。除此之外,用于个体职业规划、发展的测评还包括职业/生涯决策测验和职业/生涯成熟度测验等,这些测验都是基于西方经典职业发展理论之上的,均用于评估个体的职业发展程度,是欧美国家进行职业辅导的基本工具,但是这些测验目前还缺乏实用的中国版本,因此还没有在国内得到普遍应用。

特别需要注意的是,每个求职者的特点都是不尽相同的,各个职位的素质要求也是相当多样化的,因此可能产生的测评组合也就十分丰富。要想真正做到人—职匹配,必须有的放矢地根据个人的特点和岗位需要选择测量工具,使工具适应求职个体和招聘岗位的需求,而不是让个体和岗位去迁就测评工具的要求。

与本书配套的士官职业测评软件,是一次综合测评的尝试,主要帮助士官生了解自己,知道自己会做什么、能做什么、想做什么、擅长什么?同时让你更详细地了解自己所选职业方向的特点,能把自己的职业气质和职业方向匹配起来,可以知道自己与目标的差距,有针对性地制定可行性方案。

第二节　职业测评的发展趋势

一、世界范围内的职业测评发展

职业测评兴起于 20 世纪初,在美国军事和工业领域获得了广泛应用,大大提高了职业招聘和培训部门的经济效益。1926 年美国飞行学校的学员中,有 87％因飞行不佳而被淘汰,其原因是空中飞行心理适合性不佳。直到第二次世界大战期间及以后,客观的要求促使心理选拔技术不断发展和普及,因飞行不佳而被淘汰的人数才开始下降:美国空军中淘汰率由 70％降至 36％,大大减轻了培训资源的浪费,也有利于个人的职业生涯发展。

心理测量经过近百年的稳步发展,现已成为最有效、最客观的职业测评手段。全球约有四分之三以上的大公司在人员甄选、安置和培训方面使用职业测评,美国电话电报公司早在 20 世纪 30 年代就起用评价中心技术,采纳许多心理测量的方法用于考查自己的管理者,并取得了相当的成功。

西方许多发达国家从小学开始就会开展各种各样的活动以帮助学生认识工作、热爱工作并及早进行职业规划。美国的中学生至少要接受一次这样的职业测验。在中学和大学还设立了专业的职业辅导咨询中心,由职业心理学家依据专业的职业心理测评技术和规范化的咨询流程对学生进行职业指导。

在我国,随着近年来就业形势的变化,职业测评也越来越引起人们的关注。各企事业机构也开始将职业测评运用于招聘过程之中。某集团是国内较早在招聘中运用职业测评的企业,以前单纯通过面试招人的准确率是 40％,而实施职业测评之后面试的准确率提高到了 60％。

近几年由北大、清华学者将职业测评引入中国并加以改造,使其成为实现个人、组织和社会协同发展的重要模式。目前,国内学者在此领域的全面研究还刚刚起步,虽然测试理论不断中国化、测试手段不断多样化、测试量表不断本土化,但总体上讲,职业测评与咨询仍然有很大的盲目性和局限性。通过科学的技术手段和专业化的咨询流程提供职业辅导在我国依然是亟待加强的工作。2007 年,教育部发文要求将《大学生职业生涯规划》逐步由选修课过渡到全校公共必修课。根据当时我们的调查,远未达到教育部的要求,更未形成有效的测试、咨询、规划、指导一体化机制。通过科学的技术手段和专业化的咨询流程提供职业指导在我国高校是亟待加强的工作。结合学生职业选择特点,构建一个职业测评、咨询、规划、指导四位一体的教学体系,通过科学的职业测评、职业定位、生涯规划、就业指导帮助学生寻找与其个性相一致的职业,达到人与职业的合理匹配,提高大学生的就业率及成功率是大势所趋。

目前,地方院校按照教育部要求,都将《大学生职业生涯规划》列入了教学计划。目前,军队院校还没有开展该方面的探索。这几年,笔者团队对该问题进行了一些研究,取得了一些成果。如果能在全军推广,将对士官的职业教育和军队的建设产生深远的影响。

开展士官职业测评和生涯规划教育,有助于帮助士官根据军人职业特点及发展规律,增强主体意识,明确奋斗目标,有意识地培养自己的多种能力,为他们提供不断发展的机会,帮助他们实现个人目标以及为将来更好地适应社会做好准备,使他们的职业生涯有一个更完整的延续与发展。从而不断挖掘自己的潜力,切实提高自己的综合素质,为部队生涯写下精彩篇章,也为退役后踏入社会打下坚实基础。

士官职业生涯规划教育与地方大学生职业生涯规划教育有很大的不同,必须从研究这些特点出发,开展士官的职业规划教育。

职业生涯规划教育的起点应该是职业测评。职业测评是了解你的人格特性的基础,而这种特性与相应的职业是否相符,是职业测评的目的。根据不同职业特点确定职业测评量表,是职业测评的前提。

二、美军对士官的要求及职业测评

下面我们可以通过美军对士官的要求了解职业测评在士官职业测评系统中的应用。

美军对士官提出了三个准则,即"成为、知道、行动"。

(一)准则一:"成为"表明士官的道德特质

1. 价值观

忠诚;责任;尊重;奉献;荣誉;正直;勇气。

2. 素质要求

素质要求是"成为"这个准则的另一半,美军认为这种特征包括精神、生理、情感三个部分。士官的特征影响他们的行动,继而影响他们的团队或组织。

(1)精神特征。包括:意志力;自律;主动性;判断力;自信;理解力;文化意识。

(2)生理特征。包括:健康;体格健壮;专业的军事仪态。

(3)情感特征。包括:自我控制;平衡;坚定。

(二)准则二:"知道",主要是士官的领导能力

在美国陆军士官领导力框架下,"知道"这项准则表明的是一个士官的能力,即通过训练、实战和监督而获得的领导力。美军要求士官必须持续不断完善自身以及下属的技能和能力,以提高整个团队的执行力,这有助于他们担负更艰巨的任务。这种能力将对士官的要求(知道做正确的事)和领导力(影响你手下的人做正确的事)联系起来。在"知道"这项准则之下,美军主要包括四种技能,即人际关系技能、理论技能、技术技能、战术技能。

在美国,指挥靠军官,管理、训练靠军士,所以美军更重视士官的领导能力。美军的所有层级都配备士官,每一层级都有士官担任领导者,所以从指导、组织和战略规划三个层面进行了区分:

1. 指导层级

这一层级的士官更多地领导士兵个体。他们通过举例、训练、达标发挥领导作用。他们必须获得以下技能,以领导他人并适应变化着的世界和军事环境。

(1)人际关系技能。包括沟通、监管、征求意见。

(2)理论技能。包括有效处理概念、想法和观念。它要求领导者审慎思考并衡量风险。在指导这一领导层级,该技能包括批判性推理、创造性思考、伦理判断与反思。

(3)技术技能。该技能包括士官领导者必须深入理解的硬件设备、武器和各种操作系统。

(4)战术技能。战术技能使士官领导者用相关知识对下属和士兵进行部署、安排,以此来保卫目标,其最终目的是赢得战争。

2.组织层级

本层级的士官同时承担指导和组织的领导职能。建立高效的队伍,并监管下属执行指定任务是成功的基础。美军要求士官必须从大局出发,成功完成使命,并且对准则、培训、领导力发展、组织、教材和士兵等均有所考虑。

(1)人际关系技能。本层级士官的人际关系技能与上一层级基本相似,但它更为复杂,要求对其他人的心理状态有着更为深入的理解。

(2)理论技能。对承担更多责任的本级军官来说,理论技能的重要性也得以增加。他们面对的问题更为抽象、复杂和不确定,想要进行批判性、创造性的思考,就必须具备理解整个系统和快速获取信息的能力。

(3)技术技能。由于要承担更重的责任,并且和其他组织进行合作,士官们必须精通各个层次的技术技能,并对自身领域之外的技术技能有所掌握。

(4)战术技能。本层级士官领导者用他们的指导经验确立战争中的战术技能,为满足要求,他们必须具备同步化和协调指挥能力。

3.战略规划层级

本层级士官在陆军的高层提供指导意见,因为其影响更广泛,行为影响的显现更为迟缓,这需要领导者掌握其他技能。对士兵、陆军、市民和媒体来说,作为领导者,该层级的军官代表他们所在组织的本身。他们的决定应聚焦于未来,并应考虑多方面的因素,如陆军预算限制、预备役存在的焦点问题、新系统的要求、陆军国民教育项目、研究和发展、内部合作等。

(1)人际关系技能。本层级领导者承担的责任要求他们掌握更复杂的人际关系技能。他们需要和更多的内部人打交道,在外部,要和其他机构、媒体、外国政府代表接触。在本层级,人际关系技能聚焦于更大范围、更关键的受众,需要展示领导者说服以与内部成员和外部组织达成一致的能力。这些技能包括交流、对话、谈判、妥协、达成一致和建立自己的参谋队伍。

(2)理论技能。本层级领导者应具有理论技能,以理解国内和战区战略,并处理多样性、复杂性、模糊性、变化、不确定性和冲突政策等诸多问题。本层级的领导者必须具备处理不确定、模糊性状况的能力,这将帮助他们应对突如其来的威胁。

(3)技术技能。本层级的技术技能比前两个层级的范围更广。战略艺术、科技创新、将政治目的解读成军事目的等能力要求士官领导者将他们多年的经验运用于内部组织,以使抽象的概念转化成具体的行动。他们必须考虑,自己的组织如何适应国内和国际战场,如何运用现代科技改善现实状况等。

(三)准则三:“行动”

在领导力框架中,“行动”准则涉及各级领导,层级越高,其行为的影响范围就越广。在指导、组织和战略规划这三个领导层级,行动包括三种:一是影响,即决策、通知决定、影响他人;二是操作,即所做的事情要有利于完成组织的紧急任务;三是提高,即所做的事情要提高组织完成当下或未来任职的能力。

1.指导层级

具备知识和技能只是士官担任领导者的基础,将这些知识和技能转化为行动才是对领导者的真正考验,因为,只有当领导者做事时,他的性格和能力才能清晰地表现出来,行动比其他方面更多的反映领导者本人。

（1）影响行为。士官以他们乐观、积极的表现和幽默感创造了一个有感染力的环境,这在他们做出少数人赞同的决定时尤其重要,他们的沟通、决策、推动能力将决定他们成功与否。

（2）执行行动。执行任务以达到短期目标,常用的方法包括计划和准备、执行与评估。

（3）优化行为。所有士官领导者的目的应该是不断优化他们的组织,优化方法包括提高、团队建设和学习。

2. 组织层级

本层级士官领导人的行为涉及更为复杂的环境,比起指导层级,领导者的行动在更长的时间内影响到更多人。

（1）影响行为。在本层级,领导者必须参与同事及下属领导人的行动,并帮助他们达成组织的目标。运用交流、决策和推动的方法,他们必须完成上级的任务,获得和评估反馈意见,同时激发自信心和信任感。

（2）执行行动。士官领导者在组织中观察、决策和行动,都属于执行行动,他们在监督执行过程中的计划（或准备）、行动、评估等各个环节时,强调的是团队合作。

（3）优化行为。士官领导者必须采取行动使组织和其下属适应未来的行动,即使这些行动的后果可能在数年之内不会呈现,当然,行动的目的应该是促进人和组织的发展。

3. 战略层级

战略领导层级的士官是陆军的高层,他们必须从战略的高度考虑问题、执行问题,他们以身作则,在塑造陆军文化、在国内和国外发挥影响力方面起到重要的作用。他们通过发展下属不断完善整个陆军。

根据这些要求,美军按三个层级形成了自己的测评系统。

第三节　士官职业测评设计的总体框架

与本书配套的研究是士官职业测评体系研究,研究的基本思路为:根据士官素质＋管理＋能力的综合性人才特点,结合战场实际,突出职业精神,职业价值观、职业性格、职业能力、职业发展等,形成四大板块。

1. 职业精神

① 聪慧:军人的认知品质,包括判断、决策和灵活应变三个因素;

② 忠诚:体现军人的价值观,包括爱国、奉献和责任三个因素;

③ 勇敢:体现军人的意志品质,包括果断、坚定和顽强三个因素;

④ 自信:军人的自信直接影响个人心理动力的激发,包括沉着,独立和乐群三个因素;

⑤ 耐挫:即挫折耐受力,包括心理适应、心理承受和心理调节三个因素。

作为军队士官,把聪慧、忠诚、勇敢、自信、耐挫作为士官必需的心理素质,从五个方面测评,看那些方面优势突出,那些方面弱势明显,通过学习和训练加强。

2. 职业价值观

① 忠诚于党:自觉坚持党对军队的绝对领导,高举中国特色社会主义伟大旗帜,坚定中国特色社会主义理想信念,任何时候任何情况下都坚决听党指挥;

②热爱人民：忠实践行全心全意为人民服务的根本宗旨，视人民利益高于一切、重于一切，永葆人民子弟兵政治本色，与人民心连心、同呼吸、共命运，为人民无私奉献；

③报效国家：弘扬爱国主义精神，把个人的前途命运与国家的前途命运紧密联系在一起，坚决捍卫国家主权、安全、领土完整和人民民主专政的国家政权，为建设富强民主文明和谐的社会主义现代化国家贡献力量；

④献身使命：要履行革命军人神圣职责，爱军精武，爱岗敬业，不怕牺牲，英勇善战，坚决履行好党和人民赋予的新世纪新阶段军队历史使命；

⑤崇尚荣誉：自觉珍惜和维护国家、军队和军人的荣誉，视荣誉重于生命，自觉践行社会主义荣辱观，弘扬革命英雄主义和集体主义精神，提高素质、全面发展，争创一流、建功立业，贞守革命气节，严守军队纪律。

3.职业性格

根据士官的职业方向实际，考虑分为技能型、管理型、智囊型、专家型、社会型、教练型。前四种与四型士官（工匠型专业技能士官、复合型指挥管理士官、专家型专业技术士官、智囊型谋略参谋士官）工作岗位对应。后两型没有相应岗位对应。

社会型考虑军队基层的思想心理疏导、军事科目教练、文体美活动开展需要大批有社会交往能力、组织能力的骨干；教练型，主要考虑基层士官的教练示范任务很重。这些人需要有很强的语言表达能力、教学示范能力。原"四会教练员"是会说、会教、会做、会做思想工作，每一个四会教练员不能全面突出，只能在四会的每一方面有特长，就要利用自己的专长突出某一点上见真功。能讲的人就要突出自己的特点，会的好的就多在示范上下功夫。

南部战区陆军"四会"教练员新的能力标准明确要求，"四会"教练员要会装备机理、会作战运用、会组网调试、会故障判排。在我看来，这"四会"和传统的"四会"既一脉相承、相互补充，又有所侧重。新的能力标准更加突出教练员的实战运用能力，能较好牵引教练员队伍建设质量和练兵质效提高。

综合型，主要体现在文体美等综合能力。士官是文体美活动的组织者，必须有多方面的能力，在某一方面教育特长。比如：军队基层文化工作，就是要组织基层官兵开展各种形式的业余文化活动，并通过这些活动满足基层官兵各方面不同的发展需求。而军队基层文化工作则是我军政治工作的生命线。生长在基层的士官，必须在"文、体、美"等项中有一技之长，才能以自己的特长开展工作，得到战士的爱戴。培养"文、体、美"等综合能力，使士官在某一领域有一技之长，可以使他们如鱼得水，成为战士的崇拜者和引领者，保持部队的生机与活力。这部分要测出文艺、体育、美术的突出点。

技能型、专家型、谋略型、管理型、教练型、综合型，能很好地对应军队士官的职业方向。霍兰德把社会职业岗位划分为6个类型，我们把士官工作岗位分为6型，体现了士官的职业特点。这种4＋2模式即符合士官岗位需求实际，又与霍兰德基本理论相符。

4.职业能力

士官技能在职业适应方面具有重要作用，我们把能力划分为6个方面：

①实际动手能力（具有成为工匠型专业技能士官的优势）该技能包括士官的操作使用能力、维护保养能力等；

②管兵带兵能力（具有成为指挥管理型士官和军士长的优势），该技能主要是在基层对士兵的管理能力；

③ 学习思考能力,(具有成为专家型专业技术士官的优势)该技能主要是面对抽象、复杂和不确定,能进行批判性、创造性的系统思考,具备理解整合快速获取信息的能力;

④ 计划策划能力,(具有成为智囊谋略型士官的优势)具备较强的策划、计划技能,如机关参谋、干事、助理员;

⑤ 组织、决策能力,即决策、影响,组织能力。即所做的事情要有利于完成组织的紧急任务,提高组织完成当下或未来任职的能力;

⑥ 人际关系能力,包括沟通、谈判、对话、妥协、监管等方面的能力。

测验通过四大板块进行综合考察,突出职业价值观、职业精神,职业性格、职业能力、职业发展等,自行开发的最贴近部队实际的测评体系,可对人员的基本能力、心理健康水平、职业倾向等一系列指标进行测评,帮助管理层和自身更好地了解人格类型、动力特点,更加准确地给自己定位,从而从事更合适自己的岗位。

第四节　士官职业测评结果的使用

一、注重对测评数据的分析

1. 注重对自我的认知

(1) 运用测评结果,综合评估自己的职业兴趣、个性特征、职业能力和职业价值观,对自己有一个清醒的认识。

(2) 进行全面的自我分析,深入、客观地分析自身优势和劣势,特别是自己的突出优势和明显劣势,为制定自己的生涯规划做准备。

(3) 结合个人兴趣、成长经历、社会实践和周围人的评价分析自我。

(4) 从自己的优势与兴趣、价值观等方面规划出自己未来发展的脉络。

2. 注重对职业的认知

结合士官测评结果的要求,深入对士官职业做一个综合的分析,通过与他人的交流、实地考察等途径了解基本情况,比如:

(1) 对中国士官制度发展趋势,对士官就业前景、职业需求、职业的待遇有清晰了解;

(2) 对士官职业对人才性格、能力、价值观等方面的要求有清醒了解;

(3) 对士官职业的工作内容、工作环境、典型生活方式有清醒的了解;

(4) 对士官职业的进入途径、胜任标准以及对生活的影响有清晰了解;

(5) 对部队的情况有一定的了解。

通过了解对照,理解职业测评数据的意义。

3. 注重对自己个性化发展的认知

人不怕没缺点,就怕没特点,这个特点就是专长和优势,人成功的秘诀在于经营自己的长处。想把自己改造成"完人"是不现实的,应当发现并培养自己的长处,形成独特的亮点和优势。几乎所有的成功者,都是优点和缺点非常突出的人。发挥自己的优势,才是成功的关键。

我们看那些成功的士官,都有一个共同的特征,不论他们的聪明才智如何,他们都在做着自己最擅长的事。"尺有所短,寸有所长"这句名言,揭示了世界万物都有"长短"的客观事实,同时也启示人们要善于发现、发挥万物的长处。从个人的角度来说,每个人都要善于发现自己的特长,发挥好自己的特长,从而最大化地实现自己的人生价值。

人要想取得事业的成功,不仅要发挥自己的长处,还要反思自己的短处,从而使自己更加完美。

二、对适用人群的分析

本书主要针对军队在役士官、军校在校学生、定向培养士官生和有志加入士官队伍的直招士官四类人群。由于四类人群所处的职业阶段不同,其职业规划的重点也不同。

1. 定向培养士官和军校在校学生

由于职业目标明确,就是将来到军队从事士官职业;而职业测评量表是为士官定制的,测评之后,学生可以直接看到自己的优势和劣势。对照职业精神、职业价值观方面的差距,学生应制定学校规划,在学习中不断提高自己,使自己成为一个与士官职业匹配的人。在职业兴趣、职业性格、职业能力方面学生要充分了解自己的优势与劣势,弥补劣势,发挥优势,为自己设计一个个性化的培养目标。

同时,要根据自己的最大优势,为一生设计一个长远的职业目标,并通过阶段性的努力,把学校的学习、部队的磨炼连成一体,逐步接近这个目标。

国家对士官一生的发展给予了足够的重视。2021年4月6日—8日,退役军人事务部,教育部联合赴上海调研,并在上海师范大学召开座谈会,重点了解退役军人在中小学任教情况,以及选拔优秀退役军人到中小学任教的意见建议。如果学生把这种目标需要的能力培养贯穿到军事实践中去,不但在军队可以当一个合格的教练员,到地方也可以当一个好老师。

2. 直招士官

直招士官的对象为普通高等学校应届、往届毕业生,所学专业符合部队需要,未婚,男性年龄不超过24周岁;政治和体格条件按照征集义务兵有关规定执行。招收的普通高等学校应届毕业生,所在高校和所学专业已开展职业技能鉴定的,应当取得国家颁发的中级以上职业资格证书。直招士官采取网上报名,普通高等学校男性应届毕业生可登录"全国征兵网"查询招收专业,符合专业条件的在进行大学生网上预征报名的同时申请参加直招士官报名。高校所在地县级以上征兵办公室结合开展大学生预征,组织对直招士官报名对象进行初审初检和后续招收工作。报名人员因招收员额限制未被录取的,仍然可以参加义务兵征集。直招士官入伍后,由所在部队按照审批权限下达士官任职命令,并授予相应军衔。招收的普通高等学校毕业生,其高中(中职)毕业后在国家规定学制内在校就读的年数视同服现役时间;其中,普通本科毕业生入伍后授予下士军衔,服役满1年后授予中士军衔;高职(专科)毕业生入伍后授予下士军衔,服役满2年后授予中士军衔。

由于军队发展的需要,国家逐步加大了直招士官的数量,并逐步增加了本科直招士官的数量,有些院校还开设了以培养直招士官为培养对象的专业。这些学生与定向培养士官不同,他们对士官职业的选择带有一定的盲目性。应利用士官测评量表,或选用其他量表,对自己做认真分析,看自己是否适合士官职业,如果有差距,须在学习过程中提高相应的素质与能力。

3. 在役士官

在役士官情况比较复杂,他们有的处于上升阶段,迫切需要认真规划自己,找到自己能发挥重要作用的职业,特别是刚刚转为士官的同志,他们踌躇满志,希望在士官职业道路上走得更远,需要按照士官职业测评软件提供的信息,找出自己的努力方向。

当然,根据现行的士官制度,能够终身服役的比例较少,在服役的任何阶段都可能退出现役,每个人都应该有随时服从组织需要的准备。特别是一些可能服役时间不长或即将退出现役的老同志,在转折时期,更应该做好自己的生涯规划,在进行职业测评时,可以使用附表中所列的通用职业测评量表,这些量表所对应的职业范围较广。

➤ 专题小结

(1)职业测评是心理测量技术在职业管理领域的应用,它以心理测量为基础,对人的素质进行科学、客观、标准的系统评价,从而为组织和个体两个层面的职业管理提供参考依据。这里所说的素质,指的是那些完成特定职业活动所需要或与之相关的感知、技能、能力、气质、性格、兴趣、动机等个人特征,它们是以一定的质量和速度完成职业活动的必要基础。

(2)开展士官职业测评和生涯规划教育,有助于帮助士官根据军人职业特点及发展规律,增强主体意识,明确奋斗目标,有意识地培养自己的多种能力,为他们提供不断发展的机会,帮助他们实现个人目标以及为将来更好地适应社会做好准备,使他们的职业生涯有一个更完整的延续与发展。从而不断挖掘自己的潜力,切实提高自己的综合素质,为部队生涯写下精彩篇章,也为退役后踏入社会打下坚实基础。

(3)根据士官素质+管理+能力的综合性人才特点,结合战场实际,突出职业精神,职业价值观、职业性格、职业能力等,形成四大板块。根据士官职业测评软件,可以了解自己的情况。以便有目标地培养自己。

专题十二 士官职业生涯规划制定

┌───┐
学习目的

（1）了解职业、职业生涯、职业生涯规划等相关概念。

（2）明确职业生涯规划的实质、要素、模式、特征以及制定的基本原则。

（3）掌握职业生涯规划的基本步骤，能为自己制定出一份切实可行的职业生涯规划。
└───┘

导引案例12

生涯规划大赛评分标准的讨论

读下面的评分表，感悟一下士官职业生涯规划大赛的基本精神。探讨士官职业生涯规划的特点与要求。

第一届全军士官职业生涯规划大赛书面作品评分标准

评分要素	评分要点	具体描述
职业生涯规划书内容(60分)	职业体验感悟	能准确描述目标职业的工作任务，了解目标职业对职业人素质要求，职业感悟真实可信，单位意见具体中肯
	自我认知	1. 自我分析清晰、全面、深入、客观，自身优劣势认识清晰
		2. 运用士官职业测评系统评估自己的职业兴趣、个性特征、职业能力和职业价值观
		3. 能从个人兴趣、成长经历、社会实践和周围人的评价中分析自我
	职业认知	1. 了解社会整体就业趋势与士官生就业状况
		2. 对目标职业的行业现状、前景及就业需求有清晰了解
		3. 熟悉目标职业的工作内容、工作环境、典型生活方式，了解目标职业的待遇、未来发展趋势
		4. 清晰了解目标职业的进入途径、胜任标准以及对生活的影响
		5. 在探索过程中应用文献检索、访谈、见习、实习等方法

评分要素	评分要点	具体描述
	职业决策	1. 职业目标确定和发展路径设计符合外部环境和个人特质(兴趣、技能、特质、价值观),符合实际、可执行、可实现
		2. 对照自我认知和职业认知的结果,全面分析自己的优、劣势及面临的机会和挑战,职业目标的选择过程阐述详尽,合乎逻辑
		3. 备选目标要充分根据个人与环境的评估进行分析确定,备选目标职业发展路径与首选目标发展路径要有一定相关性
		4. 能够正确运用评估理论和决策模型做出决策
	计划与路径	1. 行动计划要发挥本人优势、弥补本人不足,具有可操作性
		2. 近期计划详尽清晰、可操作性强,中期计划清晰、具有灵活性,长期计划具有导向性
		3. 职业发展路径充分考虑进入途径、胜任标准等探索结果,符合逻辑和现实
	自我监控	1. 科学设定行动计划和职业目标的评估方案,标准和评估要素明确
		2. 正确评估行动计划实施过程和风险,制定切实可行的调整方案
		3. 方案调整依据个人与环境评估分析确定,并考虑首选目标与备选目标间的联系和差异,具有可操作性
作品设计(40分)	作品完整性	内容完整,对自我和外部环境进行全面分析,明确提出职业目标、发展路径和行动计划
	作品逻辑性	职业规划设计报告思路清晰、逻辑合理,能准确把握职业规划设计的核心与关键

案例讨论:

1. 看了这份评分标准,我们可以看出,士官的职业生涯规划虽然带有士官职业的特点,但其职业生涯规划的基本原理是相通的。评估自己的职业兴趣、个性特征、职业能力和职业价值观是规划的最基本内容,找准自己的优劣势是寻找自己职业方向的突破口。

2. 职业感悟是士官职业生涯规划的一个重要内容,只有对士官职业特点感受越深,越能是自己的努力方向把握的越准,越能制定出切实可行的行动计划。

3. 职业规划教育应该将信仰道德教育融为一体。军队职业生涯规划教育是要帮助士官理解军人职业的意义和价值,心甘情愿地全力以赴投入,追求辉煌的人生。要注重价值观导向理论,从价值观教育的视角规划职业生涯规划教育。

传统职业匹配理论承认工作的选择与职业价值观相联系,但对价值观在职业选择中的重要地位认识不够。我们在士官的职业生涯规划教育中要引起重视。

4. 随着士官职业化的进程,从职业匹配的视角研究士官职业选择势在必行;随着武器装备的现代化,实行人与岗位的最佳匹配势在必行;着军事职业教育的深入,教育与军事职业岗位核心能力、素质需求为牵引,与岗位履职要求相互衔接,不断提升军事人才职业特质、专业品质和创新素质势在必行;随着国家人力资源管理中人岗匹配的普及,改变军队缺乏职业生涯规划教育的现状势在必行。

5. 随着《中国人民共和国退役军人保障法》的实施,退役军人的人生全程规划势在必行,确立宏观的视野,设立远大的目标,才能用总目标统筹人生的各阶段。

职业目标可以分短期,中期,长期来完成。职业规划有一个明显的阶段性特征,所以在不同发展的阶段都必须做出相应的调整,甚至是改变。但职业发展的宗旨是不变的,就是通过职业发展的机会,体现个人的价值,为社会做出应有的贡献。所以有了这样长期而又宏观的视野,就会根据自己的自身状况的改变而做出应该的调整。

第一节 职业生涯规划

生涯规划的一个重要方面是职业生涯规划,你对自己的未来职业能否做出恰如其分的规划,直接关系到你未来的工作满意度和生活幸福度。

每个人身上都拥有宝藏,关键在于你是否能够发现并有计划的开发,只有你自己才能主宰自己的命运。一个人只有确立了前进的目标,并为了实现目标而规划自己的行动,才会最大可能地发挥自己的潜力。从这个意义上说,财富不是仅凭奔走四方去发现的,它只属于那些自己去挖掘的人、只属于依靠自己土地的人、只属于相信自己能力的人。

士官更应充分认识自己,规划自己,激发奋斗的热情,培养融入社会的努力。"梦想、热情、能力"是大学生披荆斩棘的三把利剑。社会也给了大学生更多的选择。如果想对自己未来有一个明确的把握,现在就必须对自己的职业生涯有一个明确的规划。

一、职业生涯概述

职业生涯涉及的几个重要概念:职业生涯、大学生职业生涯规划、外职业生涯与内职业生涯。

1. 职业生涯的含义与内涵

(1) 职业生涯的含义。职业生涯,指一个人一生中所有与职业相联系的行为与活动,以及相关的态度、价值观、愿望等的连续性经历的过程。职业生涯是一个动态的过程,是指一个人一生在职业岗位上所度过的、与工作活动相关的连续经历,并不包含在职业上成功与失败或进步快与慢的含义。也就是说,不论职位高低、贡献大小、成功与否,每个工作着的人都有自己的职业生涯。一个人的职业生涯是一个漫长的过程。也许一生只从事一种职业,也许一生中从事多种职业,但每个人都希望找到一个相对稳定、适合自己的职业。如何选择和规划自己的职业生涯,往往受学识、爱好、机遇、工作环境等主客观条件的制约,只有根据现行的工作需要改变原来的职业目标和兴趣,调整心态,培养对所从事职业的敬业精神,在实践中产生对事业的热爱,才能集中精力全身心投入工作,实现个人价值,做出成就。因为职业生涯规划不是社会或学校强加在个人身上的实施方案,而是当事人在内心动力的驱使下,结合社会职业的要求和社会发展利益,依据现实条件和机会所制定的个人化的实施方案,所以,从个人的角度来讨论职业生涯规划,它的主要内容包括:自我认识;自我规划(确定职业方向和目标、制定职业发展道路计划);自我管理(明确需要进行的自我学习、提升准备和行动计划);自我实现(反馈评估、修正完善）。

士官职业生涯是一个特殊的阶段。有鲜明的特征,根据职业生涯发展阶段理论,大学生活属于职业生涯成长、培训、探索阶段,该阶段主要涉及学校和工作前期。学生经过自我认识、反省,检验形成自我观念、职业角色的合理性,并在此基础上对选定的职业进行修正,形成自己的职业生涯规划。这一阶段是追求自我实现的重要人生阶段,对人生起着决定性作用。

（2）职业生涯的内涵。职业心理学家曾提出将职业生涯分为外职业生涯和内职业生涯,外职业生涯是指从事一种职业时的工作时间、工作地点、工作单位、工作内容、工作职务与职称、工资待遇等因素的组合及其变化过程。外职业生涯通常可以通过名片、工资单体现出来。名片上表明工作的地点、企业的类型、担任的职务、职称等内容;工资单里写明基本工资、岗位津贴、福利待遇、奖金等等,这些因素就构成了外职业生涯。内职业生涯是指从事一种职业时的知识、观念、经验、能力、心理素质、内心感受等因素的组合及其变化过程。内职业生涯是通过从事职业时的表现、工作结果、言谈举止表现出来的。外职业生涯的发展通常由别人决定、给予、认可,也容易被别人否定、收回、剥夺。而内职业生涯的发展主要靠自己的不断探索而获得,不随外职业生涯的发展而自动具备,也不由于外职业生涯的失去而自动丧失。在职业生涯发展过程中,起更重要作用的是我们的内职业生涯。在职业生涯的初期,对内职业生涯提升最快的工作就是一个好工作。所以,学生在选择职业的时候,不要只看中薪水、福利等外在的东西,要选择对自己的能力锻炼最大的、对自己今后的职业方向影响最大的工作,毕竟,一个人在工作中形成的素质、能力是一个人终身受益的。

2. 职业生涯规划的含义、要素

（1）职业生涯规划的含义。职业生涯规划是指个人发展与组织发展相结合,对决定一个人生涯的主客观因素进行分析和测定,确定个人事业奋斗的目标,选择实现这一目标的职业,并编制相应的工作、教育和培训的计划,对生涯实现的时间、顺序和方向做出合理的安排。它的实质是个人依据自身素质对自己未来发展做出主动的、自觉的设计和规划,并根据变化而做出相应调整,达到最大限度地实现自我价值。

（2）职业生涯规划要素。孙子在《谋攻》篇里说道:"知己知彼,百战不殆;不知彼而知己,一胜一负;不知彼,不知己,每战必殆。"意思是说,在军事纷争中,既了解敌人,又了解自己,百战都不会失败;不了解敌人而只了解自己,胜败的可能性各半;既不了解敌人,又不了解自己,那只有每战必败的份儿了。用在职业生涯规划中也是同理的,我们可以把"己"看作自身条件;把"彼"看作客观条件;而把"战"看做决策行动。

我们要做出科学合理的职业生涯规划,就必须把握好三点要素。即:知己、知彼、决策。知己,即了解自己的性格、兴趣、价值观、个人能力等个人信息。知彼,即了解职业信息、政策法律、社会文化等外部条件。而决策,就是将目标设定、付诸行动。

（3）职业生涯规划模式。当然,知道了生涯规划的要素是远远不够的,我们还必须了解生涯规划的模式。如图 12-1 所示。

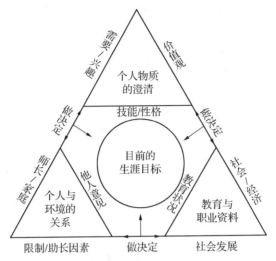

图 12-1 职业生涯规划模式

从图中我们可以看到,制定出合理的生涯目标首先要澄清个人特质;其次了解个人的成长、家庭环境即个人与环境的关系;再次,了解个人的教育与职业资料。

这三个方面的关系是相互作用、相互依存的,缺少任何一个方面都不可能是一个完整的职业生涯规划模式。

(4)职业生涯规划的特征。职业生涯规划具有个性化、动力性、开放性、适时性等特征。

个性化特征:每个人的成长环境、文化背景、个性类型、价值观、能力、职业生涯目标、对成功评价的标准等等不尽相同,所以不同人对自己的职业生涯规划也必不相同。要依据现实条件和机会制定个性化的发展方案。

动力性特征:个人发展的动力源泉在于个人自身,好的职业规划是人的动力源泉,使人在职业发展中出类拔萃。

开放性特征:一份有效的职业生涯规划必须是在对客观环境审时度势的基础上,广泛听取领导、老师、朋友、家人以及职业顾问的意见之后,才能制定出来。

适时性特征:生涯规划方案不是一成不变的终身实施的全程方案,须与时俱进、不断调整。

(5)职业生涯规划制定的原则。"凡事预则立,不预则废"。设计职业生涯,就是对未来生活道路的预测、预想和预先的谋划,是职业选择和发展最直接的准备。制定一个高质量的职业设计,应遵循以下指导性原则:

① 目标导向原则。在职业生涯规划中,一个清晰的长远发展目标是核心,是设计之"魂",其他工作都是围绕这个核心而展开的,要在未来哪个领域、哪类岗位上做一个什么样的人,职业设计之初,应对此慎重思考,做出明确的定位,并以此统领职业生涯设计的全过程。总体目标之下,要有与之衔接配套的子目标和阶段目标做支撑。子目标是对总目标的分解,比如总目标是当一名优秀的办公室秘书,就要根据岗位的要求,分别在专业知识、综合素质诸方面确立明确的标准,这些标准达到了,总体目标也就落到了实处。阶段目标是通向总目标的"阶梯",各项目标拟定的标准,要靠平时一步一步去逼近。合理的职业设计应将目标涵盖的任务划分到每个时段,比如一个学期要完成哪些、一周的时间又该如何安排,有了一个个阶段目标的落实,总体目标才不至于变成空中楼阁。

② 统筹兼顾原则。职业生涯不能凭空设计,也不能想当然规划,而应建立在科学的基础上,这个基础就是对职业环境的充分了解和对自身发展状况的深刻认识,并据此做出正确的选择。这要通过多种渠道全面了解社会的潮流和趋向、了解所处专业领域的职业构成和动态变化、了解国家的就业政策、了解用人单位的共性需求和内部文化,广泛搜集就业信息,经过认真分析、预测、选择可取的就业方向和岗位轮廓。其次,要客观认识自我,除了审视所学专业在未来社会中所处的位置和发挥的空间外,还要冷静地分析自己的性格气质、兴趣爱好、价值追求、能力特长等等,把握自己的优势和不足,再在职业环境中选择适合自己的专业和岗位。要真正客观而不是片面地认识自己并非一件容易的事,除了采用科学的测评方法自我评价外,还需多听其他人的看法,包括自己的亲属、老师、同学、好友,从“见仁见智”中权衡、比较,得出相对真实的结论,扬长避短,去开拓属于自己的广阔天地。

③ 激励性原则。高尔基说过,一个人追求的目标越多,他的潜能发挥就越大。设计职业生涯选择职业目标,首要的是应当克服自卑心理,要有“天生我材必有用”的豪迈和自信,确立目标过低,激励作用不强,势必陷于平庸,也失去了职业设计的意义。“取法乎上,得乎其中,取法乎中,得乎其下”,是为许多事例证实了的经验之谈。跟其他计划的制定一样,目标设定要有一定的挑战性,要能够对自己产生内在的感召和激励,目标实现能给自己带来较强的成就感。“跳起来摘桃子”,经过不懈努力可以逐步实现,是目标设计的理想境界。无论是选择继续深造,还是直接就业或自己创业,大学生的有利条件很多,内在潜力很大。可以想象,如果没有对未来发展目标的科学选择,比尔·盖茨是不会中止在哈佛的学习而自办实体,也就不会有今天的辉煌成就。许多成功人士的经历,都证明了这一点。

④ 指导性原则。制定职业生涯规划的目的,是为了指导日常行为,而一些同学也定了学习计划,但对学习生活的约束力不强,很大程度上,是由于目标模糊、措施笼统,缺乏有针对性的检查考核办法。目标、措施、检测评估,是一部完整计划的三大要素。职业目标最好能基本确定到工作岗位,每学期、每星期的任务和方法要尽可能具体、可操作,养成定期反思改进的习惯。

⑤ 适应性原则。职业生涯规划必须适应社会的变化,由于社会、行业的发展变化,适时做些微调是十分必要的。鲁迅先生早年学医,后转而从文,成为一代文化巨匠,做出了比从医更大的贡献,实现了成功的职业生涯,他是在强烈的使命感和责任感的驱动下做出新的选择的。调整职业设计方案,应体现“枝摇身不动”的精神。从业方向可以相应变更,展示才华、报效祖国的信念不能动摇,基础知识的学习不能放松,提高综合素质的追求不能懈怠。要密切关注所在专业领域职业演变的前沿动态,深入思考、慎重抉择,不要一味去挤“独木桥”,也不能盲目走进“死胡同”,保持设计方案适度的弹性和应变性,也就更掌握了驾驭命运的主动权。

第二节 职业生涯规划的制定步骤

士官生职业生涯的设计和实施,一般要经过职业定向、自我评估、环境分析、目标选择、职业定位、路径预设、策略筹划、计划制定和反馈调整等阶段,要设计一份完整科学的职业生涯规要认真把握好这几个环节。

一、职业定向

方向是事业成功的基本前提，没有方向，事业的成功也就无从谈起。俗话说："志不立，天下无可成之事。"立志向是人生的起点，反映着一个人的理想、胸怀、情趣和价值观，影响着一个人的奋斗目标及成就的大小。我国传统文化十分重视立志在成材中的作用。孔子说自己"十有五而志于学"，自己的人生志向是让"老者安之，朋友信之，少者怀之"。他更指出"三军可夺帅也，匹夫不可夺志也。"可见人生志向对于人的重要性和坚定性。因为志向、理想是人生指路的明灯，它指引前进的方向，有了目标和方向，才不至于迷途，才能动员一切力量和勇气去与艰难困苦作斗争，不达目的决不罢休。

我们内心的真实想法是什么呢？我们究竟想将来做些什么呢？这里给大家提供明晰职业志向的方法，你可以向自己连续发问：

（1）当我老去的时候，我最希望人们怎样评价我？

（2）我最希望在哪个领域里有所成就和建树？

（3）假如不需要考虑金钱和时间，我最想从事的工作是什么？

（4）我理想的生活方式是什么？

（5）我未来要创造的成绩是什么？

（6）我将来要从事的行业是什么？

（7）我将来的职业名称是什么？

（8）我将从工作中得到什么？

从这些发问中，你会逐步清晰自己的职业志向。当然志向不能脱离实际，士官生最忌"眼高手低"。在《恰同学少年》中，青年毛泽东在老师杨怀中提出志向问题时，并没有一开始就给出明确回答，而是在不断的实践中逐渐求索，树立了远大的志向。所以欲立志，必先实践。

二、自我评估

客观认识自我是制定职业规划的基础。自我评估包括：对职业生涯发展的认识；对自己需要、价值观的认识；对自己兴趣的认识；对自己能力的评估；对自己性格的评估；对自己教育和培训经历的认识；对其他因素的认识等。

认识自我，是个人成熟度的反应。只有认识自己，才能对自己的职业方向做出正确的选择，才能对自己的职业目标做出恰当设定，才能选定适合自己发展的职业生涯途径。

如何对自我的各方面进行评估呢？这里有两种方法：经验法和职业测评法。经验法是指在人际交往中或依据过去活动成果由他人或本人对自己进行主观的分析和评价。职业测评法是心理测验在职业心理测评上的具体运用。职业测评的基本特点就是针对评价目标，通过定性、定量的方式对人的能力、个性等基本素质进行测试、分析和评价。它能够深入了解人本身的特质，能够发现许多其他方法难以考察的信息，比其他方法更具有客观性。更多的定量化使所测内容更精确，且具有较好的可比性，能在较短的时间内提供人才的某些重要才能和心理素质的比较信息，提高人才评价的准确性和客观性，而且可信度高，操作比较简便。

通过测评，可以帮助职业测评参测者根据自己的性格、能力来确定自己的职业生涯发展规划；帮助参测者确定职业目标，尽可能地发挥出自己最大的潜能；多角度专业化的职业评测，可以帮助测评者提高个人的工作技能，提高自己的职场竞争力；用人单位也可以应用职业评测报告结果实行人岗匹配,达到企业和个人的利益最大化。

三、环境分析

对就业环境做出深刻透彻的分析和判断是设计好职业生涯的重要前提。分析环境需要重点考虑以下几个因素:

(1)社会因素,即拟选职业在社会中的地位,有无广阔的发展空间以及人们对该职业的普遍评价等等。

(2)政策因素,各级政府对拟选职业所处领域的政策导向,是鼓励、扶持,还是限制、压缩;政策也包括国家的就业政策,凡是政策引导的行业,都是急需人才、容易做出成就和贡献的行业。

(3)经济因素,即经济发展的速度趋势、对拟选职业带来的影响以及拟选职业对经济发展的作用等等。

(4)地域因素,即拟选职业所在地区的特征与要求,如东南沿海等发达地区经济待遇较高,但人才竞争更为激烈;西部人才相对缺乏,有利于才能发挥和成长进步,但工作、生活条件不如东部。

(5)文化因素,包括该单位的主流理念、人际环境、运行机制、人才构成等,这些因素对以后职业生涯的发展影响也是很大的。

分析职业环境可通过多种途径,尽可能全面、详尽,以帮助自己做出切合实际的判断。注意多了解新闻媒体信息、多听专家介绍评价、多向老师咨询请教,以及多找业内人士参谋建议等。

四、目标选择

职业发展目标是指期望在职业发展道路上达到一个什么样的位置,简单地说就是做到什么职位。说到职业发展目标,有人可能会说"我的目标是事业有成",这不是目标,仅是美好愿望而已;有人可能会说"我的目标是成为优秀的人力资源工作者",这不是目标,仅是职业发展方向而已;还有人可能会说"我的目标是成为优秀的机械工程师",这就是看得见摸得着的职业发展目标了。职业发展目标的设定,是职业生涯规划的核心。一个人事业的成败,很大程度上取决于有无正确适当的目标。没有目标如同驶入大海的孤舟,四海茫茫,没有方向,不知道自己走向何方。职业发展目标是以自己的最佳才能、最优性格、最大兴趣、最有利的环境等信息为依据而设定的。通常可分为短期目标、中期目标、长期目标和人生目标。短期目标一般为三至五年,长期目标一般为五至十年。

在制定职业目标时,应注意职业目标的"三化"原则。即目标的明确化、目标的聪明化和目标的最优化。(1)目标的明确化:在职业生涯规划的初期,我们只有制定了明确的目标以后才能沿着已经设定的目标不断前进。(2)目标的聪明化:尽管设定了自己的职业生涯目标,但是,并不是所有的目标都能变成现实,聪明的目标才有可操作性。(3)目标的最优化:职业发展目标是以自己的最佳才能、最优性格、最大兴趣、最有利的环境等信息为依据而设定的。

确定合理的择业目标,是职业生涯设计的核心,其他活动都是围绕这个核心展开的。有了对自我和环境深刻的分析和清醒的认识,做到了知彼知己,选择职业意向就是理智而不是盲目的。在做具体选择时,有几条原则可资参鉴。即"择世所需",选择国家鼓励、社会需要、发展前景广阔、利于做出较大贡献的职业和岗位;"择己所长",选择与自己的专业、特长、优势较吻合的领域;"择己所爱",选择与自身优势相结合,又是自己的兴趣所在的职业和岗位;"择己所利",选择最利于自我发展,包括经济待遇、进步空间、学习机会、工作条件的岗位。

当然,职业目标的确定是很慎重的事,综合分析各种因素后,可先在较为理想的局域内划定"目标区",再在目标区内选择最中意的岗位,这样,即使将来现实的选择不能完全如愿,适当调整也不致偏离太远。

五、职业定位

职业定位就是要为职业目标与自己的潜能以及主客观条件谋求最佳匹配。良好的职业定位是以自己的最佳才能、最优性格、最大兴趣、最有利的环境等信息为依据的。职业定位过程中要考虑性格与职业的匹配、兴趣与职业的匹配、特长与职业的匹配、专业与职业的匹配等。职业定位应注意:

(1) 依据客观现实,考虑个人与社会、组织的关系;

(2) 比较鉴别,比较职业的条件、要求、性质与自身条件的匹配情况,选择条件更合适、更符合自己特长、更感兴趣、经过努力能很快胜任、有发展前途的职业;

(3) 扬长避短,看主要方面,不要追求"十全十美"的职业;

(4) 审时度势,及时调整,要根据情况的变化及时调整择业目标,不能固执己见,一成不变。

定位准确,你就会持久地发展自己。很多人事业上发展不顺利不是因为能力不够,而是因为选择了并不适合自己的工作,很多人并没有认真地思考一下"我是谁""我适合做什么",也因为不清楚自己要什么,而无法体会如愿以偿的感觉。很多人把时间用于追逐不是自己真正适合的工作上,因此随着竞争的加剧会感觉后劲不足。准确地定位可以让自己获得更加长足的发展。

定位准确,你就会善用自己的资源,集中精力地发展,而不是"多元化发展",这是职业发展的一个规律。很多人多来年涉足很多领域,学习很多知识,其实内部很虚弱,每一项都没有很强的竞争力。

定位准确,你就会抵抗外界的干扰,就不会轻易地放弃。过去,有的人选择工作,用现实的报酬作为准则,哪里钱多去哪里、什么时尚去哪里,你会发现很多工作头几年可能在待遇上会有一些差距,但是后来薪酬的差距并不大,"风水轮流转",今天时尚的过几年不时尚了,从前挣钱容易过几年挣钱不容易。有的人凭借机遇获得一个好职位,但是轻易地放弃了,而选择了短期内看似不好但却更适合长远发展的职位。给自己准确定位,你就会理性地面对外界的诱惑。

定位准确,就会让合适的用人单位招聘你,或者让你的上司正确培养你,或者让你的所有关系帮助你。很多人在写简历和面试的时候,不能准确地介绍自己,使得面试官不能迅速地了解你;有的人在职业定位上摇摆不定,使得单位不敢委以重任;还有的人经常换工作,使得朋友们不敢积极相助。

定位不准,就好像游移的目标,让人看不清真实的面目。定位是自我定位和社会定位两者的统一,一个人只有在了解自己和了解职业的基础上才能够给自己做准确定位。

（1）要了解自己：主要是核心价值观念、动力系统、个性特点、天赋能力、缺陷等。方法：可以自我探索、可以请他人做评价、可以借助心理测验等充分地了解自己。

（2）要了解职业：包括职业的工作内容、知识要求、技能要求、经验要求、性格要求、工作环境、工作角色等。

（3）要了解自己和职业要求的差距，需要仔细地比较各个方面要求的差距。你可能会有多种职业目标，但是每个目标带给你的好处和弊端不同，你需要根据自己的特点仔细地权衡选择不同目标的利弊得失，还要根据自己的现实条件确定达到目标的方案。

其实定位不是静态，而是动态的事情，当自我发生重大变化、当外部环境发生重大变化的时候，都需要重新定位。人们担心定位会让自己受到限制，其实定位并不是确定一个固定的位置，而是确定和目标的距离，你可以确定多种目标，只是你要知道自己距离各种目标的远近程度，要知道达到目标需要怎样的努力。

人们担心定位让自己失去机会。这个误区尤其体现在毕业生身上，如学生经常到处投放简历，甚至发给谁了都不知道；学生会取得很多的证书，认为这样得到的机会更多。其实，这样的漫天撒网更可能耗费你的时间和精力，而没有获得实质性的机会。

六、路径预设

选择了职业生涯发展目标以后，还应该选择达到这一目标的职业生涯路线。职业生涯路线是指一个人选定职业后从什么方向实现自己的职业目标。职业目标确定后，向哪一条路线发展，此时要做出选择。是向行政管理路线发展，还是向专业技术路线发展？抑或是先走技术路线，再转向行政主管路线？在具体的岗位方面也需要做出选择，行政管理？市场营销？技术研发？服务支持？……由于发展路线不同，对职业发展的要求也不相同。因此，在职业生涯规划中，必须做出最适合自己的抉择，以便使自己的学习、工作以及各种行动措施沿着你的职业生涯路线或预定的方向前进。

职业生涯路线的选择取决于以下三个要素："想、能、可以"。这三个要素的基本含义是：

（1）我想往哪个路线发展？

（2）我能往哪个路线发展？

（3）我可以往哪个路线发展？

第一个要素，是通过对自己兴趣、价值观、理想、成就动机等因素的分析，确定自己的目标取向。即自己的志向是在哪个方面，自己非常希望走哪一条路线。这是一个人的兴趣问题。

第二个要素，是通过对自己的性格、特长、智能、技能、情商、学识和经历等因素的分析，确定自己的能力取向。即自己能向哪一条路线发展。这是一个人的特质问题。

第三个要素，是通过对当前及未来的组织环境和社会环境等微、宏观因素的分析，确定自己的机会取向。即内外部环境是否允许自己走这一条路线，是否有发展机会。这是环境条件问题。

以上三个要素是相互联系、缺一不可的。因此，在确定自己的职业生涯路线时，必须综合分析和考虑这三个要素。如图 12-2 所示。

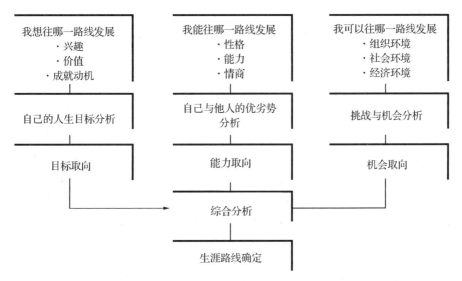

我想往哪一路线发展 ·兴趣 ·价值 ·成就动机	我能往哪一路线发展 ·性格 ·能力 ·情商	我可以往哪一路线发展 ·组织环境 ·社会环境 ·经济环境
自己的人生目标分析	自己与他人的优劣势分析	挑战与机会分析
目标取向	能力取向	机会取向

综合分析

生涯路线确定

图 12‑2　职业生涯路线选择要素的关系图

七、策略筹划

正如一场战役需要确定作战方案一样,有效的生涯设计也需要有确实能够执行的生涯策略方案,这些具体且可行性较强的策略方案会帮助你一步步走向成功,实现目标。

根据个体的现实差异,可以选择的有效策略多种多样,但是大致可以分为三类:

1. 一步到位型

针对在现有条件下可以达成的职业目标,动用现有资源很快实现。比如希望成为班长,正巧部队有这种需求,可以进一步到位。

2. 多步趋近型

对于那些目前无法实现的目标。先选择一个与目标相对接近的职业,然后逐步趋近,以达成自己的理想目标。比如,想做企业老板,但目前没有足够的资本,因此先给别人打工,以积累资源。

3. 从业期待型

在自己无法实现理想目标,也没有相近的职业可以选择的情况下,先选择一个岗位投入工作,等待机会,以实现自己的理想目标。

比如我们接触了一个应用心理学专业的学生,目标是成为心理咨询师,但是部队现在有需求没岗位,如何发展那么,应该问自己下列几个问题:

(1) 在校我需要掌握和了解哪些课程和学习哪些技能? 军队需要哪些方面的技能?

(2) 我需要参加哪些培训、学习、考核? 取得什么样的职业资格证书才有资格做一名心理咨询师?

(3) 我在成为心理咨询师的发展路上需要排除哪些来自内部和外部的障碍? 我需要先在哪些相近岗位上工作才能逐渐接近心理咨询师这个岗位?

(4) 做一个心理咨询师需要什么样的学历? 我如何实现? 需要什么样的实践技能? 如何求得我所在组织在这方面给自己以帮助?

（5）如何在我所处的组织寻得有利于自己目标实现的机会？

（6）一个心理咨询师应具有怎样的经验水平和年龄层次？自己怎样做才能符合这个范围？

实际上，一个士官生不可能一步达到心理咨询师的学历、素质要求，如果你立志做一名心理咨询师，就必须规划一下你的职业发展路线。

制定切实可行的策略，是实现职业目标重要的保证。落实目标的策略应有针对性。思想道德素质、专业知识素质、综合技能素质、身体心理素质是未来职业素质的主要选项，大学生制定职业生涯规划，应瞄准这些素质标准，一一安排锻炼提高的具体方法，提高职业素质并非单指专业知识素质，其他三项也很重要。对士官生而言，以下措施都是行之有效的：参加学校开展的各类社团活动，在学习、交流、锻炼的平台上提高自我；参加各类实践活动，借以了解社会、体验规律；经常深入自己预选的行业一线，实地感悟岗位的要求和自己的现状，增强锻炼提高的针对性和紧迫感；可能的话，设法联系到预选的单位跟班实习，提前"预热"，熟悉环境，展示自我，为择业做好铺垫，不少同学就是这样走上工作岗位的。

各项策略和措施，都应落实到具体的时段内，及时回顾、评价，持之以恒，切不可断断续续、一曝十寒，不断反思提高的过程也是一步一步走向理想工作岗位的过程。

八、计划制定

在确立目标之后，一个切实可行的行动方案至关重要。我见过这么一个同学，系某独立学院应用心理学专业06级学生。他并不是什么遥不可及的伟大人物，而是我们身边的同学、朋友。在2010年的研究生初试中他考出了352分的好成绩，并以复试第一名的成绩考入宁波大学。

他能取得这样的好成绩，与他在进入大学后就制定出良好的学习、生活计划是分不开的。据他的老师、同学回忆，他在进大学之初就有明确的目标。认真学习专业知识，只要一有空他就会去图书馆学英语、普通心理学和发展心理学的知识点，所以他专业知识掌握得很扎实。他还积极锻炼社交和与人沟通的能力。从大一到大三一直在单位分团委工作，并担任创新实践部部长一职。他还每天早上坚持练习英语口语，培养语感，因此在大三上学期就过了英语六级。他还一直坚持每天傍晚和同学们一起打羽毛球，练就了一个好体魄。而所有这些都是他计划之中的。正是由于他有详尽的学习行动计划，才使他一步一步接近自己锁定的目标。

九、评估调整

在行动的过程中，需要通过不断的评估和反馈来检验和评价行动的效果。职业生涯规划也需要经由实践的检验而不断完善。在进行职业生涯规划时，由于每个人自身和外部环境的不同，对未来目标的设定也就有所不同，一个人不可能对外部环境了如指掌，也不可能完全了解自己的所有潜能，这就需要我们在职业发展道路上，根据自身因素和外部环境的变化以及实施过程中所得到的各种反馈信息，不断地对职业生涯计划进行调整。职业的重新选择、实现目标时限的改变、职业生涯策略和路线甚至整个职业生涯目标的调整，都属于修正范畴。反馈与修正的目的，是为了纠正最终目标与阶段职业目标的偏差，保证职业生涯规划的有效性，使通向最终目标的职业生涯道路一路畅通，更快更好地实现自己的人生目标。

影响职业生涯规划的因素很多，除了个人自我认识的偏差之外，还有许多外界环境因素。其中有的因素是可以预测的,有的则无法预测;有的因素是可控的,有的则是不可控的。这就要求我们必须根据实际情况的发展变化而不断地对职业生涯计划进行评估和修正。

客观环境是不断变化的,职业目标适时做出一定的调整,不仅正常而且也是必要的。一份完备的职业生涯设计,应包含"了解社会,适当调整"的内容,关注社会与职业的发展信息,联系预先的选择,分析思考,听取专家、教师、家庭的意见、建议,综合深思后做出判断。调整指向最好在预定目标区内,这样可避免大的转折。如系重大调整,如在就业、深造、创业之间变更选择,则当慎之又慎。

无论目标做何调整,持之以恒的努力不能中断,许多综合素质是无论从事什么职业都必须具备的。

➤ 专题小结

(1)职业规划的首要环节是"职业方向定位",它具有像灯塔、航标等设施的照亮和引导作用。职业方向为你聚拢心力和有限的资源,揭示出关键特质的程度差异。总之,对职业方向与职业特质的坚定把握,是从战略高度对职业成功的把握,是最有效的把握方式。

(2)另一把尺子就是"职业核心能力测评",通过"职业核心能力测评"进行胜任力评估,用以支持你制定的职业目标并树立一个能力提升的方向与标准。

(3)组织环境对人职业发展过程有巨大影响,主动适应环境是个聪明的选择,对于付出了巨大的努力仍然得不到认可、经常归罪于环境恶劣、不断忍气吞声或动辄冲冠一怒的人来说,"职业成熟度测评"是你经验丰富、"老谋深算"的良师益友。

➤ 复习与探索

根据职业规划的步骤,制定一份自己的职业生涯规划,目录如下:

附录一　霍兰德职业兴趣测验

一、测试说明

如果问你有哪些兴趣爱好，每个人都能列举出许多，比如听音乐、看电影、钓鱼、踢足球、游泳、读书、摄影、书法、设计服装等等，但是，如果问你这些兴趣与职业选择有什么关系时，就不大容易回答了。

下面的测试将帮助你发现和确定自己的职业兴趣和能力所长，从而更好地做出求职择业的决策。

本测验共分七个部分，每部分都没有时间限制，但你应当尽快去做。为了便于修改，请用铅笔填写。

测试结果使用

1. 得分最高的职业类型意味着最适合你的职业。

比方说，假如你在 I 型（研究型）上得分最高，说明你最适合做自然科学方面的研究工作，如气象研究、生物学研究、天文学研究等，或科学杂志编辑。其余类推。

2. 人格类型的区分性或稳定性。

你的前三个类型的得分差距越大（如 30—20—10），说明你的人格特质区分性或稳定性越高。如果得分差距较小（如 21—20—18，或 27—25—26），则说明你的人格特质稳定性较弱。

3. 如果你的职业类型和你的理想工作不太一致，或者职业能力和职业兴趣不相匹配，那么请你参照第六部分——你的职业价值观来做出最佳选择。

比方说，假如你兴趣部分在 S 型上得分最高，但能力部分在 R 型上得分高，那么请参考你最看重的因素——价值观；如果你最看重能充分发挥自己的能力特长，那么 R 型工作（如工程师等）最适合你；假如你最看重能从事自己感兴趣的工作，那么 S 型工作（如教师、导游等）最适合你。

二、测试题目

第 1 部分　你心目中的理想（专业）

对于未来的职业（或升学进修的专业），你也得早有考虑，它可能很抽象、很朦胧，也可能很具体、很清晰。不论是哪种情况，现在都请你把自己最想干的 3 种工作或最想读的 3 种专业按顺序写下来：

(1) _____

(2) _____

(3) _____

第2部分　你所感兴趣的活动

下面列举了各种活动,请就这些活动判断你的好恶。喜欢的活动,请在"是"栏里打"√"；不喜欢的活动,请在"否"栏里打"×"。答题时不必考虑过去是否干过和是否擅长这种活动,只根据你的兴趣直接做出判断。务必请按顺序回答全部问题。

针对以下问题请回答:你喜欢从事下列活动吗?

R:现实型活动　　　　　　　　　　是　　　　　　否

(1) 装配修理电器或玩具　　　　□　　　　　□

(2) 修理自行车　　　　　　　　□　　　　　□

(3) 用木头做东西　　　　　　　□　　　　　□

(4) 开汽车或摩托车　　　　　　□　　　　　□

(5) 用机器做东西　　　　　　　□　　　　　□

(6) 参加木工技术学习班　　　　□　　　　　□

(7) 参加制图描图学习班　　　　□　　　　　□

(8) 驾驶卡车或拖拉机　　　　　□　　　　　□

(9) 参加机械和电气学习　　　　□　　　　　□

(10) 装配修理机器　　　　　　□　　　　　□

统计"是"的总数为_____

A:艺术型活动　　　　　　　　　　是　　　　　　否

(1) 素描/制图或绘画　　　　　　□　　　　　□

(2) 参加话剧戏曲　　　　　　　□　　　　　□

(3) 设计家具/布置室内　　　　　□　　　　　□

(4) 练习乐器/参加乐队　　　　　□　　　　　□

(5) 欣赏音乐或戏剧　　　　　　□　　　　　□

(6) 看小说/读剧本　　　　　　　□　　　　　□

(7) 从事摄影创作　　　　　　　□　　　　　□

(8) 写诗或吟诗　　　　　　　　□　　　　　□

(9) 进艺术(美术/音乐)培训班　　□　　　　　□

(10) 练习书法　　　　　　　　□　　　　　□

统计"是"的总数为_____

I:调查型活动　　　　　　　　　　是　　　　　　否

(1) 读科技图书和杂志　　　　　□　　　　　□

(2) 在实验室工作　　　　　　　□　　　　　□

(3) 改良水果品种,培育新的水果　□　　　　　□

(4) 调查了解土和金属等物质的成分　□　　　□

(5) 研究自己选择的特殊的问题　□　　　　　□

(6) 解算式或数学游戏　　　　　□　　　　　□

(7) 物理课　　　　　　　　　　□　　　　　□

	是	否
（8）化学课	☐	☐
（9）几何课	☐	☐
（10）生物课	☐	☐

统计"是"的总数为_____

S：社会型活动	是	否
（1）学校或单位组织的正式活动	☐	☐
（2）参加某个社会团体或俱乐部活动	☐	☐
（3）帮助别人解决困难	☐	☐
（4）照顾儿童	☐	☐
（5）出席晚会、联欢会、茶话会	☐	☐
（6）和大家一起出去郊游	☐	☐
（7）想获得关于心理方面的知识	☐	☐
（8）参加讲座会或辩论会	☐	☐
（9）观看或参加体育比赛和运动会	☐	☐
（10）结交新朋友	☐	☐

统计"是"的总数为_____

E：企业型活动	是	否
（1）说服鼓动他人	☐	☐
（2）卖东西	☐	☐
（3）谈论政治	☐	☐
（4）制定计划/参加会议	☐	☐
（5）以自己的意志影响别人的行为	☐	☐
（6）在社会团体中担任职务	☐	☐
（7）检查与评价别人的工作	☐	☐
（8）结识名流	☐	☐
（9）指导有某种目标的团体	☐	☐
（10）参与政治活动	☐	☐

统计"是"的总数为_____

C：常规型活动	是	否
（1）整理好桌面和房间	☐	☐
（2）抄写文件和信件	☐	☐
（3）为领导写报告或公务信函	☐	☐
（4）核查个人收支情况	☐	☐
（5）参加打字培训班	☐	☐
（6）参加算盘、文秘等实务培训	☐	☐
（7）参加商业会计培训班	☐	☐

（8）参加情报处理培训班 □ □

（9）整理信件、报告、记录等 □ □

（10）写商务贸易信 □ □

统计"是"的总数为_____

第3部分　你所擅长或胜任的活动

下面列举了各种活动，其中你能做或大概能做的事，请在"是"栏里打"√"；反之，在"否"栏里打"×"，请回答全部问题。

针对以下问题请回答：你擅长或胜任下列活动吗？

R：现实型能力 是 否

（1）能使用电锯、电钻和锉刀等木工工具 □ □

（2）知道万用表使用方法 □ □

（3）能够修理自行车或其他机械 □ □

（4）能够使用电钻床、磨木机或缝纫机 □ □

（5）能给家具和木制品刷漆 □ □

（6）能看懂建筑等设计图 □ □

（7）能够修理简单的电气用品 □ □

（8）能修理家具 □ □

（9）能修收录机 □ □

（10）能简单地修理水管 □ □

统计"是"的总数为_____

A：艺术型能力 是 否

（1）能演奏乐器 □ □

（2）能参加三部或四部合唱 □ □

（3）独唱或独奏 □ □

（4）扮演剧中角色 □ □

（5）能创作简单的乐曲 □ □

（6）会跳舞 □ □

（7）能绘画、素描或书法 □ □

（8）能雕刻、剪纸或泥塑 □ □

（9）能设计海报、服装或家具 □ □

（10）写得一手好文章 □ □

统计"是"的总数为_____

I：调查型能力 是 否

（1）懂得真空管或晶体管的作用 □ □

（2）能够列举三种含蛋白质多的食品 □ □

（3）理解铀的裂变 □ □

(4) 能用计算尺、计算器、对数表　　□　　　□

(5) 会使用显微镜　　□　　　□

(6) 能找到三个星座　　□　　　□

(7) 能独立进行调查研究　　□　　　□

(8) 能解释简单的样品　　□　　　□

(9) 理解人造卫星为什么不落地　　□　　　□

(10) 经常参加学术会议　　□　　　□

统计"是"的总数为_____

S：社会型能力　　　　　　　　　是　　　　　否

(1) 有向各种人说明解释的能力　　□　　　□

(2) 常参加社会福利活动　　□　　　□

(3) 能和大家一起友好相处地工作　　□　　　□

(4) 善于与年长者相处　　□　　　□

(5) 会邀请人招待人　　□　　　□

(6) 能简单易懂地教育儿童　　□　　　□

(7) 能安排会议等活动顺序　　□　　　□

(8) 善于体察人心和帮助他人　　□　　　□

(9) 能帮助护理病人或伤员　　□　　　□

(10) 能安排社团组织的各种事务　　□　　　□

统计"是"的总数为_____

E：企业型能力　　　　　　　　　是　　　　　否

(1) 担任过学生干部并且干得不错　　□　　　□

(2) 工作上能指导和监督他人　　□　　　□

(3) 做事充满活力和热情　　□　　　□

(4) 能有效地用自身的做法调动他人　　□　　　□

(5) 销售能力强　　□　　　□

(6) 曾作为俱乐部或社团的负责人　　□　　　□

(7) 能向领导提出建议或反映意见　　□　　　□

(8) 有开创事业的能力　　□　　　□

(9) 知道怎样做能成为一个优秀的领导者　　□　　　□

(10) 健谈善辩　　□　　　□

统计"是"的总数为_____

C：常规型能力　　　　　　　　　是　　　　　否

(1) 会熟练地打印中文　　□　　　□

(2) 会用外文打印机和复印机　　□　　　□

(3) 能快速记笔记和抄写文章　　□　　　□

(4) 善于整理、保管文件和资料　　　　　□　　　　　□

(5) 善于从事事务性的工作　　　　　　　□　　　　　□

(6) 会用算盘　　　　　　　　　　　　　□　　　　　□

(7) 能在短时间内分类和处理大量文件　　□　　　　　□

(8) 能使用计算机　　　　　　　　　　　□　　　　　□

(9) 能搜集数据　　　　　　　　　　　　□　　　　　□

(10) 善于为自己或集体做财务预算表　　□　　　　　□

统计"是"的总数为_____

第4部分　你所喜欢的职业

下面列举了许多职业,请一一认真地看,如果是你有兴趣的工作,请在"是"栏里打"√";如果是不太喜欢、不关心的工作,请在"否"栏里打"×",请全部回答。

针对以下问题请回答:你喜欢从事下列职业吗?

R:现实型职业　　　　　　　　　　　是　　　　　否

(1) 飞机机械师　　　　　　　　　　　□　　　　　□

(2) 野生动物专家　　　　　　　　　　□　　　　　□

(3) 汽车维修工　　　　　　　　　　　□　　　　　□

(4) 木匠　　　　　　　　　　　　　　□　　　　　□

(5) 测量工程师　　　　　　　　　　　□　　　　　□

(6) 无线电报话务员　　　　　　　　　□　　　　　□

(7) 园艺师　　　　　　　　　　　　　□　　　　　□

(8) 长途公共汽车司机　　　　　　　　□　　　　　□

(9) 火车司机　　　　　　　　　　　　□　　　　　□

(10) 电工　　　　　　　　　　　　　□　　　　　□

统计"是"的总数为_____

S:社会型职业　　　　　　　　　　　是　　　　　否

(1) 街道、工会或妇联干部　　　　　　□　　　　　□

(2) 小学、中学教师　　　　　　　　　□　　　　　□

(3) 精神病医生　　　　　　　　　　　□　　　　　□

(4) 婚姻介绍所工作人员　　　　　　　□　　　　　□

(5) 体育教练　　　　　　　　　　　　□　　　　　□

(6) 福利机构负责人　　　　　　　　　□　　　　　□

(7) 心理咨询员　　　　　　　　　　　□　　　　　□

(8) 共青团干部　　　　　　　　　　　□　　　　　□

(9) 导游　　　　　　　　　　　　　　□　　　　　□

(10) 国家机关工作人员　　　　　　　□　　　　　□

统计"是"的总数为_____

I：调查型职业　　　　　　　　　　是　　　　　　否

(1) 气象学或天文学学者　　□　　　　□

(2) 生物学学者　　　　　　□　　　　□

(3) 医学实验室的技术人员　□　　　　□

(4) 人类学学者　　　　　　□　　　　□

(5) 动物学学者　　　　　　□　　　　□

(6) 化学学者　　　　　　　□　　　　□

(7) 数学学者　　　　　　　□　　　　□

(8) 科学杂志的编辑或作家　□　　　　□

(9) 地质学学者　　　　　　□　　　　□

(10) 物理学学者　　　　　□　　　　□

统计"是"的总数为_____

E：企业型职业　　　　　　　　　　是　　　　　　否

(1) 厂长　　　　　　　　　□　　　　□

(2) 电视片编制人　　　　　□　　　　□

(3) 公司经理　　　　　　　□　　　　□

(4) 销售员　　　　　　　　□　　　　□

(5) 不动产推销员　　　　　□　　　　□

(6) 广告部长　　　　　　　□　　　　□

(7) 体育活动主办者　　　　□　　　　□

(8) 销售部长　　　　　　　□　　　　□

(9) 个体工商业者　　　　　□　　　　□

(10) 企业管理咨询人员　　□　　　　□

统计"是"的总数为_____

A：艺术型职业　　　　　　　　　　是　　　　　　否

(1) 乐队指挥　　　　　　　□　　　　□

(2) 演奏家　　　　　　　　□　　　　□

(3) 作家　　　　　　　　　□　　　　□

(4) 摄影家　　　　　　　　□　　　　□

(5) 记者　　　　　　　　　□　　　　□

(6) 画家/书法家　　　　　 □　　　　□

(7) 歌唱家　　　　　　　　□　　　　□

(8) 作曲家　　　　　　　　□　　　　□

(9) 电影电视演员　　　　　□　　　　□

(10) 节目主持人　　　　　□　　　　□

统计"是"的总数为_____

C:常规型职业

	是	否
(1) 会计师	☐	☐
(2) 银行出纳员	☐	☐
(3) 税收管理员	☐	☐
(4) 计算机操作员	☐	☐
(5) 簿记人员	☐	☐
(6) 成本核算员	☐	☐
(7) 文书档案管理员	☐	☐
(8) 打字员	☐	☐
(9) 法庭书记员	☐	☐
(10) 人口普查登记员	☐	☐

统计"是"的总数为_____

第5部分　你的能力类型简评

下面这张表是你在6个职业能力方面的自我评分表,你可以先与同龄者比较自己在每一方面的能力,然后经斟酌对自己的能力做出评价。请在表中适当的数字上画圈。数字越大表示你的能力越强。

注意:请勿全部画同样的数字,因为人的每项能力不可能完全一样。

自我评分表

		R型	I型	A型	S型	E型	C型
		机械操作能力	科学研究能力	艺术创作能力	解释表达能力	商业洽谈能力	事务执行能力
高		7	7	7	7	7	7
		6	6	6	6	6	6
		5	5	5	5	5	5
中		4	4	4	4	4	4
		3	3	3	3	3	3
低		2	2	2	2	2	2
		1	1	1	1	1	1

第6部分　统计和确定你的职业倾向

请将第2部分至第5部分的全部测验分数按前面已统计好的6种职业倾向(R型、I型、A型、S型、E型和C型)得分填入下表,并做纵向累加。

测验结果

测验	R型	I型	A型	S型	E型	C型
第2部分						
第3部分						
第4部分						
第5部分						
总　分						

请将上表中的 6 种职业倾向总分按大小顺序依次从左到右排列：

_____型、_____型、_____型、_____型、_____型、_____型。

选出您的职业三字母(得分排在前三位的顺序排列)_____。

以上测验完毕。你可以将测验得分排在第一位的职业类型找出来，然后对应你的职业三字母与在测验后所附的"职业索引"，判断适合自己的职业类型。

第 7 部分　你所看重的东西——职业价值观

这一部分测试列出了人们在选择工作时通常会考虑的九项因素(见所附工作价值标准)。现在请你在其中选出最重要的两项因素以及最不重要的两项因素，并将序号填入下边相应空格上。

最重要：_____

次重要：_____

最不重要：_____

次不重要：_____

三、测试结果分析

测验完毕，请将你测验得分居第一位的职业类型找出来，对照下面的职业索引，初步判断一下自己适合的职业种类。再把分数最高的 3 个代号的职业兴趣类型找出来，按照职业类型三字母，在附录中寻找与你职业兴趣代号 3 字母相近的职业，如你的职业兴趣代号是 RIA，那么牙科技术员、陶工等适合你。

职业索引

对照表——职业兴趣代号与其相应的职业

R(现实型)　木匠、农民、操作 X 光的质量员、工程师、飞机机械师、鱼类和野生动物专家、自动化技师、机械工(车工、钳工等)、电工、无线电报话务员、火车司机、长途公共汽车司机、机械制图员、修理机器、电器师。

I(调查型)　气象学者、生物学者、天文学者、药剂师、动物学者、化学家、科学报刊编辑、地质学者、植物学者、物理学者、数学家、实验员、科研人员、科技工作者。

A(艺术型)　室内装饰专家、图书管理专家、摄影师、音乐教师、作家、演员、记者、诗人、作曲家、编剧、雕刻家、漫画家。

S(社会型)　社会学者、导游、福利机构工作者、咨询人员、社会工作者、社会科学教师、学校领导、精神病医院工作者、公共保健护士。

E(企业型)　推销员、进货员、商品批发员、旅馆经理、饭店经理、广告宣传员、调度员、律师、政治家、零售商。

C(常规型)　记账员、会计、银行出纳、法庭速记员、成本估算员、税务员、核算员、打字员、办公室职员、统计员、计算机操作员、秘书。

下面是与你 3 个代号的职业兴趣类型一致的职业表：

RIA　　　　牙科技术员、陶工、建筑设计员、模型工、细木工、链条制作人员。

RIS　　　　厨师、服务员、跳水员、潜水员、染色员、电器修理员、眼镜制作员、电工、纺织机器装配工、报务员、装玻璃工人、发电厂工人、焊接工。

RIE　建筑和桥梁工程、环境工程、航空工程、公路工程、电力工程、信号工程、电话工程、一般机械工程、自动工程、矿业工程、海洋工程、交通工程技术人员,制图员、家政经济人员、打捞员、计量员、农民、农场工人、农业机器操作人员、清洁工、无线电修理人员、汽车修理人员、手表修理人员、管子工、线路维修、盖(修)房工、电子技术员、伐木工、机械师、锻压操作工、造船装配工、工具仓库管理员。

RIC　船上工作人员、接待员、杂志保管员、牙科医生的助手、制帽工、磨坊工、石匠、机器制造人员、机车(火车头)制造人员、农业机器装配人员、鞋匠、锁匠、货物检验员、电梯维修工、托儿所所长、钢琴调音员、装配工、印刷工、建筑钢铁工人、卡车司机。

RAI　手工雕刻者、制作模型人员、家具木工、制作皮革品人员、手工绣花人员、手工钩针编织人员、排字工人、印刷工人、图画雕刻工、装订工。

RSE　消防员、交通巡警、警官、门卫、理发师、房间清洁工、屠夫、锻工、开凿工人、管道安装工、出租汽车驾驶员、货物搬运工、送报员、勘探员、娱乐场所的服务员、起重机操作工、灭害虫者、电梯操作工、厨房助手。

RSI　纺织工、编织工、农业学校的教师、某些职业课程教师(诸如艺术、商业、技术、工艺课程)、雨衣上胶工人。

REC　抄水表员、保姆、实验室动物饲养员、动物管理员。

REJ　轮船船长、航海领航员或大副、试管实验员。

RES　旅馆服务员、家畜饲养员、渔民、渔网修补工、水手长、收割机操作工、搬行李工人、公园服务员、救生员、登山导游、火车工程技术员、建筑工人、铺轨工人。

RCI　测量员、勘测员、仪器操作者、农业工程技师、化学工程技师、民用工程技师、石油工程技师、资料室管理员、探矿工、煅烧工、烧窑工、矿工、保养工、车床工、取样工、样品检验员、纺纱工、炮手、绕筒子工、漂洗工、电焊工、锯木工、刨床工、制帽工、手工缝纫工、油漆工、染色工、按摩工、木匠、农民建筑工人、电影放映员、勘测员助手。

RCS　公共汽车驾驶员、一等水手、游泳池服务员、裁缝、建筑工人、石匠、烟囱修建工、混凝土工、电话修理工、爆炸手、邮递员、矿工、裱糊工人、纺纱工。

RCE　打井工、吊车驾驶员、农场工人、邮件分类员、铲车司机、拖拉机司机。

IAS　普通经济学家、农场经济学家、财政经济学家、国际贸易经济学家、实验心理学家、工程心理学家、心理学家、哲学家、内科医生、数学家。

IAR　人类学家、天文学家、化学家、物理学家、生物病理学家、动物标本制作者、化石修复者、艺术品管理员。

ISE　营养学家、饮食顾问、火灾检查员、邮政服务检查员。

ISC　侦察员、电视播音室修理员、电视修理服务员、验尸室人员、编目录的人、医学实验室技师、调查研究者。

ISR　水生生物学者、昆虫学家、微生物学家、配镜师、矫正视力者、细菌学家、牙科医生、骨科医生。

ISA　实验心理学家、普通心理学家、发展心理学家、教育心理学家、社会心理学家、临床心理学家、目录学家、皮肤病学家、神经病学家、妇产科医生、眼科医生、五官科医生、医学实验室技术专家、民航医务人员、护士。

IES　细菌学家、生理学家、化学专家、地质学家、地理物理学专家、纺织技术专家、医院药剂师、工业药剂师、药房营业员。

　　IEC　　档案保管员、保险统计员。

　　ICR　　质量检验技术员、地质学技师、工程师、法官、图书馆技术辅助员、计算机操作员、医院听诊员、家禽检查员。

　　IRA　　地理学家、地质学家、水文学家、矿物学家、古生物学家、石油专家、地震学者、声学物理学家、原子和分子物理学家、电学和磁学物理学家、气象专家、设计审核员、人口统计学家、数学统计学家、外科医生、城市规划家、气象员。

　　IRS　　流体物理学家、物理海洋学家、等离子体物理学家、农业科学家、动物学家、食品科学家、园艺学家、植物学家、细菌学家、解剖学家、动物病理学家、作物病理学家、药物学家、生物化学家、生物物理学家、细胞生物学家、临床化学家、遗传学家、分子生物学家、质量控制工程师、地理学家、兽医、放射治疗技师。

　　IRE　　化验员、化学工程师、纺织工程师、食品技师、渔业技术专家、材料测试工程师、电气工程师、土木工程师、地质工程师、电力工程师、口腔科医生、牙科医生。

　　IRC　　飞机领航员、飞行员、生理实验室技师、文献检查员、农业技术专家、动植物技术专家、生物技师、油管检查员、工商业规划者、矿藏安全检查员、纺织品检验员、照相机修理者、工程技师员、设计计算机程序者、工具设计者、仪器维修工。

　　CRI　　簿记员、会计、记时员、铸造机操作工、打字员、按键操作工、复印机操作工。

　　CRS　　仓库保管员、档案管理员、缝纫工、讲述员、收款人。

　　CRE　　标价员、实验室工作者、广告管理员、自动打字机操作员、电动机装配工、缝纫机操作工。

　　CIS　　记账员、顾客服务员、报刊发行员、土地测量员、保险公司职员、会计师、估价员、统计员、邮政检查员、外贸检查员。

　　CIE　　打字员、统计员、支票记录员、订货员、校对员、办公室工作人员。

　　CIR　　校对员、工程职员、海底电报员、检修计划员、发报员。

　　CSE　　接待员、通讯员、电话接线员、卖票员、旅馆服务员、私人职员、商学教师、旅游办事员。

　　CSR　　运货代理商、铁路职员、交通检查员、办公室通信员。

　　CSI　　簿记员、出纳员、银行财务职员。

　　CSA　　秘书、图书管理员、办公室办事员。

　　CER　　邮递员、数据处理员、航空邮件检查员。

　　CEI　　推销员、经济分析家。

　　CES　　银行会计、记账员、法人秘书、速记员、法院报告人。

　　ECI　　银行行长、审计员、信用管理员、地产管理员、商业管理员；

　　ECS　　信用办事员、保险人员、各类进货员、海关服务经理、售货员、购买员、会计。

　　ERI　　建筑物管理员、工业工程师、农场管理员、护士长、农业经营管理人员。

　　ERS　　仓库管理员、房屋管理员、货栈监督管理员。

　　ERC　　邮政局长、渔船船长、机械操作领班、木工领班、瓦工领班、驾驶员领班。

　　EIR　　科学、技术和有关出版物的管理员。

　　EIC　　专利代理人、鉴定人、运输服务员、检查、安全检查员、废品收购人员。

EIS　警官、侦察员、交通检查员、安全咨询员、合同管理者、商人。

　　EAS　法官、律师、公证人。

　　EAR　展览室管理员、舞台管理员、播音员、驯兽员。

　　ESC　理发师、裁判员、政府行政管理员、财政管理员、工程管理员、职业病防治人员、售货员、商业经理、办公室主任、人事负责人、调度员。

　　ESR　家具售货员、书店售货员、公共汽车的驾驶员、日用商品的售货员、护士长、自然科学和工程的行政领导。

　　ESI　博物馆管理员、图书馆管理员、古迹管理员、饮食业经理、地区安全服务管理员、技术服务咨询者、超级市场管理员、零售商品店店员、批发商、出租汽车服务站调度。

　　ESA　博物馆馆长、报刊管理员、音乐器材售货员、广告商、售画营业员、导游、(轮船或班机上的)事务长、飞机上的服务员、船员、法官、律师。

　　ASE　戏剧导演、舞蹈教师、广告撰稿人、报刊专栏作者、记者、演员、英语翻译。

　　ASI　音乐教师、乐器教师、美术教师、管弦乐指挥、合唱队指挥、歌星、演奏家、哲学家、作家、广告经理、时装模特。

　　AER　新闻摄影师、电视摄像师、艺术指导、录音指导、丑角演员、魔术师、木偶戏演员、骑士、跳水员。

　　AEI　音乐指挥、舞台指导、电影导演。

　　AES　流行歌手、舞蹈演员、电影导演、广播节目主持人、舞蹈教师、口技表演者、喜剧演员、模特。

　　AIS　画家、剧作家、编辑、评论家、时装艺术大师、新闻摄影师、男演员、文学作者。

　　AIE　花匠、皮衣设计师、工业产品设计师、剪影艺术家、复制雕刻品大师。

　　AIR　建筑师、画家、摄影师、绘图员、环境美化工、雕刻家、包装设计师、陶器设计师、绣花工、漫画工。

　　SEC　社会活动家、退伍军人服务管理员、工商会事务代表、教育咨询者、宿舍管理员、旅馆经理、饮食服务管理员。

　　SER　体育教练、游泳指导。

　　SER　大学校长、学院院长、医院行政管理员、历史学家、家政经济学家、职业学校教师、资料员。

　　SEA　娱乐活动管理员、国外服务办事员、社会服务助理、一般咨询者、宗教教育工作者。

　　SCE　部长助理、福利机构职员、生产协调人、环境卫生管理人员、戏院经理、餐馆经理、售票员。

　　SRI　外科医师助手、医院服务员。

　　SRE　体育教师、职业病治疗者、体育教练、专业运动员、房管员、儿童家庭教师、警察、引座员、传达员、保姆。

　　SRC　护理员、护理助理、医院勤杂工、理发师、学校儿童服务人员。

　　SIA　社会学家、心理咨询者、学校心理学家、政治科学家、大学或学院的系主任、大学或学院的教育学教师、大学农业教师、大学工程和建筑课程的教师、大学法律教师、大学数学、医学、物理、社会科学和生命科学的教师、研究生助教、成人教育教师。

　　SIE　营养学家、饮食学家、海关检查员、安全检查员、税务稽查员、校长。

SIC　描图员、兽医助手、诊所助理、体检检查员、监督缓刑犯的工作者、娱乐指导者、咨询人员、社会科学教师。

SIR　理疗员、救护队工作人员、手足病医生、职业病治疗助手。

SCA　理发师、指甲修剪师、包装艺术家、美容师、整容专家、发式设计师。

SAE　听觉病治疗者、演讲矫正者。

SAZ　图书馆管理员、小学教师、幼儿园教师、学前儿童教师、中学教师、师范学院教师、盲人教师、智力障碍者的教师、聋哑人的教师、学校护士、牙科助理、飞行指导员。

由于篇幅限制这里不可能把社会上所有的职业都列进去。此外，有些类型与我国情况不尽相符。但是，社会上所有的职业都可以归入上面的某类职业索引中。如果与您职业一致的职业从索引中不可能获得，或者由于某些原因你不愿从事这些职业，那么你可以根据自己的职业兴趣类型特点，寻找与其一致的职业。

附录二　成就动机检测

一、量表

本问卷共30道题目,每一道题目就是一个陈述,请您根据陈述与自己的看法相符的程度做出判断。

A. 完全符合　　　　B. 基本符合　　　　C. 有点符合　　　　D.完全不符合

1. 我喜欢对我没有把握解决的问题坚持不懈地努力。
2. 我喜欢新奇的、有困难的任务,甚至不惜冒风险。
3. 给我的任务即使有充裕的时间,我也喜欢立即开始工作。
4. 面临我没有把握克服的难题时,我会非常兴奋、快乐。
5. 我会被那些能了解自己有多大才智的工作所吸引。
6. 我会被有困难的任务所吸引。
7. 面对能测量我能力的机会,我感到是一种鞭策和挑战。
8. 我在完成有困难的任务时感到快乐。
9. 对于困难的任务,即使没有什么意义,我也很容易卷进去。
10. 能够测量我能力的机会,对我是有吸引力的。
11. 我希望把有困难的工作分配给我。
12. 我喜欢尽了最大努力能完成的工作。
13. 如果有些事不能立刻理解,我会很快对它产生兴趣。
14. 那些我不能确定是否能成功的工作最能吸引我。
15. 对我来说,重要的是做有困难的事,即使无人知道也无关紧要。
16. 我讨厌在完全不能确定会不会失败的情境中工作。
17. 在结果不明的情况下,我担心失败。
18. 在完成我认为是困难的任务时,我担心失败。
19. 一想到要去做那些新奇的、有困难的工作,我就感到不安。
20. 我不喜欢那些测量我能力的场面。
21. 我对那些没有把握能胜任的工作感到忧虑。
22. 我不喜欢做我不知道能否完成的事,即使别人不知道也一样。
23. 在那些测量我能力的情境中,我感到不安。
24. 对需要有特定机会才能解决的事,我会害怕失败。
25. 那些看起来相当困难的事,我做时很担心。
26. 我不喜欢在不熟悉的环境下工作,即使无人知道也一样。
27. 如果有困难的工作要做,我希望不要分配给我。

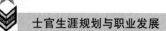

28. 我不希望做那些要发挥我能力的工作。

29. 我不喜欢做那些我不知道我能否胜任的事。

30. 当我遇到我不能立即弄懂的问题,我会焦虑不安。

二、评分方法

每题选 A 记 4 分;选 B 记 3 分;选 C 记 2 分;选 D 记 1 分。

第 1~15 题的总分记为 M_s(成功的动机),第 16~30 题的总分记为 M_{af}(害怕失败)。当 $M_s-M_{af}>0$ 时,分值越高,成就动机越高;当 $M_s-M_{af}=0$ 时,追求成功和害怕失败相当;当 $M_s-M_{af}<0$ 时,数值越小(负数),成就动机越低。

三、分数解释

成就动机是指在面对任务情景时,朝向高标准设置具有挑战性的工作目标,并为实现这一目标进行艰苦努力,希望获得优秀成绩的欲望。

各分数段对应的解释如下:

$M_s-M_{af}<0$:成就动机弱。通常不愿意面对挑战性的任务,不喜欢参加与他人竞争的活动,工作中可能会表现得比较保守。在具体活动中不太愿意承担责任,出现问题时,可能会喜欢抱怨他人,会比较责任大小或听之任之。

$M_s-M_{af}=0$:成就动机中等。有时愿意承担具有一定难度的任务,并能承担一定的责任。

$M_s-M_{af}>0$:成就动机强。有追求成功的强烈愿望,喜欢挑战性的任务,愿意为自己设置高目标,肯冒风险,喜欢尝试新事物,希望在竞争中获胜。活动过程中积极主动,愿意承担责任。

附录三　MBTI 人格量表及使用说明

一、使用说明

MBTI 向我们揭示了性格类型的多样性,不同的性格影响着我们观察事物的角度、思考问题的方式、行事风格等。这些不同的性格类型与某种职业有一定的适应性。

人的性格倾向,就像分别使用自己的两只手写字一样,都可以写出来,但惯用的那只手写出的会比另一只更好。每个人都会沿着自己所属的类型发展出个人行为、技巧和态度,而每一种也都存在着自己的潜能和潜在的盲点。

世界上关于人格理论的划分有很多种,MBTI 的人格类型分四个维度,每个维度有两个方向,共计八个方面,即共有八种人格特点,具体如下:

- 我们与世界相互作用的方式　　　　　外向(E)——内向(I)
- 我们获取信息的主要方式　　　　　　感觉(S)——直觉(N)
- 我们的决策方式　　　　　　　　　　思考(T)——情感(F)
- 我们的做事方式　　　　　　　　　　判断(J)——知觉(P)

每个人的性格都在四种维度相应分界点的这边或那边,我们称之为"偏好"。例如,如果你落在外向的那边,称为"你具有外向的偏好";如果你落在内向的那边,称为"你具有内向的偏好"。

在现实生活中,每个维度的两个方面你都具有,只是其中的一个方面你表现得更频繁、更舒适,就好像每个人都会用到左手和右手,习惯用左手的人是"左撇子",习惯用右手的人是"右撇子"。同样,你的人格类型就是你"用"得最频繁、最熟练的那种。

请按 MBTI 的测评体系得出你的性格特征、职业偏好和你的性格组合"四字母"。对性格的基本特征、存在的盲点、适合的领域与职业进行分析,写出分析报告。

——报告对人格特点及动力特点进行了详细描述,它能够帮助你拓展思路,接受更多的可能性,而不是限制你的选择。

——报告结果没有"好"与"差"之分,但不同特点对于不同的工作存在"适合"与"不适合"的区别,从而表现出具体条件下的优、劣势。

——你的动力、人格特点由遗传、成长环境和生活经历决定,不要想象去改变它,但却可以通过有效利用,扬长避短,更好地发挥个人潜力。

——报告展示了你的性格偏好和做事动力状况,而不是你的知识、经验、技巧。

二、量表

请选出下列选项中对你来说最真实的倾向。请注意,这里的所有选择没有"对"与"错"之分,并且每一个问题都只有 A 和 B 两种选择。请仔细阅读题目,但不要在某一道题上花额外多的时间,如果当时不清楚的话,可以先跳过去,待会儿再回过头来做。

请尽可能地答完所有问题。

第一部分

哪一个答案更接近地描述了你自己通常的感受或行为方式?

(1) 当你某日想去一个地方,你会_____。

A. 事先计划好了,然后再去   B. 先去,然后随机应变

(2) 如果你是一位老师,你愿教_____。

A. 注重实践的课程   B. 注重理论的课程

(3) 遇到问题时,你通常喜欢_____。

A. 和别人讨论解决方法   B. 自己想办法解决

(4) 你认为_____。

A. 很早就应该开始为聚会、约会等做准备

B. 不必先做准备,去了以后见机行事

(5) 你通常和_____相处得更好。

A. 喜欢想象的人   B. 注重现实的人

(6) 你更多的时候是_____。

A. 让情感驾驭理智   B. 让理智驾驭情感

(7) 当你和一群人在一起时,你常常是更愿意_____。

A. 加入大家的谈话中去   B. 独自和熟识的人交谈

(8) 你最喜欢_____做事情。

A. 按兴致   B. 按计划

(9) 你希望自己被看作是一个_____。

A. 实干家   B. 发明家

(10) 当别人问你一个问题时,你经常会_____。

A. 马上就做回答   B. 先在脑子里想一想

(11) 你喜欢与_____打交道。

A. 常有出乎意料想法的人   B. 按照常理行事的人

(12) 按日程表办事_____。

A. 正合你意   B. 束缚了你

(13) 你觉得通常别人_____。

A. 要花很长的时间才能和你相熟   B. 很快就能和你熟识

(14) 为"如何过周末"定一个计划_____。

A. 是有必要的   B. 完全没必要

(15) 下列哪一个评价更适合你? _____。

A. 性情中人   B. 理智的人

(16) 更多的时候,你倾向于_____。

A. 独处   B. 同他人在一起

(17) 在日常工作中,你更喜欢_____。

A. 在时间紧迫的情况下,争分夺秒地工作　　　　B. 做好提前量,尽早把工作做完

(18) 你更愿把_____作为朋友。

A. 总能有新想法的人　　　　B. 脚踏实地的人

(19) 你是一个_____。

A. 兴趣广泛,什么都想尝试的人　　　　B. 专注地投入某个兴趣的人

(20) 当你有一项特别的工作要做时,你喜欢先_____。

A. 察看工作的全貌　　　　B. 找出必须要做的环节

(21) 你更接受_____。

A. 以情动人　　　　B. 以理服人

(22) 当你为了消遣而阅读时,你_____。

A. 欣赏作者奇特、独创的表达　　　　B. 喜欢作者的表达直接、明确

(23) 新认识你的人_____了解到你的兴趣所在。

A. 马上就能　　　　B. 只有真正和你熟悉以后才能

(24) 在旅行时,你喜欢_____。

A. 随兴致行事　　　　B. 事先知道一天中该做的事

(25) 做许多人都做的事时,你喜欢_____。

A. 按惯例去做　　　　B. 发明自己的新方法

(26) 多数人说你是一个_____。

A. 不爱吐露心事的人　　　　B. 非常坦率的人

第二部分

你更容易喜欢或倾向哪一个词? 注意:这里的倾向不是指你向往得到的,而是指你现在已经具有的。

(27) A. 看不见的　　　　B. 看得见的

(28) A. 计划　　　　B. 随意

(29) A. 温情　　　　B. 坚定

(30) A. 事实　　　　B. 想法

(31) A. 思维　　　　B. 情感

(32) A. 热忱　　　　B. 平静

(33) A. 说服　　　　B. 打动

(34) A. 陈述　　　　B. 概念

(35) A. 分析　　　　B. 同情

(36) A. 系统性　　　　B. 随机性

(37) A. 敏感　　　　B. 精确

(38) A. 缄默　　　　B. 健谈

(39) A. 常识性的　　　　B. 理论性的

(40) A. 侠肝义胆　　　　B. 深谋远虑

(41) A. 正式　　　　B. 非正式

(42) A. 沉静　　　　B. 活跃

(43) A. 利益　　　　　　　　　　B. 祝福

(44) A. 理论性　　　　　　　　　B. 确定性

(45) A. 坚定的　　　　　　　　　B. 忠诚的

(46) A. 理想　　　　　　　　　　B. 现实

(47) A. 雄心　　　　　　　　　　B. 柔肠

(48) A. 想象中的　　　　　　　　B. 事实上的

(49) A. 冷静的　　　　　　　　　B. 激情的

(50) A. 制作　　　　　　　　　　B. 创造

(51) A. 热情的　　　　　　　　　B. 中立的

(52) A. 明理的　　　　　　　　　B. 迷人的

(53) A. 有同情心　　　　　　　　B. 有逻辑头脑

(54) A. 生产　　　　　　　　　　B. 设计

(55) A. 冲动　　　　　　　　　　B. 抉择

(56) A. 公正的　　　　　　　　　B. 体谅的

(57) A. 安静的　　　　　　　　　B. 爱交际的

(58) A. 理性　　　　　　　　　　B. 感性

(59) A. 不受限制的　　　　　　　B. 安排好的

(60) A. 具体　　　　　　　　　　B. 抽象

(61) A. 能干的　　　　　　　　　B. 细腻的

(62) A. 开放　　　　　　　　　　B. 私密

(63) A. 建造　　　　　　　　　　B. 发明

(64) A. 有序的　　　　　　　　　B. 随便的

(65) A. 想象　　　　　　　　　　B. 现实

(66) A. 好胜的　　　　　　　　　B. 好心的

(67) A. 理论　　　　　　　　　　B. 事实

(68) A. 很少的朋友　　　　　　　B. 很多的朋友

(69) A. 可能　　　　　　　　　　B. 确知

(70) A. 宽容的　　　　　　　　　B. 坚决的

(71) A. 新异的　　　　　　　　　B. 已知的

(72) A. 温柔　　　　　　　　　　B. 力量

(73) A. 实用　　　　　　　　　　B. 创新

第三部分

哪一个答案更接近地描述了你自己通常的感受或行为方式?

(74) 和一群人在一起聚会通常会让你感到_____。

A. 兴致勃勃　　　　　　　　　B. 筋疲力尽

(75) 你在做一个决定时,更多地会_____。

A. 权衡实际的得失　　　　　　B. 考虑其他人的感受

（76）通常你更喜欢_____。

A. 提前安排好该做什么　　　　　　　　B. 到时候率性而为

（77）当你一个人在家时，你_____。

A. 能够沉浸在自己的思维中　　　　　　B. 总觉得应该做点什么事情

（78）多数情况下，你_____。

A. 随兴致做事　　　　　　　　　　　　B. 按议程表做事

（79）你通常_____。

A. 容易和大家打成一片　　　　　　　　B. 独处的时候更多

（80）你做事更倾向于_____。

A. 等到各方面的信息都全了以后再做计划　　B. 提前很久就定计划

（81）别人_____交上朋友。

A. 容易和你　　　　　　　　　　　　　B. 较难和你

（82）你通常喜欢上_____的课程。

A. 探讨理论和概念　　　　　　　　　　B. 列举事实和图表

（83）在聚会时，你_____。

A. 说的时候多　　　　　　　　　　　　B. 听的时候多

（84）你觉得自己更倾向于是一个_____。

A. 随意的人　　　　　　　　　　　　　B. 有秩序的人

（85）你_____。

A. 只同那些兴趣相同的人才能长谈　　　B. 只要愿意，和任何人都可以长聊

（86）当你有一个报告需要在一个星期内交出时，你_____。

A. 常留出足够的时间并能提早完成　　　B. 常常是在最后一刻及时赶出来

（87）哪一个对你来说是更高的评价？

A. 有好胜心　　　　　　　　　　　　　B. 有同情心

（88）你觉得按日程表办事_____。

A. 虽有必要，但不喜欢　　　　　　　　B. 有帮助，非常喜欢

（89）你更愿在一个_____的老板手下工作。

A. 态度亲切，但有时会感情用事　　　　B. 态度严厉，但始终按逻辑办事

（90）在完成一项大任务时，你常常是_____。

A. 边做边考虑下一步　　　　　　　　　B. 事先想好每个步骤

（91）在社交场合，你通常觉得_____。

A. 很难和不认识的人进行交谈　　　　　B. 很容易和多数人谈笑风生

（92）你常常是_____。

A. 按已经有效的方法做事　　　　　　　B. 尝试一下有没有更好的办法

（93）你更喜欢按_____做事情。

A. 当天的感觉　　　　　　　　　　　　B. 已订好的日程表

三、记分规则

E—I量表：

(3),(7),(10),(19),(23),(32),(62),(74),(79),(81),(83)中有多少选A,就在E维度上加几分。(13),(16),(26),(38),(42),(57),(68),(77),(85),(91)中有多少选B,就在E维度上加几分。

两者之和即为E维度原始得分。I＝21－E。若E大于I,在答题纸上标注E,反之,标注I。得分不同,虽然同属一种维度,但程度有所差别。以下分类可以做一个参考：

E(I)＝11—13,轻微偏向外向(内向)；

E(I)＝14—16,中等程度外向(内向)；

E(I)＝17—19,明确外向(内向)；

E(I)＝20—21,绝对外向(内向)。

S—N量表：

(2),(9),(25),(30),(34),(39),(50),(52),(54),(60),(63),(73),(92)中有多少选A,就在S维度上加几分。(5),(11),(18),(22),(27),(44),(46),(48),(65),(67),(69),(71),(82)中有多少选B,就在S维度上加几分。

两者之和即为S维度原始得分。N＝26－S。若S大于N,在答题纸上标注S,反之标注N,若两者相等,标注N。得分不同,虽然同属一种维度,但程度有所差别。以下分类可以做一个参考：

S(N)＝13—15,轻微偏好；

S(N)＝16—20,中等程度偏好；

S(N)＝21—24,明确偏好；

S(N)＝25—26,绝对偏好。

T—F量表：

(31),(33),(35),(43),(45),(47),(49),(56),(58),(61),(66),(75),(87)中有多少选A,就在T维度上加几分。(6),(15),(21),(29),(37),(40),(51),(53),(70),(72),(89)中有多少选B,就在T维度上加几分。

两者之和即为T维度原始得分。F＝24－T。若T大于F,在答题纸上标注T,反之标注F,若两者相等,标注F。得分不同,虽然同属一种维度,但程度有所差别。以下分类可以做一个参考：

T(F)＝12—14,轻微偏好；

T(F)＝16—20,中等程度偏好；

T(F)＝21—24,明确偏好；

T(F)＝25—26,绝对偏好。

J—P量表：

(1),(4),(12),(14),(20),(28),(36),(41),(64),(76),(86)中有多少选A,就在J维度上加几分。(8),(17),(24),(55),(59),(78),(80),(84),(88),(90),(93)中有多少选B,就在J维度上加几分。

两者之和即为J维度原始得分。P＝22－J。若J大于P,在答题纸上标注J,反之,标注P,

若两者相等,标注 P。得分不同,虽同属一种维度,但程度有所差别。以下分类可以做一个参考:

J(P)=11—13,轻微偏好;

J(P)=14—16,中等程度偏好;

J(P)=17—20,明确偏好;

J(P)=21—22,绝对偏好。

四、16 种性格类型特征

(一)外向 直觉 情感 判断　ENFJ——"外交家"

1. 基本描述

(1)你善于社交、气宇不凡、易感应、善劝服。你精力旺盛,热情洋溢,能很快理解他人情感的需要、动机和所忧虑的事情,你把注意力放在帮助他人,鼓励他人进步向上。你是催化剂,能引发出他人的最佳状态。既可以做有号召力的领袖,也可以做忠实的追随者。

(2)你性情平和,心胸宽阔且很圆滑,很会促进周边关系的和睦,对于批评和紧张特别敏感。你容易看出他人的发展潜力,并倾力帮助他人发挥潜力。你愿意使大家和睦相处又感到愉快。

(3)你是理想主义者,非常看重自己的价值,对自己尊重景仰的人、事业和公司都非常忠诚。有责任感、谨慎、坚持不懈,同时对新观点很好奇。若能为人类的利益有所贡献,会感到深受鼓舞。

(4)你对现实以外的可能性以及对他人的影响非常感兴趣,善于发现别人看不到的意义和联系。

2. 可能的盲点

(1)你非常理想化,认为世界是自己想象中的那样,不愿意接受与此相抵触的事情。

(2)你依照情感行事,很少用逻辑,无视行为所带来的后果,有时会过度陷入别人的情感和问题中。总是避免冲突,有时会不够诚实和公平。试着更多地去关注事情,而不只是人,更有利于你合理地做出决定。

(3)你有很高的热情,有时会做出错误的假设或过于草率的决定。建议你获取足够多的信息之后再做决策。

(4)你总想得到表扬,希望自己的才能和贡献得到赏识,你对于批评非常脆弱,容易失去自信。当压力很大时,会变得暴躁、慌乱、吹毛求疵。

3. 类型解释

(1)优势

• 关注与周围人员的关系。

• 乐于领导和推动、促进团队。

• 鼓励合作。

• 能够发现他人的价值。

• 具有较强的对新事物的好奇心和洞察力。

(2) 劣势

- 将他人理想化；在冲突时只关注无关紧要的问题。
- 可能为了人际关系忽视任务，尤其是任务的细节问题。
- 在判断决定时，更多地采用个人的主观评判，可能忽视逻辑性和现实性。

(3) 工作风格

- 用热情进行领导。
- 在管理人和项目上采取参与立场。
- 对下属的需求能够做出反应。
- 要求组织采取与其价值相吻合的行动。
- 善于激发新的变化。

(4) 工作情景

- 致力于使事情变得更有益于他人的同事。
- 人员导向。
- 支持性和社会化。
- 具有和谐精神。
- 鼓励自我表现。
- 固定的、有序的。

(5) 发展建议

- 需要防止盲目的信任和赞同。
- 需要有成效地管理冲突。
- 需要像关注人一样关注任务的细节。
- 需要仔细倾听外界的反馈信息。

(6) 适合的领域与职业

- 领域：培训、咨询、教育、公共关系等。
- 职业：人力资源开发、培训人员、销售经理、广告客户经理、作家、记者、小企业经理等。

（二）外向 直觉 情感 知觉　ENFP——"一切皆有可能"

1. 基本描述

（1）你对周围的人和事物观察得相当透彻，能够洞察现在和将来。随时可以发现事物的深层含义和意义，并能看到他人看不到的事物内在的抽象联系。

（2）你崇尚和谐善意、情感多样、热情、友好、体贴、情绪强烈，需要他人的肯定，也乐于称赞和帮助他人。你总是避免矛盾，更在意维护人际关系。

（3）你富有活力，待人宽厚，有同情心，有风度，喜欢让人高兴。只要可能，你就会使自己适应他人的需要和期望。你倾向于运用情感作出判断，决策时通常考虑他人的感受。你在意维护人际关系，愿意花费很多心思，结交各种各样的人，而不是做事。

（4）你有丰富的想象力，善于创新，自信，富有灵感和新思想，警觉，善于寻找新方法，更注重理解而不是判断。你喜欢提出计划，并大力将其付诸实施。你特别善于替别人发现机会，并有能力且愿意帮助他们采取行动抓住机会。

2. 可能的盲点

(1) 你非常理想化,容易忽视现实和事物的逻辑,只要感兴趣,什么都去做。你通常在事情开始阶段或有变化的阶段较为投入,而对后续较为常规或沉闷的部分难以持续投入。

(2) 你总是能轻意想出很多新主意,喜欢着手许多事情,无法专注于一件事情,很少能把事情"从头做到尾"。你总能看到太多的可能性,因此无法确定哪些事情是自己真正追求的。建议你认真选择一个目标,善始善终,以免浪费时间和挥霍自己的天赋。

(3) 你组织纪律性比较弱,不肯服从,无视限制和程序。你喜欢即兴发挥,不愿意筹备和计划,对细节没有兴趣。如果你要有所作为,应尽量使自己的新思路现实、可操作。与更实际的人一起工作会对你很有帮助,这也符合你的特点,因为你不喜欢独自工作。

3. 类型解释

(1) 优势

• 能够看到新的可能性和新的途径。

• 关注于可能性,尤其是在人的方面。

• 通过具有强烈感染力的热情为他人打气和鼓劲。

• 能够引发新的规划和行动;欣赏他人。

(2) 劣势

• 在一个项目尚未完成的情况下就转向了新的计划或想法。

• 忽视有关的细节。

• 过分扩张,尝试太多的事情。

• 拖拉。

(3) 工作风格

• 用想象力和创新精神进行领导。

• 喜欢积极参与工作任务的初始阶段。

• 对于他人的愿望和要求有出色的洞察力。

• 致力于包容和支持他人。

• 关注激励人的东西。

(4) 工作情景

• 富有想象力、关注可能性的同事。

• 富于色彩。

• 参与气氛。

• 提供变化和挑战;观念导向。

• 不受限制。

(5) 发展建议

• 需要设立优先级,考虑轻重缓急,发展持之以恒。

• 需要关注重要的细节。

• 需要学会审查计划或规划,而不是尝试去做所有看起来有吸引力的事情。

• 需要学会并运用时间管理技能。

(6) 适合的领域与职业

• 领域:无明显限定领域。

• 职业:人力资源经理、广告撰稿人、宣传人员。

（三）外向 直觉 思考 判断　ENTJ——"组织管理者"

1. 基本描述

（1）你直率、果断，能够妥善解决组织的问题，是天生的领导者和组织的创建者。你擅长发现一切事物的可能性并很愿意指导他人实现梦想，是思想家和长远规划者。

（2）你逻辑性强，善于分析，能很快地在头脑里形成概念和理论，并能把可能性变成计划。树立自己的标准并一定要将这些标准强加于他人。你看重智力和能力，讨厌低效率，如果形势需要，可以非常强硬。你习惯用批判的眼光看待事物，随时可以发现不合逻辑和效率低的程序并强烈渴望修正它们。

（3）你善于系统、全局地分析和解决各种错综复杂的问题，为了达到目的，你会采取积极行动，你喜欢研究复杂的理论问题，通过分析事情的各种可能性，事先考虑周到、预见问题，制定全盘计划和制度并安排好人和物的来源，推动变革和创新。

（4）愿意接受挑战，并希望其他人能够像自己一样投入，对常规活动不感兴趣。长于需要论据和机智的谈吐的事情，如公开演讲之类。

2. 可能的盲点

（1）你经常在没有了解细节和形势之前就草率地做决定。

（2）你总是很客观、带有批判性地对待生活，容易对别人的情况和需要表现得较粗心、直率、无耐心。建议你注意倾听周围人的心声，并对别人的贡献表示赞赏。你需要学会在实施自己的计划之前听取别人的建议，以免独断专横。

（3）你考虑问题非常理智，很少受无关因素影响。你没有时间和兴趣去体会情感，容易忽略他人的感受，显得不近人情。但当你的感情被忽视或没有表达出来的时候，你会非常敏感。你需要给自己一点儿时间来了解自己的真实感情，学会正确地释放自己的情感，而不是暴发，并努力获得自己期望和为之努力的地位。

（4）你容易夸大自己的经验、能力。你需要接受他人实际而有价值的协助才能更好地提高能力并获得成功。

3. 类型解释

（1）优势

· 善于通过仔细思考分析，提出新的计划和方法。

· 强调组织的结构化和程序化。

· 通常在必要时能够迅速负起责任。

· 善于直接处理由混乱和无效率引起的问题。

（2）劣势

· 在关注事情时无视他人的需要。

· 无视实际要求和局限。

· 太快地做出决定，表现得没有耐心和极权。

· 忽视和压抑自己情感。

（3）工作风格

· 精力充沛、行动导向；为组织提供长期的预见。

· 必要时直接管理并铁面无私。

- 喜欢担任和负责管理工作。
- 尽可能加快组织的进展步伐。

（4）工作情景

- 关注于解决负责问题独立的、结果导向的同事。
- 目标导向。
- 有效的系统和人；挑战。
- 奖励果断；铁面无私的人。
- 结构化的。

（5）发展建议

- 需要区分人的因素并欣赏他人的贡献。
- 需要在埋头苦干之前，仔细检查可利用的、实际的人与情境资源。
- 在决策前，需要花时间三思问题的所有方面。
- 需要学会认同和看重感情。

（6）适合的领域与职业

- 领域：工商界、政界、管理、咨询、培训。
- 职业：人事、销售、营销经理、公共工商管理岗位。

（四）外向 直觉 思考 知觉 ENTP——"天生的创业者、创造者"

1. 基本描述

（1）你喜欢挑战让你兴奋的事情，聪慧，许多事情都比较拿手，致力于自己才干和能力的增长。

（2）你有很强的创造性和主动性，绝大多数是事业型的。你好奇心强，喜欢新鲜事物，关注事物的意义和发展的可能性。通常把灵感看得比什么都重要，多才多艺，适应性强且知识渊博，很善于处理挑战性的问题。

（3）你善于快速抓住事物的本质，喜欢从新的角度和独到的方式思考问题，对问题经常有自己独到的见解。你机警而坦率，有杰出的分析能力，并且是优秀的策略家。

（4）你不喜欢条条框框的限制和因循守旧的工作方式，习惯便捷的问题解决方法。你喜欢自由的生活并善于发现其中的乐趣和变化。

（5）你认为"计划赶不上变化"，并以实际行动证明大部分规定和规律都是有弹性、可伸缩的，通常会超出被认可和期望的限度。

（6）你善于理解而非判断他人。乐观，善于鼓舞他人，能用自己的热情感染他人。

2. 可能的盲点

（1）你总是充满热情的寻找新鲜事物，但行事缺少稳定的计划和流程，经常依靠临场发挥，可能因为忽视必要的准备工作而草率地身陷其中。

（2）你的注意力容易游移，对目标的韧性和坚持性不够，缺乏足够的耐心，有时不能贯彻始终。一旦主要问题被解决了，就会转移到下一个目标，而不能坚持将一件事完完整整地结束。

（3）你非常注重创造力和革新，容易忽略简单、常规的方法和一些重要的细节，不愿遵守规则和计划。建议多关注解决问题的常规方法。

（4）你通常同时展开多项任务与活动，不愿丢掉任何一种可能性，致力于寻找新的变化，可能使别人的计划和时间安排受到影响。你要好好考虑一下自己的行动给他人带来的影响，这有助于你变得更可靠。

（5）你有天生的直觉和预知能力，会使你误认为知道了别人的想法。建议你认真倾听他人，避免表现得不耐烦。

3. **类型解释**

（1）优势

- 将限制视作要克服的挑战。
- 关注新的发展可能性并能够提出新的做事方式。
- 善于启发并激励他人。
- 喜欢复杂的挑战。

（2）劣势

- 对日常的工作不太关注。
- 有时缺乏一定的坚持性和持久性。
- 不太愿意接受他人的支持和帮助。
- 过分夸大自己。
- 可能与组织中标准的规范和程序不相适应。

（3）工作风格

- 鼓励他人的独立性。
- 强调逻辑性的系统思考。
- 对想做的事使用强制性理由。
- 能够充当人员与组织系统间的催化剂角色。

（4）工作情景

- 善于解决复杂问题的独立工作的同事。
- 灵活而富于挑战性。
- 变化取向；有能力的人。
- 奖励冒风险；鼓励自主性；不官僚。

（5）发展建议

- 需要关注现在；需要承认和确认别人的投入。
- 需要设立现实的优先级和时间表。
- 需要关注如何在系统中为项目而工作。

（6）适合的领域与职业

- 领域：自我创业、创造性领域、项目策划、投资顾问。
- 职业：开发人员、营销策划、广告创意指导、金融规划师。

（五）外向 感觉 情感 判断 ESFJ——"我能为您做些什么"

1. **基本描述**

（1）你非常重视与别人的关系，易觉察出他人的需要，并善于给他人实际关怀，待人友好、善解人意并有很强的责任心。看到周围的人舒适和快乐，自己也会感到快乐和满足，很健谈，因此非常受欢迎。

（2）你热情，有活力，乐于合作，有同情心，机敏圆滑，希望得到别人的赞同和鼓励，冷淡和不友善会伤害你。你需要和睦的人际关系，对于批评和漠视非常敏感，竞争和冲突会让你感觉到不愉快，因此尽力避免发生这样的事情。

（3）你很实际、有条理，做事彻底，有一致性，对细节和事实有出色的记忆力，并且希望别人也如此。着眼于目前，在经验和事实之上做出决策，将事情安排妥当，喜欢成为活跃而有用的人物。能很好地适应日常的常规工作和活动，不喜欢做需要掌握抽象观点或客观分析的工作。喜爱自己的全部，对自己爱护有加。

（4）喜欢组织众人和控制形势，与他人合力圆满又按时地完成任务。喜欢安全和稳定的环境，支持现存制度，注重并很好地遵守社会约定规范。忠于自己的职责，并愿意超出自己的责任范围而做一些对别人有帮助或有益处的事情，在遇到困难和取得成功时，都很积极活跃，希望付出能得到回报或赞扬。

2. 可能的盲点

（1）你过分在意别人的情感和想法，以至于总是给予别人额外的关心和帮助，有时态度强硬，容易侵占别人的空间，你需要考虑一下自己提供的帮助是不是他人的需要。当遇到冲突时，为了保护和睦的人际关系，通常采取回避或是妥协的方式，而非积极的、非正面的处理。

（2）你的敏感，做事总是希望得到别人的鼓励和赞赏，担心被忽视，不愿接受批评，很可能变得沮丧和郁闷。

（3）你总是容易陷入情感和细节中，很难从问题中跳出来而更宏观、更客观地对待；取悦或帮助他人，而内心忽视自己的需求，难以说出"不"，怕让别人失望。

（4）你通常很难变通，拒绝尝试新方法，习惯根据经验做出决定，以至于信息不足造成决策的草率。建议尽量开放地接受外部变化，放慢决定的速度。

3. 类型解释

（1）优势

· 与他人良好地协同工作，尤其是在团队方面。

· 密切关注人的需要和要求。

· 尊重规范和权威。

· 能够按时准确地完成任务，有效地处理日常工作。

（2）劣势

· 回避冲突，只管无关痛痒的事。

· 由于渴望取悦于他人，将自己组织的优势地位看得很轻。

· 可能认为组织成员都能够认识到什么才是人和组织所需要的。

· 可能忽视工作发展的可能性和远景。

（3）工作风格

· 通过个人对他人的关注进行领导。

· 通过各种良好的关系获得良好意愿。

· 使组织成员对工作状况都能够清晰明了。

· 在组织中设立努力工作和持之以恒的榜样。

· 拥护组织的传统。

（4）工作情景

- 认真、合作和乐于帮助他人的同事。
- 目标导向的人和系统；组织化的。
- 友好的；有所尊重的同事。
- 有敏感的，善解人意的人；根据事实办事。

（5）发展建议

- 需要学会如何看待和管理冲突。
- 需要努力倾听其他人的愿望和要求。
- 需要考虑其决策的逻辑与全局影响。

（6）适合的领域与职业

- 领域：特征不明显。
- 职业：餐饮业者、房地产经纪人、销售代表。

（六）外向 感觉 情感 知觉　ESFP——"不要担心，高兴起来"

1. 基本描述

（1）你对人和新的经历都感兴趣，善于观察，看重眼前事物；你更多地从做事的过程中学到东西，而不是研究或读书。你相信自己五感所感触到的信息，喜欢有形的东西，能够看到并接受事物的本来面目，是现实的观察者，并具有运用常识处理问题的实际能力。

（2）你热爱生活，适应性强且随遇而安，爱热闹，爱玩耍，热情，友好，表现欲强烈，有魅力和说服力；喜欢意料之外的事情并给他人带来快乐和惊喜；你的饱满情绪和热情能够吸引别人，灵活、随和，很好相处。通常很少事先做什么计划，自信能够遇事随机应变，当机立断。讨厌条条框框，讨厌老一套，总能设法避开这些东西。

（3）你善于处理人际关系，经常扮演"和事佬"的角色，圆滑得体，富有同情心，愿意以实际的方式帮助他人，通常可以让别人接受自己的建议，不喜欢将自己的意愿强加别人，是非常好的交谈者，天生受人欢迎。

2. 可能的盲点

（1）你对各种事情都好奇，以至于总是分心，工作受到干扰。做事容易拖拉，难以约束自己，显得不是那么尽职尽责。建议集中注意力，平衡工作和生活，努力把工作放在首位，借鉴一些成功的或已为人所接受的安排工作和控制时间的方法。

（2）因为你积极活跃的个性总是使你忙碌于具体的事务中，并无暇去制订计划，致使面临应急和变化时你会不知所措，你应该未雨绸缪，学会计划和预测事物的发展变化。

（3）你经常忽视理论思考和逻辑分析，做决定时习惯于相信自己的感觉，或凭一时兴趣、冲动，有时不考虑结果。你对朋友的评价很高，并只看到他们积极的一面。你需要更进一步考虑事情的起因和结果，并学会拒绝。

3. 类型解释

（1）优势

- 带来热情与合作；为他人呈现组织的光明前景。
- 提供行动和令人兴奋的事。
- 联结人和资源。

- 从容自如地接受他人并与之打交道。

（2）劣势

- 可能过分强调主观力量，而在投入之前并没有仔细考虑。
- 可能花费太多的时间于人际交往而忽略工作任务。
- 有些虎头蛇尾。

（3）工作风格

- 通过激发良好的愿望和团队精神进行领导。
- 良好地处理危机。
- 善于有效地缓解组织中的紧张和冲突。
- 关注即时的问题。
- 善于促进人际间的有效相互作用。

（4）工作情景

- 关注目前现实、精力旺盛并易于相处的同事。
- 生动活泼；行动导向。
- 有适应能力的人；和谐。
- 人员密集的；有吸引力。

（5）发展建议

- 在决定时需要照顾逻辑关系。
- 在管理项目之前需要事先计划。
- 需要平衡工作努力和社交活动。
- 需要在时间管理上下功夫。

（6）适合的领域与职业

- 领域：服务业、消费业、旅游业、社区服务。
- 职业：社会工作者、旅游项目经营者、团队培训人员。

（七）外向 感觉 思考 判断　ESTJ——"执行者"

1. 基本描述

（1）你做事速度快，讲求效率，有责任感，善于自我约束，能够尽职尽责地完成工作。你喜欢推进事情并掌控局势，敏锐，对细节有出色的记忆力，善于组织，能系统化、结构化地通过有效的方式安排时间并达成目标。你有计划、有条理、喜欢把事情安排得井井有条，按照计划和步骤行事。

（2）你是一个有极强的逻辑性、非常喜欢做决定的人。你做事客观、善于分析而且有很强的推理能力。通常根据自己的经验进行判断和决策，善于看到工作系统中不合逻辑，不协调和无效的部分，并做出积极改进。

（3）你习惯从细节出发，关注现实，重视经验和感受。你关注实用价值，对于听到、看到、闻到、尝到、触摸到的"具体事物"更加感兴趣，而不是一些抽象的理念。你关注眼前，一般对于事情的远景和潜在价值难以关注到。

（4）你性格外向，为人友好、直爽，处事讲究原则。通常是坚定的、可以信赖的伙伴。你喜欢传统，遵照规范办事，是原则和传统的良好维护者，你擅长判断人，严于律己，在人际关系上始终如一。

2. 可能的盲点

(1) 你看问题具有很强的批判性,注意力更多关注于存在的问题,通常不能对别人的贡献表示赞赏和肯定。你需要留意和发现别人的才能和努力,并适时给予鼓励和表扬。当提出批评时,多注意技巧。

(2) 你喜欢把自己的标准强加给别人,对自己和他人都要求严格,通常被周围的人看成"独裁者"。你需要学会更加通融、开放,不要过于固执。建议以更加开放的观念和发展的眼光看待周围的新事物,对不同的人、不同的事更有耐心和包容性。

(3) 你遵照逻辑和客观的原则做事,较少考虑自己的行为和决定给他人带来的影响。建议你更加留心和尊重自己及他人的情绪和感受。

(4) 你专注于实施自己细致的计划,容易错过外界的很多变化和信息,甚至难以停下来听一听别人的意见,你忽视了许多发展的可能性及事物潜在的关联关系。你需要学会放慢节奏,倾听别人的建议,考虑所有的可能性,更好地检查其他可以利用的资源,增加做事的周全性。

(5) 如果你希望更好地适应社会,并获取成功,你需要尝试多角度地理解和处理问题,加强灵活性,不要事事控制,尝试转换思维方式,并且懂得和接受生活中有介于黑与白之间的灰色区域。

3. 类型解释

(1) 优势

• 事先看到缺点。

• 注重逻辑分析。

• 能够组织具体项目和工作任务。

• 能监控工作进程,把握工作进展;一步一步地贯彻实施计划。

(2) 劣势

• 做决定过快,而可能忽视工作发展的可能性。

• 工作中忽略细枝末节。

• 可能忽视工作中的人及情感交流的价值。

(3) 工作风格

• 直截了当地寻求领导职位,并迅速地负起责任。

• 试图确保观点、计划和决策都建立在牢固的事实基础上,运用并主动调整已有经验解决问题。

• 一针见血地看到问题的核心。

• 决策迅速;尊重等级制度。

(4) 工作情景

• 组织化的、结构化的工作环境,其中存在工作勤奋努力的人。

• 任务导向。

• 提供稳定性和可预测性;集中于工作效率。

• 在实现目标后有及时的支持和奖励。

(5) 发展建议

• 在决策前,需要考虑问题的各个方面,包括人的因素的影响。

- 需要督促自己仔细考虑变动所带来的得失。
- 需要做出特殊的努力以夸赞别人的成绩。

（6）适合的领域与职业

- 领域：不明显。
- 职业：后勤供应、承包代理、项目经理。

（八）外向 感觉 思考 知觉 ESTP——"排忧解难的救火员"

1. 基本描述

（1）你是敏锐的发现者，善于看出眼前的需要，并迅速做出反应来满足这种需要，天生爱揽事并寻求满意的解决办法。你精力充沛，积极解决问题，很少被规则或标准程式框住。能够想出容易的办法去解决难办的事情，以此使自己的工作变得愉快。

（2）你是天生的乐天派，积极活跃，随遇而安，乐于享受今天。对提供新经验的任何事物、活动、食物、服饰、人等都感兴趣，只愿享受今天，享受现在。

（3）你好奇心强，思路开阔，容易接受事物，倾向于通过逻辑分析和推理做出决定，不会感情用事。如果形势需要，你会表现出坚韧的意志力。偏爱灵活地处理实际情况，而不是根据计划办事。

（4）你长于行动，而非言语，喜欢处理各种事情，喜欢探求新方法。你具有创造性和适应性，有发明的才智和谋略，能够有效地缓解紧张氛，并使矛盾双方重归于好。

（5）你性格外向，友好而迷人，很受欢迎，并且能在大多数社会情况中放松自如。

2. 可能的盲点

（1）由于你关注外界各种变化信息，喜欢处理紧急情况，不愿意制订规划去预防紧急情况的发生，常常一次着手许多事情，超出自己的负荷，不能履行诺言，可能使周围的人陷入混乱。你需要试着找到一些能让自己按时完成任务的方法。

（2）你的注意力完全集中在有趣的活动上，喜欢不断地接受新的挑战，不愿意在目前沉闷的工作中消磨时间，难以估计自己行为带来的结果。你需要为自己订立一个行为标准。

（3）当情况环境转变时，你很容易忽视他人的情感，变得迟钝和鲁莽。

3. 类型解释

（1）优势

- 为确保工作的进展，通常采取协商并寻求和解的做法。
- 能够促成事件的发生，并保持整个过程的活力。
- 关注现实信息，行事通常采取现实的方式，喜欢冒风险。

（2）劣势

- 在迅速行动时对他人很生硬、率直和不敏感。
- 过于依赖即兴发挥，而不注意其行动可能产生的影响。
- 有时为突发问题而牺牲原有计划。
- 沉溺于物欲。

（3）工作风格

- 能够受命于危机之中；在组织工作中，能够说服他人遵从自己的观点。
- 具有直截了当、坚定果断的特点。

- 采取最有利的途径行事。
- 寻求行动和即时结果。

(4) 工作情景

- 需要工作环境中存在注重第一手经验的、结果取向的人。
- 不官僚;允许有娱乐时间。
- 工作具有灵活性;技术导向;对当前需要做出反应。

(5) 发展建议

- 需要抑制其独断而忽视他人感情的方面。
- 需要在迅速决定之前事先计划,考虑细节,三思而行。
- 需要发展持之以恒。
- 需要注意物质享受以外的东西。

(6) 适合的领域与职业

- 领域:贸易、商业、娱乐、体育。
- 职业:企业家、证券经纪人、银行职员。

(九) 内向 直觉 情感 判断 INFJ——"促使事情正面转化的催化剂"

1. 基本描述

(1) 你有计划、有条理,喜欢遵照固有的模式处理问题,乐于探求独特的方式以获得有意义的成长和发展。你通过认同和赞扬与别人进行沟通,具有很强的说服力,你可以成为伟大的领导者。你的贡献被人尊敬和推崇。

(2) 你喜欢独处,性格复杂,有深度,是独立的思考者。你忠诚、有责任心,喜欢解决问题,通常在认真思考之后行动。你在同一时间内只专注一件事情。

(3) 你有敏锐的洞察力,相信灵感,努力寻求生活的意义和事件的内在联系。你有坚定的原则,就算被别人怀疑,也相信自己的想法和决定,依靠坚忍不拔的毅力取得成功。

(4) 他人能随时体会到你的善良和体贴,但不太了解你,因为你做事总是含蓄和复杂。事实上你非常重感情,忠于自我价值观,有强烈的愿望为大家做贡献,有时候你也很紧张和敏感,但表现的深藏不露。你倾向于拥有小范围的而深长久远的友谊。

2. 可能的盲点

(1) 你的完美和固执,使你易走极端。一旦决定后,拒绝改变,并抵制那些与你的价值观相冲突的想法,以至于变得没有远见。你专注地追求一个理想,不会听取别人的客观意见,认为自己的地位是毋庸置疑的。

(2) 你总是探寻事情的意义和价值,过于专注各种想法,显得不切实际,而且经常会忽视一些常规的细节。你需要留意周围的情况,并学会运用已被证实的信息,这样可以帮助你更好地在现实世界中发挥你的创造性思维。

(3) 你敏感,非常关注个人的感受和他人的反应,对任何批评都很介意,甚至会视为人身攻击。对你来讲,你需要客观地认识自己和周围的人际关系,更好地促进事情向正面转化。

3. 类型解释

(1) 优势

- 诚信,履行承诺。

- 工作诚实,始终如一。
- 更倾向于那些需要集中精力、独自完成的工作。
- 组织和协调人和任务间的复杂关系。

（2）劣势

- 能够发现新的思想,但可能不被重视或被低估。
- 对于批评不太直率;不愿意强迫他人而自己承受过多。
- 一根筋,无视其他需要做的事情。

（3）工作风格

- 依据对组织和人的认识与洞察进行领导。
- 赢得合作而非请求合作;行动连贯一致。
- 致力于促使抱负变成现实。
- 用其理想激励他人。

（4）工作情景

- 关注于理想的同事。
- 存在创造的机会;和谐并协调;安静。
- 允许有仔细斟酌的时间和空间;组织化的。

（5）发展建议

- 需要发展果断性技能。
- 需要学会在适当的基础上给人以建设性的反馈。
- 需要和他人一道检讨自己的眼光;需要放松,对于目前情况下能够完成的事情,应当报有更开放的态度。

（6）适合的领域与职业

- 领域:咨询、教育、科研职业规划。
- 职业:职业规划师、事业发展顾问、企业培训人员、编辑。

（十）内向 直觉 情感 知觉　INFP——"大智若愚"

1. 基本描述

（1）你比较敏感,非常崇尚内心的平和,看重个人的价值,忠诚,并且理想化,一旦做出选择,就会约束自己完成。

（2）你外表看起来沉默而冷静,但内心对他人的情感十分在意。你非常善良,有同情心,善解人意。你重视与他人有深度、真实、共同进步的关系,希望参与有助于自己及他人的进步和内在发展的工作,欣赏那些能够理解你价值的人。

（3）你有独创性、有个性,好奇心强,思路开阔,有容忍力,乐于探索事物的可能性,致力于自己的梦想和远见。

（4）你很喜欢探索自己和他人的个性。一旦全身心地投入一项工作时,你往往发挥出冲刺式的干劲,全神贯注,全力以赴。你对人、事和思想信仰负责,一般能够忠实履行自己的义务。但是,对于意义不大的日常工作,你做起来可能有些困难。

2. 可能的盲点

（1）你追求完美,会花很长时间酝酿自己的想法,难以用适当的方式来表达自己。你需要更加注重行动。

（2）你经常忽略逻辑思考和具体现实，沉浸于梦想。当意识到自己的理想与现实之间的差距，你就容易灰心丧气。你需要听取他人更实际的建议，考虑方法的现实性和可行性。

（3）你非常固执，经常局限在自己的想法里，对外界的客观具体事物没有兴趣，甚至忙得不知道周围发生了什么事情。

（4）你总是用高标准来要求自己，投入太多的感情，导致你对批评相当敏感。压力很大的时候，你可能会非常怀疑自己或他人的能力，而变得吹毛求疵又爱瞎判断，对一切都有抵触情绪。

3. 类型解释

（1）优势

· 致力于为每个人在组织中找到一个位置。

· 其理想很具有说服力。

· 为了共同的目的将人们聚拢在一起。

· 能够为组织发现新的机会和发展的可能性。

（2）劣势

· 由于追求完美主义，可能会拖延工作任务。

· 同时取悦于太多的人。

· 固执地不按照逻辑和事实调整自己的看法。

· 花费太多的时间反复琢磨而不采取行动。

（3）工作风格

· 采用推动促进的方式进行领导。

· 宁愿扮演独特的、非常规性的领导角色。

· 强调工作进展的可能性，能够为了长远目标而独立地工作。

· 更乐于赞赏别人而非指责和批评。

· 鼓励他人照自己的理想行动。

（4）工作情景

· 关注他人价值的、和蔼可亲并讲信用的同事；合作气氛。

· 考虑个人的隐私权、灵活、不官僚、安定而平静。

· 给予反思的时间和空间。

（5）发展建议

· 需要学会现实地工作而不光是追求完美。

· 需要发展其坚韧、讲究实际和说"不"的自觉行动。

· 需要更加强调和重视事实和逻辑；需要发展和实施行动计划。

（6）适合的领域与职业

· 领域：创作、艺术类、研究咨询类。

· 职业：社会科学工作者、心理学家、编辑、记者。

（十一）内向 直觉 思考 判断　INTJ——"独立的完美主义者"

1. 基本描述

（1）考虑问题理智、清晰、简洁，不受他人影响，客观地批判一切，运用高度理性的思维做出判断，不以情感为依据。用批判的眼光审视一切，如果形势需要，会非常坚强和果断。

（2）你不屈从权威，并且很聪明，有判断力，对自己要求严格，近乎完美，甚至也这样去要求别人，尤其讨厌那些不知所措、混乱和低效率的人。你有很强的自制力，以自己的方式做事，不会被别人的冷遇和批评干扰，是所有性格中最独立的。

（3）你是优秀的策略家和富有远见的规划者，高度重视知识，能够很快将获取的信息进行系统整合，把情况的有利与不利方面看得很清楚。具有独特的、创造性的观点，喜欢来自多方面的挑战。在你感兴趣的领域里，会投入令人难以置信的精力、专心和动力。

2. 可能的盲点

（1）你只注重自己，很少去理解他人，自以为是，对他人没有耐心，总是想当然地把自己的观点强加给别人，制定不切实际的高标准。你需要学会去了解别人的感受和想法，以避免你冒犯他人。

（2）你过于注重远见卓识，很容易忽略和错过与自己理论模式不符的细节和现象；爱玩弄智力游戏，说些对他人没有意义、似是而非的话语。你需要简化你既理论又复杂的想法，更好地与别人交流。

（3）你过分独立的个性和工作习惯，使得你总是"拒绝"别人的参与和帮助，难以发现自己计划中的缺陷。建议你保持耐心，多向他人请教，这样可以帮助你提早了解一些不合实际的想法，或者在大量投入之前做出必要的修正和改进。

（4）你有时会过于固执和死板，沉迷于一些出色的但不重要的想法中，并且事事要求完美；如果你想成功，你需要判断事情的重要性，学习接受生活并与他相处，学会放弃。

3. 类型解释

（1）优势

· 能够将思想、创意落实成为行动计划。

· 致力于排除达到目标的所有障碍；能够清晰认识到组织发展的方向。

· 能够充分认识到组织是一个复杂关联的有机整体，并能够让组织成员明了组织中的各种关系。

（2）劣势

· 表现得不太让步以致他人害怕接近。

· 对自己和他人要求严格，可能忽视他人的情绪感受。

· 难以忍受让不合实际的思想蔓延。

· 忽视自己的思想和行动风格对别人的影响。

（3）工作风格

· 驱动自己和他人达成组织目标。

· 行动坚强有力。

· 对别人能够坚持自己的意见，不为他人所动。

· 关注新的发展可能性，并使之具体化、概念化。

- 必要时可毫不留情地重组整个系统。

（4）工作情景

- 关注长期规划、果断的和有挑战性的同事。
- 给予反思的权利；有效率。
- 具有有创造性和有影响力的人。
- 鼓励和支持自主性。
- 有创造的机会；关注任务。

（5）发展建议

- 需要引发反馈和建议。
- 需要学会欣赏他人。
- 需要学会在何时放弃不实际的想法。
- 需要更加关注其思想对他人的影响。

（6）适合的领域与职业

- 领域：科研、技术咨询、科技应用。
- 职业：管理顾问、经济工作者、金融规划师。

（十二）内向 直觉 思考 知觉 INTP——"聪颖机智地解决问题的人"

1. 基本描述

（1）你极其聪慧，有逻辑性，善于处理概念性的问题，且有很强的创造灵感，对发现可能性更感兴趣。

（2）你非常独立，有批判性和怀疑精神，深藏不露，内心通常在投入地思考问题，总是试图寻找运用理论分析各种问题；对一个观点或形势能做出超乎超于常人的、独立准确的分析，会提出尖锐的问题，也会向自己挑战以发现新的合乎逻辑的方法。

（3）你擅长用极端复杂的方式思考问题，看重自己的才学，也喜欢向别人挑战；你更善于处理概念和想法，而不是与人打交道。喜欢有逻辑性的和目的性的交谈，但有时想法过于复杂p3，至于难与别人交流和让别人理解，也会只为了高兴而就小事儿争论不休。

（4）你能宽容很多不同的行为，只是在自己认为应该的时候才争论和提出问题，但是如果你的基本原则受到挑战，你就不在保持灵活性而以原则办事。

（5）你是天才而有创意的思考者，喜欢投机和富于想象力的活动，对找到创造性解决问题的办法更感兴趣，而不是看到这些办法真正奏效。

2. 可能的百点

（1）如果你没有机会运用自己的才能，或得不到赏识，会感到沮丧，爱打嘴仗，好争论，冷嘲热讽，消极的批判一切。

（2）你过于注重逻辑分析，只要不合逻辑，就算对你再重要，也很有可能放弃它。

（3）你过分理智，忽视情感和现实，察觉不到他人的需要，也不考虑自己的观点对他人的影响，以"不符合"逻辑为由，主观断定某些自己或他人看重的东西是不重要的，不够实际。

（4）当你把自己批判的思维用在人的身上时，你的直率会变成无心的伤害。你需要找到自己真正在乎的事，这将帮助你们更真实地对待自己的情感。

（5）你对解决问题非常着迷，极善于发现想法中的缺陷，却很难把它们表达出来，你对常规的细节没有耐心,如果事情需要太多的琐碎细节,你会失去兴趣,也会因计划中很小的缺陷而陷入困境,你决不容忍任何一点不合逻辑。

3. 类型解释

（1）优势

- 能够设计有逻辑的复杂的系统,并且表现出解决复杂问题的专业才干。
- 具有理智的洞察力和判断力。
- 能够逻辑性地分析和思考问题。
- 能够一针见血地看待问题的核心。

（2）劣势

- 太过抽象以致实施起来不现实。
- 太过理智,其解释过分理论化。
- 过分关注微小的不一致,而以团队工作的和谐为代价。
- 将批评性分析思考转向于人,行动起来没有人情味。

（3）工作风格

- 领导过程中,强调逻辑的、系统的思考分析,注重现实性。
- 愿意面对思想观念、工作任务,而不是人际关系;为寻求自主性宁愿领导其他独立类型的人。
- 根据才干而非地位将人联结在一起;寻求理智而非情感方面的相互关系。

（4）工作情景

- 需要有解决复杂问题的独立思考者。
- 允许隐私权;培养独立性。
- 灵活、安静、和谐的工作氛围。
- 无结构;奖励自主。

（5）发展建议

- 需要关注实际的细节。
- 发展坚定的实施能力。
- 需要花力气将事情说得更简单些。
- 需要对他人给予的信息表示欣赏。
- 需要更多地了解他人以及他人的职业。

（6）适合的领域与职业

- 领域:计算机、学术、专业领域。
- 职业:电脑软、硬件工作人员、研究开发人员。

（十三）内向 感觉 情感 判断　ISFJ——"我以名誉担保,履行自己的责任"

1. 基本描述

（1）你具有友善、负责、认真、忠于职守的特点,只要你认为应该做的事,不管有多少麻烦都要去做,但却厌烦去做你认为毫无意义的事情。

（2）你务实、实事求是,追求具体和明确的事情,喜欢做实际的考虑。善于单独思考、搜集和考察丰富的外在信息。不喜欢逻辑的思考和理论的应用,拥有对细节很强的记忆力,诸如声音的音色或面部表情。

（3）你与人交往时较为敏感，谦逊而少言、善良、有同情心，喜欢关心他人并提供实际的帮助，你们对朋友忠实友好，有奉献精神。虽然在很多情况下你有很强烈的反应，但通常不愿意将个人情感表现出来。

（4）你做事有很强的原则性，尊重约定，维护传统。工作时严谨而有条理，愿意承担责任，你依据明晰的评估和搜集的信息来做决定，充分发挥自己客观的判断和敏锐的洞察力。

2. 可能的盲点

（1）你有高度的责任心，会陷入日常事务的细节中去，以至于没完没了的工作。每件事情你都会从头做到尾，这总是让你过度劳累，压力很大时，你会过度紧张，甚至产生消极情绪。

（2）由于你的现实、细致，有时容易忽略事情的全局和发展变化趋势，难以预见存在的可能性。建议你周到考虑解决问题的不同方法和可能性，需要增强对远景的关注。

（3）你总是替别人着想，以至于让人感觉"关心过度"，你需要学会给别人空间。在工作中，你过多的承受和忍耐，不太习惯表达，却将情绪在家庭和生活中发泄出来。

（4）你不停地制订计划并保证完成，以至于经常花费更多的时间和投入更多的精力来完成工作，建议你给自己安排必要的娱乐和放松的活动，不要总是"低头拉车"，需要考虑"抬头看路"。

3. 类型解释

（1）优势

· 重视人的实际需要；在贯彻执行组织目标中，采用强的执行技巧。

· 关心细节，遵从规范，埋头苦干，有责任心。

· 乐意为他人服务；安排事情井井有条。

（2）劣势

· 对未来过分悲观。

· 在对人表达其观点时被视为不够强硬。

· 由于总是避免出风头，其作用被低估。

· 僵化，不太灵活。

（3）工作风格

· 不刻意追求领导角色，但在必要时能毅然承担重任。

· 期望他人和自己都遵从组织的需求、规范和等级。

· 运用表面现象背后的个人影响。

· 认真、谨慎地遵守传统做法和规章。

· 在细节上动脑筋以取得实际结果。

（4）工作情景

· 在良好建构的任务上工作认真勤勉的人；提供安全感。

· 工作结构清晰；安静平和。

· 讲效率；考虑隐私权；服务导向。

（5）发展建议

· 在寻求未来工作上需要以积极、全局的态度处之。

· 需要发展其决断性和直截了当。

· 需要学会积极面对外界。

· 需要以更加开放的态度对待其他的做事方式。

(6) 适合的领域与职业

- 领域：医护、消费、服务领域。
- 职业：电脑操作员、室内装潢师、商品规划师。

（十四）内向 感觉 情感 知觉　ISFP——"思想起决定作用"

1. 基本描述

(1) 你和蔼、友善、敏感，谦虚地看待自己的能力。你能平静愉悦地享受目前的生活，喜欢体验。珍视自由自在地安排自己的活动，有自己的空间，支配自己的时间。

(2) 你善于观察、务实、讲求实际，了解现实和周围的人，并且能够灵活地对他们的情况和需要做出反应，但很少寻求其动机和含义。你是优秀的短期规划者，能够全身心地投到此时此刻的工作中，喜欢享受现今的经验而不是迅速冲往下一个挑战。

(3) 你有耐心，易通融，很好相处。你没有领导别人的愿望，往往是忠实的跟随者和很好的合作伙伴。你很客观，而且能以一种实事求是的态度接受他人的行为，但你需要基本的信任和理解，需要和睦的人际关系，而且对矛盾和异议很敏感。

(4) 你很有艺术天分，对自然的美丽情有独钟，对直接从经验中和感觉中得到的信息非常感兴趣，喜欢为自己创造一种幽雅而个性化的环境，你希望为社会的福利和人类的幸福做些贡献。你内心深沉，其实很热情，不太喜欢表现。

2. 可能的盲点

(1) 你完全着眼于现在，从不喜欢寻找和发现那些你认为不存在的可能性，这使你无法发现更广阔的前景，也不能为将来做打算，不能很好地安排时间和精力。

(2) 你天生对他人具有高度的敏感，总是难以拒绝别人，有时为了满足他人的需求而拼命地工作，以至于在此过程中忽视了自己。

(3) 你过分忽视事物之间的内在联系和逻辑思考，难以理解复杂的事情。

(4) 你对他人的批评会感到生气或气馁，有时容易过分自责。你容易相信别人，很少对别人的动机有所怀疑，也不会发现别人行为背后的隐含意义。你们需要更注重自己的需求，而且要对别人的行为加以分析。在分析中加入一些客观和怀疑的态度会让你们更准确地判断人的性格。

3. 类型解释

(1) 优势

- 注重组织成员的需要和要求。
- 采取行动以确保他人的适意感。
- 在工作中注入轻松愉快。
- 借助其合作的天性把人和事组织在一切；关注组织中人的因素。

(2) 劣势

- 过于轻信别人并容易上当。
- 即使在必要时也不批评他人，而只是过分地责难自己。
- 没有看到现实背后的东西，全方位地审时度势。
- 太容易受伤害和退缩。

(3) 工作风格

- 喜欢采用合作的团队方式。
- 运用相互间的情感交流作为激励他人的手段。

- 更倾向于赞扬而非批评。
- 凭借对他人的良好意愿,温和地说服他人。
- 能应付情境并适应情境的要求。

(4) 工作情景

- 需要默默地积极工作的合作的同事。
- 照顾个人的隐私空间。
- 有礼貌的同事;人员导向。

(5) 发展建议

- 需要发展怀疑和分析信息的方法,而不是一味接受。
- 需要学会在他人自鸣得意时做出否定性反馈。
- 需要发展一个更加未来导向的前景;需要更果敢和更直接地对待他人。

(6) 适合的领域与职业

- 领域:手工艺、艺术领域服务领域。
- 职业:行政人员、商品规划师、职业病理专业人员、测量人员。

(十五) 内向 感觉 思考 判断　ISTJ——"从容不迫地做好自己的工作"

1. 基本描述

(1) 你是一个认真而严谨的人,勤奋而富有责任感,认准的事情很少会改变或气馁,做事深思熟虑,信守承诺并值得信赖。

(2) 你依靠理智的思考来做决定,总是采取客观、合乎逻辑的步骤,不会感情用事,甚至在遇到危机时都能够表现得平静。

(3) 你谨慎而传统,重视稳定性、合理性;你天生独立,需要把大量的精力倾注到工作中,并希望其他人也是如此,善于聆听并喜欢将事情清晰而条理地安排好。

(4) 你喜欢先充分搜集各种信息,然后根据信息去综合考虑实际的解决方法,而不是运用理论去解决。你对细节非常敏感,有很实际的判断力,决定时能够运用精确的证据和过去的经验来支持自己的观点,并且非常系统,有条不紊,对那些不这样做的人没有耐心。

2. 可能的盲点

(1) 你非常固执,一旦决定的事情,会对其他的观点置之不理,并经常沉浸于具体的细节和日常的操作中。

(2) 你看问题有很强的批判性,通常持怀疑态度,你需要时常换位思考,更广泛地搜集信息,并理智地评估自己的行为带来的可能后果。

(3) 你非常独立,我行我素,不能理解不合逻辑的事情,忽视他人的情感,并对与你风格不同的人不能理解,非常挑剔;你要学会欣赏他人的优点并及时表达出来。

(4) 你非常有主见,时常会将自己的观点和标准强加给别人,而且无视那些不自信的人的建议。在处理问题时,强求别人按照自己的想法来做,对于未经检验或非常规的方法不加考虑。若能在以后多尝试和接受新颖的、有创造性的方法,你就能做出更有效的决策。

3. 类型解释

(1) 优势

- 行事坚定,按部就班。
- 关注所管理事务的具体细节,小心谨慎。

- 能恰当、得体地安排工作事务。
- 讲信用、守承诺;在良好的组织机构中工作较佳。

（2）劣势

- 忽略日常工作的长远影响。
- 不注意微妙的人际信息。
- 有时表现得不灵活、僵化。
- 相对更期望他人循规蹈矩,不鼓励创新。

（3）工作风格

- 通常运用经验和对事实的把握做出决策。
- 在履行职责时,表现可靠、稳定和始终如一。
- 尊重传统和等级制度。
- 欣赏和鼓励那些照规矩办事的人。
- 关注当前的、实际存在的组织需求。

（4）工作情景

- 所在组织中,成员工作努力并且关注事实和结果。
- 工作能够提供一定的安全感和稳定性,并能考虑个人隐私。
- 领导认可和赞赏稳健的工作方式。
- 结构化的、有序的、工作取向。

（5）发展建议

- 除了眼前的现实,需要关注问题的更广泛的枝节。
- 需要考虑人的因素。
- 需要尝试新的东西以避免墨守成规。
- 需要对那些不太在意规则而努力创新的人保持足够耐心。

（6）适合的领域与职业

- 领域:无明显职业领域。
- 职业:银行、证券、信息人员。

（十六）内向 感觉 思考 知觉　ISTP——"用我已经得到的,做到最好"

1. 基本描述

（1）你密切关注周围发生的事情,常常充当解决困难的人。一旦需要,会快速反应,抓住问题的核心以最有实效的方式予以解决。你好奇心强,对事实敏感,能很好地利用手头的资源。

（2）你善于思考和分析,关注事情是什么及可以解决什么具体问题,不关注理论。你喜欢客观独立地做决定,并把一切都清楚直接地安排妥当。你对技术工作很有天赋,是使用工具和双手工作的专家。

（3）你非常独立,不愿受规则约束,以独有的好奇心和富有创意的幽默观察和分享生活。具备很好的迎接挑战和处理问题的能力,天性喜欢兴奋和行动,通常很喜欢户外活动和运动。

（4）你通常是安静或沉默的,喜欢行动而非言语,看上去比较"酷",时常被认为不太愿意接近人。

2. 可能的盲点

（1）你非常实际,总能找到简洁的解决办法,这使你有时会偷工减料,不能完成所有的步骤和细节。你过分地关注眼下的结果,以至忽略了自己的决策和行动的长远影响。建议你学会做计划并坚持完成,以克服自己主动性弱的特点。

（2）你总是独立分析,独自判断,不喜欢与别人分享自己的反应、情感和担忧,不愿意把具体的情况甚至是最重要的部分与他人进行交流,使得周围的人行动或配合起来比较被动。

（3）你非常喜欢多样化和新奇刺激,对所有的选择都持开放态度,所以你不善于做决定。你需要认真给自己一些约束,避免总是变动和无规律所带来的危害。

（4）你通常无视自己的情感和需要,忽视他人的感受,对于自己的决定对他人产生的影响不够重视。

3. 类型解释

（1）优势

- 能在必要时和面临问题时挺身而出。
- 能够迅速把握信息的要旨。
- 做事有原则,但不因循原则。
- 在危机时能保持镇定,对他人有安定作用。
- 对技术领域有天生的嗜好。

（2）劣势

- 只关注重要的事,而对他人似乎关心不够。
- 缺乏一定的坚持性,在已付出的努力结出硕果之前就已经另谋他途了。
- 过于权宜,走捷径,少付出。
- 有时表现得漫无目的。

（3）工作风格

- 通过以身作则进行领导。
- 在稳固的事实基础上做出分析判断。
- 更倾向于采用团体合作方式,希望能公平对待每个人,宽松地管理下属。
- 一旦出现问题,能够迅速做出反应。

（4）工作情景

- 环境中的各种问题需要以行动予以解决。
- 行动导向的人;项目导向。
- 不受规则限制。
- 提供许多新的立即要解决的导向;培养独立性。

（5）发展建议

- 需要深入与他人交流沟通。
- 需要发展坚毅力,为达到期望结果需要做必要的计划并付出必要的努力。
- 需要形成设立目标的习惯。

（6）适合的领域与职业

- 领域:技术、金融、贸易商业领域。
- 职业:银行职员,证券、信息人员,电子专业人员,技术培训人员。

附录四　职业价值观测试

一、说明

本测试采用问卷形式,让受试者评定对代表不同价值追求的多种活动的好恶情况,依据应聘者的好恶程度来确定其主导的职业价值观类型。

本测试将人的职业价值观分为13种类型,各类型的基本含义如下:

利他主义:总是为他人着想,把直接为大众的幸福和利益尽一份力作为自己的追求。

审美主义:能不断地追求美的东西,得到美感的享受。

智力刺激:不断进行智力开发、动脑思考、学习和探索新事物,解决新问题。

成就动机:不断创新、不断取得成就、不断得到领导和同事的赞扬或不断实现自己想要做的事。

自主独立:能够充分发挥自己的独立性和主动性,按自己的方式、想法去做,不受他人干扰。

社会地位:所从事的工作在人们的心目中有较高的社会地位,从而使自己得到他人的重视与尊敬。

权力控制:获得对他人或某事的管理权,能指挥和调遣一定范围内的人或事物。

经济报酬:获得优厚的报酬,使自己有足够的财力去获得自己想要的东西,使生活过得较为富足。

社会交往:能和各种人交往,建立比较广泛的社会联系和关系,甚至能和知名人物结识。

安全稳定:希望不管自己能力怎样,在工作中要有一个安稳的局面,不会因为奖金、加资、调动工作或领导训斥等而经常提心吊胆、心烦意乱。

轻松舒适:希望将工作作为一种消遣、休息或享受的形式,追求比较舒适、轻松、自由、优越的工作条件和环境。

人际关系:希望一起工作的大多数同事和领导人品好,相处在一起感到愉快、自然。

追求新意:希望工作的内容经常变换,使工作和生活显得丰富多彩,不单调枯燥。

二、测评量表

本测验的目的是了解你的社会偏好。人的社会偏好无好坏之分,只存在对个人所处的环境是否适宜的问题,如果你想在这方面对自己加强了解,希望你在回答问卷时能如实地表述自己的观点。

下面有52道题目,请根据自己的实际情况或真实想法,对这些陈述的重要性进行评价,5表示非常重要,4表示比较重要,3表示一般,2表示较不重要,1表示很不重要。

1.你的工作必须经常解决新的问题。

2. 你的工作能为社会福利带来看得见的效果。

3. 你的工作奖金很高。

4. 你的工作内容经常变换。

5. 你能在你的工作范围内自由发挥。

6. 工作能使你的同学、朋友非常羡慕你。

7. 工作带有艺术性。

8. 你的工作能使人感觉到你是团体中的一分子。

9. 不论你怎么干,总能和大多数人一样晋级和涨工资。

10. 你的工作使你有可能经常变换工作地点、场所或方式。

11. 在工作中你能接触到各种不同的人。

12. 你的工作上下班时间比较随便、自由。

13. 你的工作使你不断获得成功的感觉。

14. 你的工作赋予你高于别人的权力。

15. 你在工作中能试行一些自己的新想法。

16. 你在工作中不会因为身体或能力等因素被人瞧不起。

17. 你能从工作的成果中知道自己做得不错。

18. 你的工作经常要外出参加各种集会和活动。

19. 只要你干上这份工作,就不再被调到其他意想不到的单位和工种上去。

20. 你的工作能使世界更美丽。

21. 在工作中,不会有人常来打扰你。

22. 只要努力,你的工资会高于其他同年龄的人,升级或涨工资的可能性比干其他工作大得多。

23. 你的工作是一项对智力的挑战。

24. 你的工作要求你把一些事务管理得井井有条。

25. 你的工作单位有舒适的休息室、更衣室、浴室及其他设备。

26. 你的工作有可能结识各行各业的知名人物。

27. 在你的工作中,能和同事建立良好的关系。

28. 在别人眼中,你的工作是很重要的。

29. 在工作中你经常接触到新鲜的事物。

30. 你的工作使你能常常帮助别人。

31. 你在单位中有可能经常变换工作。

32. 你的作风使你被别人尊重。

33. 同事和领导人品较好,相处比较随便。

34. 你的工作会使许多人认识你。

35. 你的工作场所很好,比如有适度的灯光,安静、清洁的工作环境,甚至恒温、恒湿等优越的条件。

36. 在工作中,你为他人服务,使他人感到很满意,你自己也很高兴。

37. 你的工作需要计划和组织别人的工作。

38. 你的工作需要敏锐的思考。

39. 你的工作可以使你获得较多的额外收入,比如:常发实物、常购买打折扣的商品、常发商品的提货券、有机会购买进口货等。

40. 在工作中你是不受别人差遣的。

41. 你的工作结果应该是一种艺术而不是一般的产品。

42. 在工作中你不必担心会因为所做的事情领导不满意而受到训斥或经济惩罚。

43. 在你的工作中能和领导有融洽的关系。

44. 你可以看见你努力工作的成果。

45. 在工作中常常要你提出许多新的想法。

46. 由于你的工作,经常有许多人来感谢你。

47. 你的工作成果常常能得到上级、同事或社会的肯定。

48. 在工作中,你可能做一个负责人,虽然可能只领导很少几个人,但你信奉"宁做兵头,不做将尾"的俗语。

49. 你从事的那种工作经常在报刊、电视中被提到,因而在人们的心目中很有地位。

50. 你的工作有数量可观的夜班费、加班费、保健费或营养费等。

51. 你的工作比较轻松,精神上也不紧张。

52. 你的工作需要和影视、戏剧、音乐、美术、文学等艺术打交道。

三、评分方法

上面的52道题分别代表13项职业价值观。请你根据职业价值观评价表中每一项前面的题号,计算一下每一项的得分总数,并把它填在每一项的得分栏上。然后在该表格下面依次列出得分最高和最低的三项。

职业价值观评价表

得分	题号	价值观	说　明
	2,30,36,46	利他主义	工作的目的和价值在于直接为大众的幸福和利益尽一份力
	7,20,41,52	美　感	工作的目的和价值在于能不断地追求美的东西,得到美感的享受
	1,23,38,45	智力刺激	工作的目的和价值在于不断进行智力的操作、动脑思考、学习以及探索新事物、解决新问题
	13,17,44,47	成就感	工作的目的和价值在于不断创新,不断取得成就,不断得到领导与同事的赞扬,不断实现自己想要做的事
	5,15,21,40	独立性	工作的目的和价值在于能充分发挥自己的独立性和主动性,按自己的方式、步调或想法去做,不受他人的干扰
	6,28,32,49	社会地位	工作的目的和价值在于所从事的工作在人们的心目中有较高的社会地位,从而使自己得到他人的重视与尊敬
	14,24,37,48	管　理	工作的目的和价值在于获得对他人或某事物的管理支配权,能指挥和调遣一定范围内的人或事物
	3,22,39,50	经济报酬	工作的目的和价值在于获得优厚的报酬,使自己有足够的财力去获得自己想要的东西,使生活过得较为富足

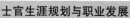

续表

得分	题号	价值观	说　明
	11,18,26,34	社会交际	工作的目的和价值在于能和各种人交往,建立比较广泛的社会联系和关系,甚至能和知名人物结识
	9,16,19,42	安全感	不管自己能力怎样,希望在工作中有一个安稳局面,不会因为奖金、涨工资、调动工作或领导训斥等经常提心吊胆、心烦意乱
	12,25,35,51	舒　适	希望能将工作作为一种消遣、休息或享受的形式,追求比较舒适、轻松、自由、优越的工作条件和环境
	8,27,33,43	人际关系	希望一起工作的大多数同事和领导人品较好,相处在一起感到愉快、自然,认为这就是很有价值的事,是一种极大的满足
	4,10,29,31	变异性	希望工作的内容应该经常变换,使工作和生活显得丰富多彩,不单调枯燥

得分最高的前三项是:

1. _____ ;

2. _____ ;

3. _____ 。

得分最低的前三项是:

1. _____ ;

2. _____ ;

3. _____ 。

从得分最高和最低的前三项中,可以大致看出你的价值倾向,在选择职业时就可以加以考虑。

附录五　士官职业测评量表

1. 士官心理素质量表

指导语：您好！欢迎参加本次测评，接下来请根据您的真实想法来回答每个问题。答案无所谓对错，请据实回答。

1	我很清楚本测试的说明。	是	否		
2	我能诚实地回答本测试的每一个问题。	是	否		
3	我喜欢有挑战性的工作。	非常不符合	比较不符合	不确定	比较符合	非常符合
4	认识我的人差不多都喜欢我。	非常不符合	比较不符合	不确定	比较符合	非常符合
5	我为我是中国人而感到自豪。	非常不符合	比较不符合	不确定	比较符合	非常符合
6	我是一个很有责任感的人。	非常不符合	比较不符合	不确定	比较符合	非常符合
7	我遇事很容易激动。	非常不符合	比较不符合	不确定	比较符合	非常符合
8	我喜欢观察或提问。	非常不符合	比较不符合	不确定	比较符合	非常符合
9	遇事我总喜欢谦让他人。	非常不符合	比较不符合	不确定	比较符合	非常符合
10	我在部队有种如鱼得水的感觉。	非常不符合	比较不符合	不确定	比较符合	非常符合
11	偶尔我会在背后说说别人的闲话。	非常不符合	比较不符合	不确定	比较符合	非常符合
12	我做事往往能举一反三。	非常不符合	比较不符合	不确定	比较符合	非常符合
13	由于遭遇困难，我的计划常常半途而废。	非常不符合	比较不符合	不确定	比较符合	非常符合
14	我是一个当机立断的人。	非常不符合	比较不符合	不确定	比较符合	非常符合
15	和别人讨论问题时，我有自己的见解。	非常不符合	比较不符合	不确定	比较符合	非常符合
16	遇到烦心事，我很难尽快把自己从不良情绪中摆脱出来。	非常不符合	比较不符合	不确定	比较符合	非常符合
17	在逆境中，我的行为也不会被情绪牵制。	非常不符合	比较不符合	不确定	比较符合	非常符合
18	面对复杂问题时，我无法迅速理清头绪，做出决定。	非常不符合	比较不符合	不确定	比较符合	非常符合
19	在遇到巨大阻碍时，我会选择拼搏。	非常不符合	比较不符合	不确定	比较符合	非常符合
20	同寝室的战友都说我是一个容易相处的人。	非常不符合	比较不符合	不确定	比较符合	非常符合
21	我很关注国家的发展形势、时事政策和一些社会问题。	非常不符合	比较不符合	不确定	比较符合	非常符合

续表

22	我从不说谎。	非常不符合	比较不符合	不确定	比较符合	非常符合
23	当同事、朋友向我请教时,我总是精心准备,认真回答。	非常不符合	比较不符合	不确定	比较符合	非常符合
24	战友们认为我是一个沉得住气的人。	非常不符合	比较不符合	不确定	比较符合	非常符合
25	我通常能看出事物的发展趋势。	非常不符合	比较不符合	不确定	比较符合	非常符合
26	遇到募捐活动,我常常推脱不去。	非常不符合	比较不符合	不确定	比较符合	非常符合
27	即使在嘈杂的环境中,我的学习和工作也能不受影响。	非常不符合	比较不符合	不确定	比较符合	非常符合
28	我善于运用所学的知识去解决生活中的实际问题。	非常不符合	比较不符合	不确定	比较符合	非常符合
29	我喜欢做好一件事后再做另一件事。	非常不符合	比较不符合	不确定	比较符合	非常符合
30	遇到坏人,我能根据当时情况,及时想出对策。	非常不符合	比较不符合	不确定	比较符合	非常符合
31	生活或事业遭遇失败,我能客观分析原因,保持平常心态。	非常不符合	比较不符合	不确定	比较符合	非常符合
32	在集体活动中,我习惯听从大家的意见。	非常不符合	比较不符合	不确定	比较符合	非常符合
33	我总是先收集大量信息后才做决定。	非常不符合	比较不符合	不确定	比较符合	非常符合
34	我有时也会很生气。	非常不符合	比较不符合	不确定	比较符合	非常符合
35	就算遇到烦心事,我也能积极地生活。	非常不符合	比较不符合	不确定	比较符合	非常符合
36	在五公里越野中,虽然我落后,但我要坚持跑完全程。	非常不符合	比较不符合	不确定	比较符合	非常符合
37	周围的人有问题总爱向我咨询或请求帮助。	非常不符合	比较不符合	不确定	比较符合	非常符合
38	我愿意为社会作出贡献。	非常不符合	比较不符合	不确定	比较符合	非常符合
39	我总是严格按计划如期完成任务。	非常不符合	比较不符合	不确定	比较符合	非常符合
40	我善于控制自己的言行。	非常不符合	比较不符合	不确定	比较符合	非常符合
41	观察事物时,我发现的东西通常比别人少。	非常不符合	比较不符合	不确定	比较符合	非常符合
42	在生活中,我经常帮助别人。	非常不符合	比较不符合	不确定	比较符合	非常符合
43	到了一个新环境,即使饮食、睡觉等生活环境变化很大,我也能照样吃得下睡得好。	非常不符合	比较不符合	不确定	比较符合	非常符合
44	我喜欢寻找多种解决问题的办法。	非常不符合	比较不符合	不确定	比较符合	非常符合
45	即使没有监督或检查,我也会按时完成任务。	非常不符合	比较不符合	不确定	比较符合	非常符合

46	军事训练中遇到突发情况,我难以迅速作出反应。	非常不符合	比较不符合	不确定	比较符合	非常符合
47	在失意时,我也能发现许多愉快有趣地事情。	非常不符合	比较不符合	不确定	比较符合	非常符合
48	在工作中我能独当一面。	非常不符合	比较不符合	不确定	比较符合	非常符合
49	我曾损坏或遗失过别人的东西。	非常不符合	比较不符合	不确定	比较符合	非常符合
50	在做决定前,我会认真考虑各种方案的可能性。	非常不符合	比较不符合	不确定	比较符合	非常符合
51	我经常觉得自己所受的挫折和打击比别人多。	非常不符合	比较不符合	不确定	比较符合	非常符合
52	我能与性格不同的战友和谐相处。	非常不符合	比较不符合	不确定	比较符合	非常符合
53	我的努力对国防建设而言,太微不足道,所以做不做都一样。	非常不符合	比较不符合	不确定	比较符合	非常符合
54	我认为国家兴旺,匹夫有责。	非常不符合	比较不符合	不确定	比较符合	非常符合
55	我习惯仔细考虑后才做出决定。	非常不符合	比较不符合	不确定	比较符合	非常符合
56	我喜欢从不同的角度去分析问题	非常不符合	比较不符合	不确定	比较符合	非常符合
57	我是自愿报名参军。	非常不符合	比较不符合	不确定	比较符合	非常符合
58	军队的规章制度不一定都合理,但我总是努力遵守。	非常不符合	比较不符合	不确定	比较符合	非常符合
59	我所认识的人里不是个个我都喜欢。	非常不符合	比较不符合	不确定	比较符合	非常符合
60	一遇紧急情况,我就手忙脚乱。	非常不符合	比较不符合	不确定	比较符合	非常符合
61	即使遇到困难,我也会努力完成既定的计划。	非常不符合	比较不符合	不确定	比较符合	非常符合
62	解决工作中的问题,我总是干脆利落。	非常不符合	比较不符合	不确定	比较符合	非常符合
63	我赞同"塞翁失马,焉知非福"的说法。	非常不符合	比较不符合	不确定	比较符合	非常符合
64	在与他人合作时,我也能独立思考。	非常不符合	比较不符合	不确定	比较符合	非常符合
65	处理问题时,我习惯于先提出多种解决方法,再选择最佳方案。	非常不符合	比较不符合	不确定	比较符合	非常符合
66	当目标不能实现时,我能平静地接受。	非常不符合	比较不符合	不确定	比较符合	非常符合
67	在逆境中,我总能保持精神振奋。	非常不符合	比较不符合	不确定	比较符合	非常符合
68	战友们很少找我拿主意。	非常不符合	比较不符合	不确定	比较符合	非常符合
69	每当升国旗、奏国歌时,我都感到很神圣。	非常不符合	比较不符合	不确定	比较符合	非常符合
70	我从没有与父母顶过嘴。	非常不符合	比较不符合	不确定	比较符合	非常符合
71	当我在工作中出现失误时,我会勇敢地承担责任。	非常不符合	比较不符合	不确定	比较符合	非常符合

72	我能心平气和地处理事情。	非常不符合	比较不符合	不确定	比较符合	非常符合
73	我总是能依据现有情况做出正确的判断。	非常不符合	比较不符合	不确定	比较符合	非常符合
74	我愿意付出额外努力,以协助集体完成工作。	非常不符合	比较不符合	不确定	比较符合	非常符合
75	新到一个陌生的环境,我需要较长时间来适应。	非常不符合	比较不符合	不确定	比较符合	非常符合
76	我觉得自己处理问题的能力比同龄人要强一些。	非常不符合	比较不符合	不确定	比较符合	非常符合
77	我总能按计划行事,不会轻易放弃。	非常不符合	比较不符合	不确定	比较符合	非常符合
78	处理生活中的事情,我习惯"快刀斩乱麻"。	非常不符合	比较不符合	不确定	比较符合	非常符合
79	我觉得凡事只要尽力而为,便可问心无愧。	非常不符合	比较不符合	不确定	比较符合	非常符合
80	遇到问题,我喜欢独自思考。	非常不符合	比较不符合	不确定	比较符合	非常符合
81	我会主动去检验所做决定的正误和优劣。	非常不符合	比较不符合	不确定	比较符合	非常符合
82	偶尔我会想一些不可告人的坏事。	非常不符合	比较不符合	不确定	比较符合	非常符合
83	受领导批评后,我仍能心平气和地工作。	非常不符合	比较不符合	不确定	比较符合	非常符合
84	我愿意想尽一切办法去攻克难题。	非常不符合	比较不符合	不确定	比较符合	非常符合
85	别人都认为我是一个热心肠的人。	非常不符合	比较不符合	不确定	比较符合	非常符合
86	我很尊敬那些战斗英雄,革命领袖和爱国志士。	非常不符合	比较不符合	不确定	比较符合	非常符合
87	每次进行军事训练,我总是敷衍了事。	非常不符合	比较不符合	不确定	比较符合	非常符合
88	在完成时间紧迫的任务中,我也能保持镇定。	非常不符合	比较不符合	不确定	比较符合	非常符合
89	我习惯从多方面去评价人和事。	非常不符合	比较不符合	不确定	比较符合	非常符合
90	如有机会,我会主动参加义务献血。	非常不符合	比较不符合	不确定	比较符合	非常符合
91	我能很快融入不同的集体中去。	非常不符合	比较不符合	不确定	比较符合	非常符合
92	遇到难题时,我总能从容应对。	非常不符合	比较不符合	不确定	比较符合	非常符合
93	即使身体不舒服,我也从不发脾气。	非常不符合	比较不符合	不确定	比较符合	非常符合
94	在情况复杂时,我也总能坚持自己的观点。	非常不符合	比较不符合	不确定	比较符合	非常符合
95	即使局面很混乱,我也能辨清是非,并及时行动。	非常不符合	比较不符合	不确定	比较符合	非常符合

96	长跑中遇到生理反应跑不动时,我会停下来休息。	非常不符合	比较不符合	不确定	比较符合	非常符合
97	当工作遇到阻碍时,我会向他人请教,寻求帮助。	非常不符合	比较不符合	不确定	比较符合	非常符合
98	即使自己表现都很好仍没评上优秀,我也不会感到不公平。	非常不符合	比较不符合	不确定	比较符合	非常符合
99	当在决策过程中出现了问题,我会及时修正和调整。	非常不符合	比较不符合	不确定	比较符合	非常符合
100	我相信自己能独立完成挑战性的任务。	非常不符合	比较不符合	不确定	比较符合	非常符合

2. 士官职业兴趣测评量表

指导语:该部分问卷旨在帮助你了解你的职业兴趣,请按照你在生活中的真实情况回答。

1	强壮而敏捷的身体对我而言很重要。	非常不符合	比较不符合	不确定	比较符合	非常符合
2	我必须彻底地了解事情的真相。	非常不符合	比较不符合	不确定	比较符合	非常符合
3	我的心情受到音乐、色彩、写作和美丽事物的影响极大。	非常不符合	比较不符合	不确定	比较符合	非常符合
4	跟上别人的谈话思路对我而言并不是什么难事。	非常不符合	比较不符合	不确定	比较符合	非常符合
5	我自信会成功。	非常不符合	比较不符合	不确定	比较符合	非常符合
6	我很明白每个人都有自身的优劣势。	非常不符合	比较不符合	不确定	比较符合	非常符合
7	我很擅长自己制作、修理东西。	非常不符合	比较不符合	不确定	比较符合	非常符合
8	我可以花很长的时间去想通事情的原理。	非常不符合	比较不符合	不确定	比较符合	非常符合
9	我擅长书法、美术、摄影等活动。	非常不符合	比较不符合	不确定	比较符合	非常符合
10	我愿意花时间帮别人解决个人危机。	非常不符合	比较不符合	不确定	比较符合	非常符合
11	我喜欢竞争。	非常不符合	比较不符合	不确定	比较符合	非常符合
12	当我答应做一件事时,我会尽所能地监督所有细节。	非常不符合	比较不符合	不确定	比较符合	非常符合
13	我喜欢执行动用双手操作的任务。	非常不符合	比较不符合	不确定	比较符合	非常符合
14	探索新构思使我满意。	非常不符合	比较不符合	不确定	比较符合	非常符合
15	我总是寻求新方法来发挥我的创造力。	非常不符合	比较不符合	不确定	比较符合	非常符合
16	在执行一项任务前,我通常会制定详细的计划。	非常不符合	比较不符合	不确定	比较符合	非常符合
17	成为团队中的关键人物,对我而言很重要。	非常不符合	比较不符合	不确定	比较符合	非常符合
18	因为任务需要指导一些新人时,我总是很有耐心。	非常不符合	比较不符合	不确定	比较符合	非常符合

士官生涯规划与职业发展

19	在开展工作时我不在乎把手弄脏。	非常不符合	比较不符合	不确定	比较符合	非常符合
20	我认为教育是个发展及磨炼脑力的终生学习过程。	非常不符合	比较不符合	不确定	比较符合	非常符合
21	我喜欢从事书法、美术、摄影等活动。	非常不符合	比较不符合	不确定	比较符合	非常符合
22	我通常能敏锐地体会到他人的需求。	非常不符合	比较不符合	不确定	比较符合	非常符合
23	我喜欢帮助别人自我改进。	非常不符合	比较不符合	不确定	比较符合	非常符合
24	我喜欢尝试和不同的人沟通交流。	非常不符合	比较不符合	不确定	比较符合	非常符合
25	我喜欢买小零件,做成成品。	非常不符合	比较不符合	不确定	比较符合	非常符合
26	有时我可以长时间的阅读、学习或思考岗位相关的理论知识。	非常不符合	比较不符合	不确定	比较符合	非常符合
27	我有很强的想象力。	非常不符合	比较不符合	不确定	比较符合	非常符合
28	我总是能及时预见事情发展可能存在的障碍,提前做好安排。	非常不符合	比较不符合	不确定	比较符合	非常符合
29	我喜欢监督事情的完工。	非常不符合	比较不符合	不确定	比较符合	非常符合
30	我做事喜欢清楚明确地给出指示。	非常不符合	比较不符合	不确定	比较符合	非常符合
31	我喜欢独立完成一项任务。	非常不符合	比较不符合	不确定	比较符合	非常符合
32	我渴望阅读或思考任何可以引发我好奇心的事物。	非常不符合	比较不符合	不确定	比较符合	非常符合
33	我擅长歌唱、舞蹈等活动。	非常不符合	比较不符合	不确定	比较符合	非常符合
34	如果我和别人发生摩擦,我会不断地尝试化干戈为玉帛。	非常不符合	比较不符合	不确定	比较符合	非常符合
35	要成功,就必须定一个高目标。	非常不符合	比较不符合	不确定	比较符合	非常符合
36	我能简洁明了地向别人说清楚任务的操作流程。	非常不符合	比较不符合	不确定	比较符合	非常符合
37	我喜欢直言不讳,避免拐弯抹角。	非常不符合	比较不符合	不确定	比较符合	非常符合
38	我在解决问题前,必须把问题彻底分析过。	非常不符合	比较不符合	不确定	比较符合	非常符合
39	我喜欢重新布置我的环境,使它们与众不同。	非常不符合	比较不符合	不确定	比较符合	非常符合
40	我能够很有逻辑的表达自己的观点。	非常不符合	比较不符合	不确定	比较符合	非常符合
41	我经常起始一个计划,然后由别人完成细节。	非常不符合	比较不符合	不确定	比较符合	非常符合
42	如果我将处理一个新情境,我通常会在事情前做充分的准备。	非常不符合	比较不符合	不确定	比较符合	非常符合
43	从事户外活动令我神清气爽。	非常不符合	比较不符合	不确定	比较符合	非常符合
44	我不断地问:为什么?	非常不符合	比较不符合	不确定	比较符合	非常符合

45	我对战争精神歌曲耳熟能详。	非常不符合	比较不符合	不确定	比较符合	非常符合
46	做事时我习惯考虑的更长远、更全面。	非常不符合	比较不符合	不确定	比较符合	非常符合
47	能够参与重大决策是一件令人兴奋的事。	非常不符合	比较不符合	不确定	比较符合	非常符合
48	自身过硬的实力对我而言非常重要。	非常不符合	比较不符合	不确定	比较符合	非常符合
49	我喜欢简单而实际的环境。	非常不符合	比较不符合	不确定	比较符合	非常符合
50	我会不断地思索一个问题,直到找出答案为止。	非常不符合	比较不符合	不确定	比较符合	非常符合
51	大自然的美深深地触动我的灵魂。	非常不符合	比较不符合	不确定	比较符合	非常符合
52	亲密的人际关系对我重要。	非常不符合	比较不符合	不确定	比较符合	非常符合
53	升迁和进步对我而言是极重要的。	非常不符合	比较不符合	不确定	比较符合	非常符合
54	我把大量的时间花在不断学习,更新知识储备上。	非常不符合	比较不符合	不确定	比较符合	非常符合
55	我并不害怕工作负荷过重,而且我通常知道工作重点是什么。	非常不符合	比较不符合	不确定	比较符合	非常符合
56	我喜欢使我思考、给我新观念的书。	非常不符合	比较不符合	不确定	比较符合	非常符合
57	我期望能看到艺术表演、戏剧及好电影。	非常不符合	比较不符合	不确定	比较符合	非常符合
58	有人夸赞过我的文字写作能力。	非常不符合	比较不符合	不确定	比较符合	非常符合
59	能影响别人使我感到兴奋。	非常不符合	比较不符合	不确定	比较符合	非常符合
60	我很乐于帮别人解决困惑。	非常不符合	比较不符合	不确定	比较符合	非常符合
61	粗重的肢体工作不会伤害任何人。	非常不符合	比较不符合	不确定	比较符合	非常符合
62	我希望能学习所有我感兴趣的科目。	非常不符合	比较不符合	不确定	比较符合	非常符合
63	我喜欢参加体育类活动或赛事。	非常不符合	比较不符合	不确定	比较符合	非常符合
64	我对于别人的困难乐于伸出援手。	非常不符合	比较不符合	不确定	比较符合	非常符合
65	我愿意冒一点风险以求进步。	非常不符合	比较不符合	不确定	比较符合	非常符合
66	当我的朋友面临抉择时,通常会来询问我的看法。	非常不符合	比较不符合	不确定	比较符合	非常符合
67	我选择车辆时,最先注意的是好的引擎。	非常不符合	比较不符合	不确定	比较符合	非常符合
68	我喜欢能刺激我思考的对话。	非常不符合	比较不符合	不确定	比较符合	非常符合
69	当我从事文艺工作时,我会忘掉一切外在的干扰。	非常不符合	比较不符合	不确定	比较符合	非常符合
70	我能准确的体会到他人的意图。	非常不符合	比较不符合	不确定	比较符合	非常符合
71	说服别人依照计划行事是一项有趣的工作。	非常不符合	比较不符合	不确定	比较符合	非常符合

续表

72	我总是能和身边的人打成一片。	非常不符合	比较不符合	不确定	比较符合	非常符合
73	我通常知道如何应付紧急的事态。	非常不符合	比较不符合	不确定	比较符合	非常符合
74	阅读有新发现是件令人兴奋的事。	非常不符合	比较不符合	不确定	比较符合	非常符合
75	我喜欢美丽、不平凡的事。	非常不符合	比较不符合	不确定	比较符合	非常符合
76	我能够熟练地运用手头的资源搜集信息。	非常不符合	比较不符合	不确定	比较符合	非常符合
77	我喜欢讨价还价。	非常不符合	比较不符合	不确定	比较符合	非常符合
78	我很擅于检查细节。	非常不符合	比较不符合	不确定	比较符合	非常符合
79	我用运动来保持强壮的身体。	非常不符合	比较不符合	不确定	比较符合	非常符合
80	我对所从事岗位的未知领域感到好奇。	非常不符合	比较不符合	不确定	比较符合	非常符合
81	我有充足的热情和活力去从事文化活动。	非常不符合	比较不符合	不确定	比较符合	非常符合
82	当别人向我诉说他的困难时,我会是个好听众。	非常不符合	比较不符合	不确定	比较符合	非常符合
83	如果一次做事失败了,我会再接再厉。	非常不符合	比较不符合	不确定	比较符合	非常符合
84	传授别人经验,是件有成就感的事。	非常不符合	比较不符合	不确定	比较符合	非常符合
85	我喜欢把机器拆开,看能否修理它们。	非常不符合	比较不符合	不确定	比较符合	非常符合
86	我喜欢研讨所有事,再有逻辑性地做决定。	非常不符合	比较不符合	不确定	比较符合	非常符合
87	我喜欢尝试创新的概念。	非常不符合	比较不符合	不确定	比较符合	非常符合
88	我通常是团队中率先提出建议的人。	非常不符合	比较不符合	不确定	比较符合	非常符合
89	我常能借助资讯网络和别人取得联络。	非常不符合	比较不符合	不确定	比较符合	非常符合
90	我一遍又一遍地练习技能操作直到完全掌握。	非常不符合	比较不符合	不确定	比较符合	非常符合

注:① 所有测评结果计算机自动生成图文。
② 士官职业兴趣类型划分为技能型,专家型,管理型,教练型,谋略型,综合型。

参考文献

[1] 周文霞.职业生涯管理[M].上海:复旦大学出版社,2006.

[2] 俞文钊,吕建国,孟慧.职业心理学 [M]. 第二版.大连:东北财经大学出版社,2007.

[3] 张振刚.职场学[M].第一版.太原:山西人民出版社,2006.

[4] 阎观潮,张玉波.职场起步:职场新人求职就业必备手册[M].北京:机械工业出版社,2005.

[5] 劳动和社会保障部培训就业司,中国就业培训技术指导中心组织.创新职业指导——新理念[M].第一版.北京:中国劳动社会保障出版社,2005.

[6] 汪庆春,孟东方.大学生职业评价与职业选择研究[J].重庆大学学报(社会科学版)2004,10 (5):136-138.

[7] 赵志群.职业选择的理论模式与影响因素[J].现代技能开发,1995(02):33-34.

[8] 阴国恩,戴斌荣,金东贤.大学生职业选择和职业价值观的调查研究[J].心理发展与教育,2000(04):38-43+60.

[9] 李平,金敏力,孟庆伟.应届大学毕业生职业选择模型[J].统计与决策,2003(06):6-7.

[10] 刘春生,周海燕.论美国基于新职业主义的职业教育理念及实践[J].湖南师范大学教育科学学报,2006(02):57-61.

[11] 李黎明.社会主义市场经济与青年大学生成才择业的几个问题[J].河南商业高等专科学校学报,2002(02):94-95.

[12] 万象.和谐社会建设与中国职业教育发展[J].西北职教,2007(02).

[13] 冯彩玲,王大超,时勘.论大学生的择业心理倾向[J].沈阳师范大学学报(社会科学版),2007(05):46-48.

[14] 王贤国.大学生择业社会需求与学校对策[J].大连大学学报,2001(03):70-72.

[15] 李挥.发展职教缘何强调中国特色[N].中国教育报,2005-12-03(001).

[16] 沈杰.我们需要什么样的择业心理——仅有1%的人想当工人说明了什么[N]. 中国青年报,2007-05-26(002).

[17] 李海萍,陈喜.论职业心理素质与职业选择[J].中国职业技术教育,2006(15):22-24.

[18] 马忠祥.新形势下高校毕业生择业心态的分析与思考[J].本溪冶金高等专科学报,2001(02):72-74.

[19] 邓艳葵.从就业视角透析实践教学的意义[J].高教论坛,2003(05):80-82.

[20] 钱晓,李增秀.大学生就业指导[M].北京:科学出版社.2009.

[21] 崔正华.中国大学生职业选择问题探索[M].保定:河北大学出版社.2011.

[22] 崔正华.心理学在大学管理中的应用[M].保定:河北大学出版社.2011.

后　记

　　本书是多方合作研究的成果,军队士官教育专家崔正华,积 30 余年士官教育研究成果,对士官制度发展和士官素质、能力体系构建进行了开创性的探索;生涯规划教育专家周华在学生道德观培养、职业理想确立、价值观教育、优良性格培养等方面做出了开创性的研究;职业测评专家鲍韵驰对士官测评框架构建、测评体系设计、测评手段优化、测评体系形成诸方面做出了贡献。本书由崔正华策划、统稿,根据各自的研究成果,周华执笔撰写了 16 万字的文稿,鲍韵驰执笔撰写了 5 万字的文稿。

　　此书将作为全军第一次士官生涯规划大赛的指导教材,配套的士官职业测评软件作为士官职业测评指定软件,配套的微课、课件系统将在军队和地方定向培养士官学校推广。为了理论更好地指导实践,我们组织了新开发的软件测评实验、微课的应用实验,将取得的成果融入了本书。

　　在编写过程中,引入了很多关于士官职业生涯规划教育的新观点,由于作者水平有限,加之有些探索也需要进一步提高,错误与缺点在所难免,请各位专家和士官生批评指正。